Hans Hirling

Das große Buch der 1000 Spiele

Hans Hirling

Das große Buch der 1000 Spiele

Für Freizeiten, Kindergruppen und Jugendarbeit

HERDER
FREIBURG · BASEL · WIEN

Hinweis:
Oft liegt der Ursprung einer Spielidee im Dunkeln.
Betroffene Inhaber/innen von urheberrechtlichen
Ansprüchen bitten wir, sich mit dem Verlag in Verbindung zu setzen.

MIX
Papier aus verantwortungsvollen Quellen
FSC® C104521
FSC www.fsc.org

Überarbeitete Neuausgabe 2022

www.herder.de

Umschlaggestaltung: Verlag Herder
Umschlagmotiv: © Dragovich148/iStock/GettyImages
Fotos im Innenteil: © Hans Hirling
Satz und Gestaltung: SatzWeise, Bad Wünnenberg

Herstellung: Plump Druck & Medien GmbH
Printed in Germany

ISBN Print 978-3-451-71999-8
ISBN E-Book (PDF) 978-3-451-82819-5
ISBN E-Book (EPUB) 978-3-451-82818-8

Einleitung

Spielen bedeutet Spaß und Spannung, aber manchmal auch die Erkenntnis, dass Sieg und Niederlage, Stärken und Schwächen, Selbstsicherheit und Ängste eng beieinander liegen können. Durch Spielen lernen wir die anderen, aber auch uns selbst besser kennen.

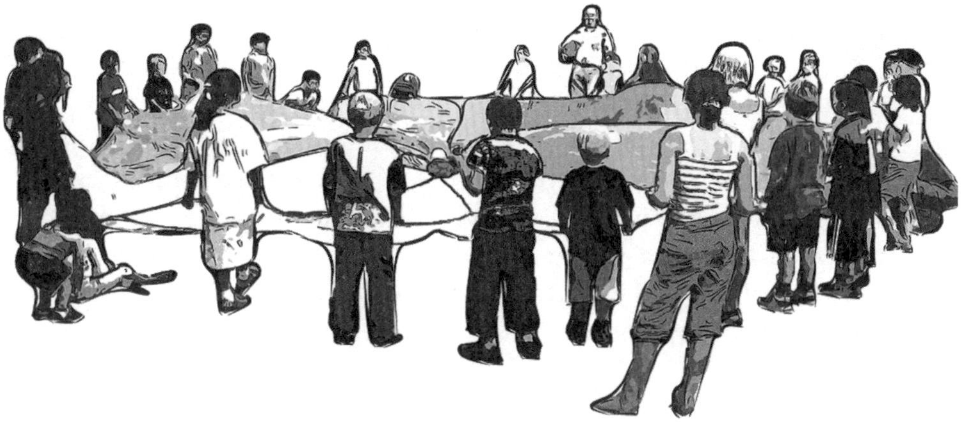

In diesem Spielebuch gibt es eine Fülle von Spielen für die unterschiedlichsten Gelegenheiten. Von Kennenlernspielen, Vertrauensspielen über Partyspiele bis hin zu wilden Fang- und Raufspielen gibt es Spiele, die zum Gruppenstart, für das Ferienlager- oder Schullandheimprogramm, für den Kindergeburtstag oder die Stationenrallye auf dem Schulfest verwendet werden können. Über 1000 Ideen garantieren jahrelangen Spielspaß.

Zuvor noch einige Hinweise zum Gebrauch des Buches:

- Auf eine Altersangabe wurde verzichtet, denn nahezu jedes Spiel lässt sich durch Änderung von Spielregeln oder Schwierigkeitsgrad mit 6- bis 8-jährigen Kindern ebenso spielen wie mit 15- bis 16-jährigen Jugendlichen.
- Es werden auch keine Materialangaben zu jedem Spiel gemacht. Zum einen lässt sich aus der Beschreibung das benötigte Material herauslesen, zum anderen wurde ein Großteil der Spiele in Kategorien zusammengefasst, aus denen das Material hervorgeht (Papier, Luftballons usw.). Spiele, die aus dem Stand heraus

ohne Vorbereitung gespielt werden können, sind mit drei Punkten ●●● (1-2-3-fertig) gekennzeichnet.

- Die Spiele wurden zwar in verschiedene Kategorien eingeteilt, in denen sie klassischerweise vorkommen, aber sie können natürlich auch zu anderen Anlässen verwendet werden. Spiele für eine Party oder einen Kindergeburtstag können genauso gut auch in der Rubrik Stationenspiele gefunden werden und umgekehrt. Ebenso können die Vorschläge in den themenbezogenen Kapiteln (Ritter, Piraten usw.) durch passend eingeleitete oder leicht umgestaltete Spiele aus allen anderen Kategorien ergänzt werden.
- Die gesammelten Spiele sind Vorschläge, die je nach Gruppe, Situation usw. angepasst und variiert werden können (und müssen).
- Die Spielbeschreibungen sind bewusst kurz gehalten, aber (hoffentlich) trotzdem präzise und verständlich.
- Nicht alle Spiele sind für alle Kinder oder Gruppen gleichermaßen sinnvoll. Daher sollten die Spiele bewusst ausgewählt und nicht einfach blind drauflos gespielt werden. Die eigene Kreativität, Variation und Adaption auf die Gruppensituation durch die Spielleitung ist wichtig und notwendig. Daher gibt es im letzten Kapitel des Buches einige kurze spielpädagogische Hinweise und Anregungen zur Planung und Umsetzung von Spielen.

Viel Spaß!

Inhalt

1. Kennenlernspiele 8
2. Icebreaker-Spiele 11
3. Kreisspiele 14
4. Vertrauensspiele 22
5. Kommunikations-, Koordinations-, Kooperationsspiele 24
6. Entspannungsspiele 28
7. Spiele zur Gruppeneinteilung 31
8. Spiele und Wettspiele zum bunten Abend 33
9. Kim-Spiele: Spiele für Gedächtnis und Merkfähigkeit 53
10. Spiele für unterwegs 55
11. Spiele mit unterschiedlichem Material 56
12. Spiele für Partys, Feste und Feiern 94
13. Darstellende Spiele 98
14. Schreib- und Zeichenspiele 105
15. Wettkampfspiele (für draußen) 110
16. Fallschirmspiele 123
17. Schneespiele 125
18. Spiele im Wasser 127
19. Spiele am Strand 130
20. Rasenspiele 134
21. Schlamm- und Matschspiele 140
22. Fahrrad-, Roller- oder Mofarallye 142
23. Seilspiele 145
24. Frisbeespiele 147
25. Wahrnehmungs- und Waldspiele 149
26. Geländespiele 157
27. Stadtspiele 161
28. Mottospiele 163
29. Bastelideen zu Themenspielen und Mottofesten 186
30. Hinweise für die Planung von Spielen 197

Ausführliches Inhaltsverzeichnis 204

1. Kennenlernspiele

Kennenlernspiele kommen immer dann zum Einsatz, wenn Menschen sich zum ersten Mal sehen, um vielleicht später – für längere oder kürzere Zeit – eine Gruppe zu formieren. Das kann der Fall sein z. B. beim ersten Abend auf einem Ferienlager oder beim ersten Klassentreffen bzw. der ersten Schulstunde etc. Der Schwerpunkt liegt bei diesen Spielen auf dem spielerischen Kennenlernen der Gruppenmitglieder untereinander, aber auch von Spielleitung und Gruppe.

1. Namenspantomime ●●●

Jedes Gruppenmitglied muss seinen Namen pantomimisch darstellen, indem er/sie sich für jeden Buchstaben etwas überlegt, z. B. D = Detektiv, E = Engel, B = Baum im Wind, S = Sonne. Die anderen raten, wie die Person heißt.

VARIANTE: Der Buchstabe wird durch die entsprechende Körperhaltung angezeigt.

VARIANTE: Sind alle Gruppenmitglieder bereits namentlich miteinander bekannt, dann bekommt jeder eine Person ins Ohr geflüstert, die er darstellen soll.

2. Schnur-Spiel

Alle stehen im Kreis. Eine/r hält ein Wollknäuel in der Hand und stellt irgendeiner anderen Person eine Frage. Dabei wird das Fadenende festgehalten und das Knäuel dieser Person zugeworfen. Nach Beantwortung der Frage geht es auf diese Weise im Kreis weiter, bis alle einmal an der Reihe waren und ein Spinnennetz entstanden ist.

3. Kofferpacken ●●●

Alle sitzen im Kreis. Eine Person beginnt und nennt ihren Namen sowie einen Gegenstand, den sie in ihren Koffer packen will. Rechtsrum geht es im Kreis weiter. Dabei muss zunächst der Name des Vorgängers wiederholt werden sowie das, was »eingepackt« wurde, bevor der eigene Name und der Gegenstand genannt wird, der in den Koffer kommt. Das geht so weiter bis zum Letzten.

VARIANTE: Das Spiel kann auch als Ausscheidungsspiel oder Pfänderspiel gespielt werden.

4. Zeitungsschlagen

Alle sitzen im Kreis. Es gibt einen Stuhl weniger als Teilnehmer. Eine Person steht mit einer gerollten Zeitung in der Hand in der Mitte. Diese Person beginnt und nennt einen Namen. Der/die Aufgerufene muss schnell einen anderen Namen sagen. Geht das nicht schnell genug, wird er/sie von der Person in der Mitte mit der Zeitung abgeschlagen und muss nun selbst in die Mitte.

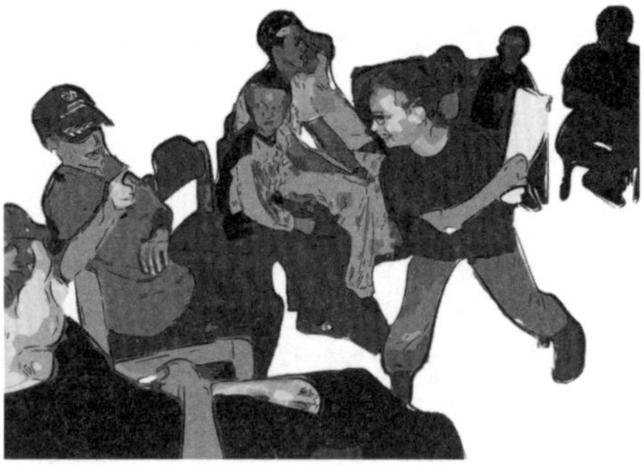

VARIANTE für größere Gruppen: Es dürfen keine Namen wiederholt werden, d. h. jeder Name muss mal aufgerufen werden.

5. Richtige Aufstellung 1

Die Großgruppe wird in kleinere Gruppen mit jeweils sechs bis neun Personen aufgeteilt. Auf Kommando muss sich nun jede Gruppe so schnell wie möglich in die richtige Reihenfolge stellen, z. B. alphabetisch sortiert nach dem Vornamen (oder auch nach Größe, Alter, Schuhgröße etc.).

6. Zipp-Zapp

Alle sitzen im Stuhlkreis. Eine Person steht in der Mitte. Diese zeigt auf einen Mitspieler und sagt »Zipp« oder »Zapp«. Bei »Zipp« muss der Name des linken Spielers, bei »Zapp« der des rechten Spielers genannt werden (kann auch getauscht werden, dann wird es noch verwirrender). Wenn der/die Angesprochene diesen Namen nicht innerhalb von 3–4 Sekunden genannt hat, dann muss er/sie in die Mitte. Sagt die Person in der Kreismitte »Zipp-Zapp«, müssen sich alle einen neuen Platz suchen. Wer keinen findet, muss in die Mitte.

7. Das habe ich noch nie gemacht

Alle sitzen im Kreis, ein Gruppenmitglied steht in der Mitte. Die Person in der Mitte sagt ihren Namen und etwas, was sie noch nie gemacht hat. Nun müssen alle diejenigen, die das auch noch nie gemacht haben, aufstehen und untereinander die Plätze tauschen. Wer keinen Platz bekommen hat, muss nun in die Mitte.

8. Wer ist es?

Jeder bekommt eine Karte, auf die er seinen Namen und vier bis fünf charakteristische Eigenschaften oder Gewohnheiten schreibt. Danach werden alle Karten eingesammelt und neue, leere Karten ausgeteilt. Nun liest die Spielleitung die Eigenschaften auf den Karten vor, und jedes Gruppenmitglied muss raten und auf die leere Karte schreiben, wen es hinter der Beschreibung vermutet. Das Gruppenmitglied hat gewonnen, das die meisten richtigen Personen erkannt hat.

9. Papierrolle

Zunächst reißt jeder von einer Toilettenpapierrolle ein paar Papierblätter ab – nicht zu viele, aber doch so viele, wie für den persönlichen Bedarf nötig sind. Anschließend teilt die Spielleitung mit, dass jedes Gruppenmitglied pro Blatt Papier etwas von sich erzählen soll.

10. Schuhhaufen ●●●

Jedes Gruppenmitglied zieht einen Schuh aus und wirft ihn auf einen Haufen in der Mitte. Jede/r nimmt nun einen Schuh (nicht den eigenen) und versucht, die Person zu finden, zu der der Schuh passt.

11. Name, Hobbys, Unliebsames

Die Gruppenmitglieder stellen sich in einem inneren und einem äußeren Kreis auf. Beide Kreise bewegen sich gegenläufig. Sobald die Musik stoppt, stellen sich die gegenüberstehenden Partner gegenseitig vor. Jeder sagt den Namen, ein bis zwei Hobbys und zwei bis drei Dinge, die er nicht mag.

12. Ich liebe …

Eine Person im Kreis erhält einen Ball und sagt: »Ich liebe … (z. B. Eiscreme)«. Der Ball wird anschließend einem anderen Gruppenmitglied zugeworfen, das ebenfalls eine Vorliebe nennt. Das geht so lange weiter, bis niemandem mehr etwas einfällt.

Das Spiel ist gut geeignet, die Hobbys und Vorlieben der Mitspielenden kennenzulernen.

Um das Spiel etwas zu beschleunigen, muss die Aussage innerhalb weniger Sekunden kommen. Identische oder falsche Aussagen sind nicht erlaubt.

13. Was-wäre-wenn-Spiel

Die Spielleitung macht eine Vorgabe, z. B.: »Was wäre, wenn ich bei Günter Jauch eine Million Euro gewinnen würde – dann würde ich …« Jeder vervollständigt den Satz für sich und schreibt ihn auf einen Zettel. Anschließend werden alle Zettel eingesammelt, gemischt und verteilt. Jeder liest den Satz auf dem erhaltenen Zettel vor. Nun wird geraten, wer den Satz geschrieben hat.

14. Handschrift

Jedes Gruppenmitglied bekommt ein Blatt Papier und muss bspw. einen Fingerabdruck von sich auf das Papier bringen. Anschließend werden alle Papiere eingesammelt und gemischt. Nun versucht die Gruppe herauszufinden, welches Papier zu welcher Person gehört. Weitere Runden mit anderen Vorgaben sind möglich: Fußsohlen- oder Handabdruck, Schattenriss etc.

2. Icebreaker-Spiele

Icebreaker-Spiele bieten die Chance, dass die Mitglieder einer Gruppe nach dem ersten Kennenlernen miteinander warm werden. Warm-up-Spiele werden sie deshalb auch genannt. Kein Gruppenmitglied darf durch im Spielverlauf nötigen Körperkontakt brüskiert oder gezwungen werden, »Nähe« herzustellen. Ob Spiele mit oder ohne Körperkontakt möglich sind, muss die Spielleitung entscheiden.

2.1 Ohne Körperkontakt

15. Äpfel – Birnen – Apfelsinen

Zuvor werden Zettel vorbereitet, auf denen eine der folgenden Aussagen steht: »Vor dem Apfel, der Apfel, nach dem Apfel, vor der Birne, die Birne, nach der Birne, vor der Apfelsine, die Apfelsine, nach der Apfelsine.« Die Zettel werden in einen Topf gegeben. Je ein Apfel, eine Birne und eine Apfelsine werden an die Mitspieler verteilt. Diese geben die Früchte an andere Personen weiter, während die Musik spielt. Sobald die Musik stoppt, wird ein Zettel gezogen und vorgelesen. Die Person scheidet aus, die die Position eingenommen hat, die auf dem Zettel steht. Wenn z. B. der Zettel mit der Aufschrift »Vor dem Apfel« gezogen wird, scheidet die Person aus, die vor dem Mitspieler steht, der den Apfel gerade hält. Bei »der Apfel« muss die Person ausscheiden, die den Apfel in der Hand hält.

16. Wer bin ich?

Jeder bekommt eine Karte und schreibt eine Person oder einen Begriff, den er/sie darstellen will, darauf (Maus, Batman, Billie Eilish, Baum, Auto usw.). Anschließend gehen alle im Zimmer umher und stellen ihren Begriff pantomimisch dar und versuchen zu erraten, wen oder was die anderen darstellen. Um das herauszufinden, darf jeder der gleichen Person nur einmal eine mit Ja oder Nein zu beantwortende Frage stellen. Der Erste, der eine Person korrekt erkannt hat, hat gewonnen.

17. Wahr oder falsch?

Jedes Gruppenmitglied macht zu verschiedenen Aspekten (Hobby, Schule/Beruf, Freund/Freundin, Urlaub, Erlebnisse usw.) Aussagen über sich, wobei eine Aussage falsch ist, die anderen stimmen. In der gemeinsamen Vorstellungsrunde stellt sich jeder mit diesen Aussagen vor und die anderen müssen erraten, welches die falsche Aussage ist.

18. Statuen

Alle bewegen sich, während die Musik läuft. Sobald die Musik stoppt, muss jeder in der augenblicklichen Position verharren. Der Letzte, der sich bewegt, scheidet aus. Erschwert werden kann das Spiel, indem die Bewegungen während der Musik vorgegeben werden.

19. Sitzen

Alle bewegen sich, während die Musik läuft. Sobald die Musik stoppt, setzen sich alle auf den Hosenboden. Der Letzte scheidet aus.

20. Partner

Die Gruppenmitglieder finden sich zu zweit zusammen. Die Paare stellen sich in einem äußeren und einem inneren Kreis auf. Bei Musikbeginn bewegen sich beide Kreise in entgegengesetzter Richtung.

Stoppt die Musik, nennt die Spielleitung eine Körperhaltung, z. B. »rechtes Bein heben und mit der linken Hand halten«. Jeder nimmt nun diese Stellung ein und versucht, in dieser Stellung seinen Partner zu finden. Paare, die nicht in der gewünschten Haltung stehen, scheiden aus. Anschließend folgt die nächste Runde mit kurzer Musik und neuer Position.

21. Im Tierstall

Jedes Gruppenmitglied bekommt einen Zettel mit einem Tiernamen. Alle verteilen sich im Zimmer und das Licht wird ausgemacht. Jeder wird nun die typischen Laute »seines« Tieres nachahmen. Welche Tierart findet sich am schnellsten zusammen?

2.2 Mit Körperkontakt

22. Das Kitzel-Spiel ●●●

Es werden zwei Mannschaften gebildet. Die eine Mannschaft zieht Schuhe und Socken aus und stellt sich in einer Reihe auf. Die andere Mannschaft steht dahinter und kitzelt nun die Füße. Es muss erraten werden, wer einen kitzelt. Gewonnen hat die Mannschaft, die am schnellsten alle richtigen Personen erraten hat. Damit nicht aus den Augenwinkeln heraus erkannt werden kann, wer kitzelt, können Augenbinden oder eine Decke als Vorhang verwendet werden.

23. Wer bist denn du? ●●●

Jeweils zwei Personen stehen sich gegenüber. Die Handflächen werden etwa in Schulterhöhe gegeneinander gelegt. Nun schließen beide die Augen und drehen sich einmal im Kreis herum und versuchen dann mit geschlossenen Augen, die Handflächen wieder aneinanderzulegen.

24. Rettungsinseln

Auf dem Boden werden verschieden große Kreise mit Kreide eingezeichnet. Jeder Kreis stellt eine Rettungsinsel dar, die unterschiedlich viele Personen aufnehmen kann. Alle bewegen sich im Raum umher. Sobald die Musik stoppt, sucht sich jeder eine rettende Insel. Derjenige, der keine findet bzw. als »einer zu viel« aufspringt, scheidet aus.

25. Richtige Aufstellung 2

Die Mitspielenden stellen sich zunächst auf einem Brett auf. Anschließend muss die Gruppe sich sortiert nach dem Alphabet, der Größe oder dem Alter in der richtigen Reihenfolge aufstellen, ohne dass irgendein Gruppenmitglied den Boden berührt. Und es darf dabei nicht gesprochen werden!

26. Begrüßungsrituale ●●●

Alle sitzen oder stehen im Kreis. Die Spielleitung sagt: »Es gibt ja bekanntlich verschiedene Begrüßungsformen auf der Welt. Davon wollen wir heute einige kennenlernen.« Zunächst gibt sie der ersten Person die Hand zur Begrüßung. Auf diese Weise begrüßt diese Person anschließend die nächste, bis alle durch sind. In der nächsten Runde begrüßt man sich durch Reiben der Nasen. Wieder eine Runde später mit Küsschen links-rechts-links usw. – der Fantasie sind hier keine Grenzen gesetzt.

27. Steckbrief

Für Gruppen, die sich schon ein bisschen kennen: Die Gruppenleitung erstellt vorab eine Liste mit Aussagen, die auf die Mitspieler zutreffen könnten (z. B. isst nicht gerne Tomaten, trägt rote Socken etc.). Diese Liste wird vervielfältigt und ausgeteilt. Nun muss jeder den Namen eines Gruppenmitglieds den entsprechenden Aussagen zuordnen. Gewonnen hat, wer die meisten richtigen Aussagen zugeordnet hat.

3. Kreisspiele

Kreisspiele bringen Stimmung, alle machen mit. Sie können draußen gespielt werden, besonders gut funktionieren sie aber auch – bei schlechtem oder kühlem Wetter – drinnen im Stuhlkreis. Es geht weniger um den Wettkampf zwischen Mannschaften, sondern oft um ein spaßiges Wechselspiel, das sich zwischen einem oder mehreren Gruppenmitgliedern und dem Rest der Gruppe entwickelt.

3.1 Ohne Körperkontakt

28. Ring ringsherum

Alle sitzen im Kreis und halten eine zusammengeknotete Schnur, auf die zuvor ein Ring eingefädelt wurde. Eine Person geht freiwillig in die Mitte und muss nun den Ring finden, der von den übrigen Mitspielern verdeckt weitergegeben wird. Durch geschickte Täuschung wird der Person in der Mitte die Suche erschwert.

29. Mein rechter Platz ist leer ●●●

Alle sitzen im Stuhlkreis. Es gibt einen freien Platz. Derjenige, dessen rechter Platz frei ist, beginnt: »Mein rechter, rechter Platz ist leer, ich wünsche mir den XY als Affe her.« XY muss nun einen Affen nachmachen und so zum freien Platz gehen.

30. Klapperschlange 1

Zwei Personen, die sich freiwillig gemeldet haben, werden mit einer Schnur einige Dosen an den Knöchel gebunden. Ihre Augen werden verbunden und sie werden gedreht. Dann müssen sich die beiden so schnell wie möglich finden. Die restliche Gruppe versucht dies durch lautes Brüllen und Krach zu verhindern.

31. Klapperschlange 2 ●●●

Einem Kandidaten in einem Stuhlkreis werden die Augen verbunden. Zwei Personen im Stuhlkreis bekommen jeweils eine Büchse oder einen Schlüsselbund zum Klappern. Beide müssen nun unbemerkt die Plätze tauschen und dabei mindestens dreimal mit den Büchsen klappern, bevor die Plätze getauscht sind. Der Kandidat in der Mitte muss sie zu fangen versuchen.

32. Sprachenwirrwarr ●●●

Eine Person geht freiwillig vor die Tür. Die Gruppe sucht sich ein mehrsilbiges Wort aus und trennt es nach Silben auf, z. B. Au-to-fah-ren. Auf alle Gruppenmitglieder werden gleichmäßig die jeweiligen Silben verteilt. Alle sagen nun nur ihre Silbe. Der Freiwillige muss raten, um was für ein Wort es sich handelt.

33. Ribbel-Dibbel

Jedes Gruppenmitglied bekommt eine Nummer. Alle schlagen im gleichen Rhythmus auf ihre Oberschenkel, dann klatschen sie in die Hände und schnippsen dann mit den Fingern. Dazu sagt der Erste im gleichen Rhythmus den folgenden Spruch: »Ribbel-Dibbel Nr. 1 ruft Ribbel-Dibbel Nr. 2.« Als erste Nummer wird die eigene eingesetzt, die zweite Nummer muss die eines Mitspielers sein. Der Gerufene macht weiter. Kommt jemand aus dem Takt oder verspricht sich, bekommt er einen »Dibbel« mit Creme. Am Ende hat derjenige mit den wenigsten Dibbeln gewonnen. Schwieriger wird es, wenn nicht nur die Nummer, sondern auch die Anzahl der Dibbel genannt werden muss.

34. Chef/in & Vize

Genauso spannend und verwirrend ist dieses Spiel: Die erste Person ist der Chef oder die Chefin, die zweite Person der/die Vize, die nachfolgenden Mitspieler werden durchnummeriert. Alle schlagen im gleichen Rhythmus auf die Oberschenkel, klatschen anschließend in die Hände und zeigen mit der rechten Hand über die rechte Schulter (oder schnipsen). Dabei nennt einer den eigenen Namen (Chef/in, Vize oder die entsprechende Zahl). Dann wird mit der anderen Hand über die linke Schulter gezeigt und gleichzeitig Name oder Nummer eines Mitspielers genannt. Wer angesprochen wird, macht im selben Rhythmus weiter. Wer durcheinander kommt, muss sich ans Ende setzen. Alle rücken dann um eine Position auf und erhalten eine neue Nummer bzw. Namen. Wer dreimal ans Ende muss, bekommt einen Spitznahmen, den die anderen statt der Nummer aufrufen müssen.

35. Plätze tauschen

Alle sitzen im Kreis bis auf eine Person, die sich in die Kreismitte stellt. Sie ruft zwei Namen. Die aufgerufenen Personen müssen den Platz tauschen, und die Person in der Kreismitte muss versuchen, sich auf einen der beiden Plätze zu setzen.

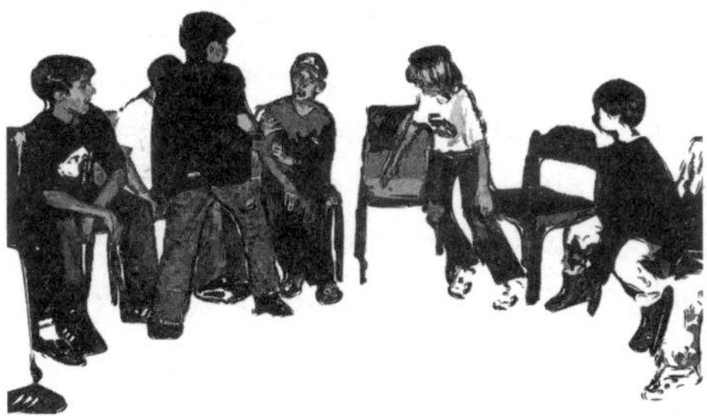

VARIANTE: Anstatt der Namen bekommt jeder eine Obstsorte zugeteilt. Die aufgerufenen Obstsorten müssen nun die Plätze tauschen. Bei »Obstsalat« tauschen alle die Plätze.

VARIANTE: Die Mitspieler im Kreis müssen nach rechts oder links weiterrücken. Die dadurch entstehende schnell rotierende Kreisbewegung muss die Person in der Mitte nutzen, um einen freien Platz zu erreichen.

VARIANTE: Der Person in der Mitte werden die Augen verbunden. Sie nennt zwei Namen. Diese beiden müssen nun die Plätze tauschen, ohne abgeschlagen zu werden. Hierzu müssen die anderen Mitspieler ruhig sein.

36. Mordsspaß

An alle Mitspielenden wird eine Spielkarte verteilt. Wer den Herzkönig erhält, ist der Mörder/die Mörderin. Niemand weiß vom jeweilig anderen, was er für eine Karte hat. Blinzelt der Mörder jemanden an, muss dieser seine Karte aufdecken und ist tot. Wer einen Verdacht hat, meldet sich: »Ich habe einen Verdacht!« Sobald eine weitere Person einen Verdacht äußert, müssen beide gleichzeitig den Namen des Verdächtigen nennen. Stimmen beide Namen überein, muss der Verdächtige sagen, ob er der Mörder ist. Stimmen die Namen nicht überein, dann sind beide ausgeschieden (auch wenn ein Name richtig ist).

VARIANTE: Statt Anblinzeln kann man auch die Zunge rausstrecken.

37. Wer bin ich?

Jeder bekommt einen Zettel mit dem Namen einer bekannten Person auf die Stirn oder auf den Rücken geklebt. Durch Fragen, die nur mit Ja oder Nein zu beantworten sind, muss nun jeder herausfinden, wer er ist.

VARIANTE: Es kann vereinbart werden, wie oft eine Person gefragt werden darf.

VARIANTE: Man kann auch Spielkarten, farbige Kartonstücke, Tiere oder andere Begriffe raten lassen.

38. Zwei Wahrheiten und eine Lüge

Jeder schreibt zwei Wahrheiten und eine Lüge auf. Anschließend müssen die anderen erraten, was Wahrheit und was Lüge ist.

39. Wer ist der Chef/die Chefin? ●●●

Alle sitzen im Kreis. Eine Person wird rausgeschickt. Die restliche Gruppe wählt nun eine Leitungsperson, der die Gruppe alles nachmachen muss (klatschen, winken, Kopf schütteln, lachen usw.), ohne diese jedoch zu verraten. Die Person vor der Tür wird hereingeholt und muss nun herausfinden, wer die gewählte Gruppenleitung ist. Wird nach dreimaligem Raten immer noch nicht die richtige Person genannt, dann muss ein Pfand hergegeben werden. Wird jedoch die richtige Person erraten, dann muss die gewählte Leitung vor die Tür.

40. Die Geschichte ●●●

Jedes Gruppenmitglied bekommt einen Gegenstand, einen Namen und einen Ort verdeckt genannt. Jeder muss nun eine kurze Geschichte von maximal drei Minuten erzählen und den Namen, den Ort und den Gegenstand in die Geschichte einbauen. Anschließend ist die nächste Person an der Reihe und setzt die Geschichte fort, allerdings muss auch diese ihre zuvor genannten Begriffe in die Geschichte einbauen. Herauskommen können dabei ganz lustige Geschichten. Gelingt es der Gruppe, die jeweiligen Begriffe zu erraten?

41. Gerüchte ●●●

Die Spielleitung flüstert einer Person im Stuhlkreis ein Gerücht von drei bis vier Sätzen ins Ohr. Dieses Gerücht muss nun in der Runde von Ohr zu Ohr weiterflüstert werden. Was kommt am Ende heraus?

VARIANTE: Das Spiel kann auch als Mannschaftsspiel gespielt werden. Der jeweils ersten Person jeder Mannschaft wird vor der Türe das Gerücht mitgeteilt, welches dann der nächsten Person im Team weitergesagt werden muss. Die letzte Person teilt der Gruppenleitung anschließend das Ergebnis mit. Welches Team am nächsten am tatsächlichen Gerücht dran ist, hat gewonnen.

VARIANTE: Der ersten Person wird ein Begriff ins Ohr geflüstert, welcher dann pantomimisch weitergegeben werden muss. Der Nächste gibt den vermeintlichen Begriff dem Nächsten weiter. Für dieses Spiel empfiehlt es sich, dass die Mitspieler jeweils vor der Tür warten, um nicht die bereits vorgespielten Pantomimen zu sehen. Der Letzte nennt dann den gesuchten Begriff.

42. Alphabetisches Gedächtnis ●●●

Die erste Person fängt an: »Ich nehme auf das Ferienlager eine Angel mit.« Die nächste Person wiederholt diesen Satz und fügt einen weiteren Gegenstand hinzu, der mit dem nächsten Buchstaben im Alphabet anfängt. Wer durcheinander kommt oder vergessen hat, was zuvor alles mitgenommen wurde, muss ausscheiden.

43. Zahlenreihe ●●●

Es wird von Eins im Kreis durchgezählt, wobei bestimmte Zahlen ausgelassen werden müssen (stattdessen sagt man »ups«). Ist z. B. die 6-er-Zahlenreihe dran, dann heißt es: »1, 2, 3, 4, 5, ups, 7, 8, 9, 10, 11, ups, 13, 14, 15, 16, 17, ups, 19, 20, usw. Wer sich verspricht, scheidet aus.

VARIANTE: Mehrere Zahlenreihen kombinieren, z. B. alle 4-er-Zahlen durch »ping« ersetzen, alle 6-er-Zahlen mit »pong«.

44. Veränderungen ●●●

Alle sitzen im Kreis. Eine Person geht freiwillig vor die Tür. Nun wird eine Änderung im Kreis vorgenommen (z. B. tauschen zwei Personen ihre Jacken oder die Plätze). Die Person vor der Türe wird hereingeholt und muss nun erraten, was sich verändert hat.

45. Alle Vögel fliegen hoch ●●●

Alle sitzen im Stuhlkreis. Eine/r macht die Ansagen und sagt: »Alle Vögel fliegen hoch: Alle Amseln fliegen hoch!« Bei jedem flugfähigen Vogel heben alle die Hände. Bei einem nicht-flugfähigen Vogel bleiben die Hände unten (außer denen des Ansagers). Wer trotzdem seine Hände hebt, scheidet aus oder muss ein Pfand abgeben.

46. Immer schön lächeln! ●●●

Alle sitzen oder stehen im Kreis. Eine Person wird als Lächler/in gewählt. Die anderen machen ein trauriges und finsteres Gesicht. Der Lächler hat die Aufgabe, nun eine andere Person zum Lachen zu bringen. Gelingt ihm das, ist dieser Spieler ausgeschieden. Der Lächler kann nach ein bis zwei Minuten sein Lachen mit der Hand abwischen und mit einer Handbewegung an eine andere Person übergeben. Diese wird zum neuen Lächler.

47. Antworte ja nicht ●●●

Die Spielleitung stellt verschiedene Fragen. Auf jede Frage muss eine Antwort kommen, die jedoch mit der Frage nichts zu tun hat. Die Fragen kommen sehr schnell und die Antworten müssen innerhalb von drei Sekunden gegeben werden. Die Spielleitung versucht, die Antwortenden zu verwirren, z. B.: »Wie findest du das heutige Gruppenprogramm?« Der/die Gefragte antwortet: »Meine Mutter hat heute Geburtstag!«, darauf die Spielleitung: »Wie alt ist sie denn geworden?« Wer falsch antwortet, muss ein Pfand abgeben oder eine zuvor gestellte Aufgabe erfüllen.

48. Hände hoch ●●●

Alle Gruppenmitglieder stehen im Kreis. Die Spielleitung sagt zu einer Person: »Hände hoch!« Daraufhin hält die Person rechts vom Angesprochenen den linken Arm, die Person links davon den rechten Arm hoch, die angesprochene Person hingegen muss ihre Hände unten lassen. Wer es falsch macht, muss in die Mitte.

49. Klatscht in die Hände! ●●●

Die Spielleitung nennt Zahlen. Wenn eine Zahl z. B. durch 6 teilbar ist, dann muss in die Hände geklatscht werden. Wer es falsch macht, muss ein Pfand geben. Die Spielleitung kann (wie bei »Alle Vögel fliegen hoch«) durch Klatschen an der falschen Stelle verwirren.

50. Total verpeilt ●●●

Eine Person geht kurz vor die Tür. Die anderen überlegen sich jeweils eine besondere Eigenart, z. B. antwortet der eine immer auf die Fragen, die der Person rechts daneben gestellt wurden, oder die Person fängt bei einem bestimmten Wort oder Gegenstand an zu heulen. Ein anderer hält sich für den Bundeskanzler. Ein anderer für einen Außerirdischen. Anschließend kommt die Person von draußen wieder herein und versucht durch Fragen herauszufinden, wer an welchem Spleen leidet.

51. Die schnellste Mannschaft

In der Mitte des Kreises liegt ein Zettel weniger als Personen im Kreis sitzen. Es wird eine Geschichte erzählt. Sobald ein vorher vereinbartes Schlagwort fällt, stürzen sich alle auf den Haufen. Wer keinen Zettel bekommen hat, scheidet aus. Wer als Letzter übrig bleibt, ist Sieger, bzw. die Mannschaft, von der die wenigsten Mitspieler ausgeschieden sind.

3.1 Mit Körperkontakt

52. Oberschenkel-Schlagen ●●●

Alle sitzen im Kreis. Jeder legt seine Hände auf die Oberschenkel seines jeweiligen Nachbarn (eine Hand links, eine Hand rechts). Ein Mitspieler beginnt und schlägt mit einer Hand auf den Oberschenkel seines Nachbarn. Im Uhrzeigersinn geht der Impuls so weiter. Die Hände müssen nacheinander auf die Oberschenkel schlagen, immer in der Reihenfolge, in der sie liegen. Wenn jemand zweimal schlägt, geht es in die andere Richtung. Schlägt jemand zu früh oder ist gar nicht an der Reihe, muss er die Hand, mit der er den Fehler gemacht hat, hinter den Rücken – also aus dem Spiel – nehmen. Beim nächsten Fehler ist diese Person ausgeschieden.

53. Karten-Rutschen

Alle sitzen im Stuhlkreis und merken sich, auf welchem Stuhl sie sitzen. Jeder bekommt eine Spielkarte und behält sie in der Hand. Nun deckt die Spielleitung von den übrigen Spielkarten eine Karte auf und nennt die Farbe (Pik, Herz, Kreuz oder Karo). Alle mit der entsprechenden Farbe dürfen einen Platz nach rechts rutschen. Sitzt dort jemand, muss man sich auf seinen Schoß setzen. Sitzen mehrere Personen übereinander, darf nur die oberste Person rutschen, die übrigen sind blockiert, auch wenn ihre Farbe aufgerufen wird. Sind alle gerutscht, deckt die Spielleitung die nächste Karte auf. Gewonnen hat die Person, die als Erste wieder auf ihrem Stuhl angekommen ist.

54. Der gordische Knoten ●●●

Alle halten die Hände überkreuzt vor sich, schließen die Augen, gehen aufeinander zu und fassen irgendeine andere Hand. Eine Person muss nun den menschlichen Knoten entwirren.

55. Schnürsenkel und Schnelligkeit ●●●

Alle sitzen am Boden, ziehen die Schuhe aus und lösen die Schnürsenkel. Die Schuhe kommen in die Kreismitte und werden schön gemischt. Auf Kommando muss nun jeder seine Schuhe finden, die Schnürsenkel einfädeln, die Schuhe anziehen und sich hinstellen. Wer als Erster steht und korrekt gebunden hat, ist Sieger.

56. Nachbarschaftsliebe ●●●

Alle sitzen im Kreis. Eine Person hat keinen Stuhl und sitzt stattdessen bei jemandem auf dem Schoß. Sie fragt nun diejenige Person, auf deren Schoß sie sitzt: »Liebst du deinen Nachbarn/deine Nachbarin?« Bei der Antwort »Ja« rutschen alle einen Stuhl weiter. Wenn die Antwort »Nein« lautet, wird folgende Frage dazu gestellt: »Wen liebst du dann?« Daraufhin wird z. B. geantwortet: »Alle Personen mit roten T-Shirts«. Nun müssen alle mit roten T-Shirts die Plätze tauschen. Wer keinen Platz erhält, muss in die Mitte.

57. Liebling, ich liebe dich, aber ... ●●●

Alle sitzen im Kreis. Es gibt einen Stuhl weniger als Mitspieler. Eine Person wird ausgewählt. Diese setzt sich zu jemandem auf den Schoß, schaut ihm/ihr ganz tief in die Augen und sagt: »Liebling, wenn du mich liebst, dann lächle!« Die Person muss antworten, ohne zu lachen: »Liebling, ich liebe dich, aber ich kann nicht lachen!« Lacht die Person trotzdem, muss sie sich eine andere Person aussuchen, auf deren Schoß sie sich setzt.

58. Pfeifenspiel

Alle sitzen im Stuhlkreis. Zwei bis vier Mitspieler werden vor die Tür geschickt. Die Gruppenleitung hat eine Trillerpfeife hinten am Hosenbund. Wenn sie mit dem Rücken vor einer Person im Kreis steht, muss diese in die Pfeife blasen. Den Freiwilligen wird gesagt, dass die Gruppe eine Pfeife im Kreis herumgehen lässt und hin und wieder gepfiffen wird. Sie werden einzeln hereingerufen und müssen nun herausfinden, wer die Pfeife hat. Je unauffälliger sich die Gruppenleitung stellt und je geschickter die Mitspielenden in die Pfeife blasen, desto länger braucht der Kandidat, um den Trick herauszufinden.

59. Schlangengrube ●●●

Alle stellen sich im Kreis auf und fassen sich an den Händen. Irgendwo im Kreis werden Anfang und Ende der Schlange festgelegt. Erstes und letztes Glied der Schlange fassen sich nicht an. Der Kopf der Schlange steigt über die Hände der anderen, schlängelt sich unter den Armen durch, krabbelt durch die Beine. Die Schlange folgt ihm. Ist der erste Spieler beim Schlangenschwanz angekommen, so schließen sie den Kreis. Nun muss sich die Gruppe entwirren, ohne loszulassen.

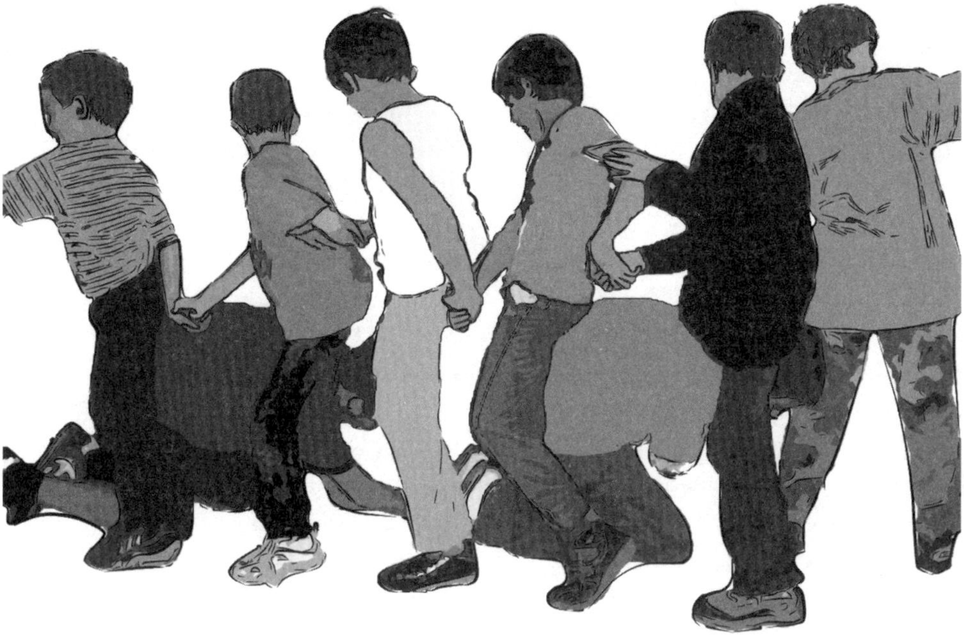

60. Gefangen im Kreis ●●●

Eine Person kommt in die Mitte. Alle anderen bilden einen Kreis und halten sich an den Händen fest. Die Person in der Mitte versucht nun, den Kreis zu durchbrechen. Wenn sie es schafft, ist der Nächste dran oder die Person, die links von der Durchbruchstelle stand.

VARIANTE: Nach ein paar erfolglosen Fluchtversuchen kann Verstärkung angefordert werden, indem eine weitere Person gewählt wird.

4. Vertrauensspiele

Zu lernen, sich gegenseitig zu vertrauen und zu erleben, dass man sich auf die anderen Gruppenmitglieder verlassen kann – das sind wichtige Erfahrungen, die ein Zusammenwachsen der Gruppe fördern. Mit den geeigneten Angeboten ist das ein Kinderspiel.

61. Tragende Hände ●●●

Eine Person meldet sich freiwillig, die übrigen Mitspielenden bilden ein Spalier, indem sich jeder mit den Händen am gegenüberstehenden Gruppenmitglied festhält. Der/die Freiwillige legt sich nun auf diese haltenden Hände. Die Gruppe versucht, die Person hochzuheben, abzusenken, zu schütteln, hin oder her zu schaukeln oder wie auf einem Förderband vorwärts und rückwärts wandern zu lassen.

62. Natur erleben und ertasten

Jeweils zwei Personen bilden ein Paar. Einer Person werden die Augen verbunden. Die andere Person führt sie durch einen kleinen Wald zu einem bestimmten Baum. Die Person mit verbundenen Augen kann nun diesen Baum ertasten und wird wieder zurückgeführt. Anschließend darf sie ihren Baum suchen.

VARIANTE: Die ganze Gruppe geht mit verbundenen Augen hinter einer führenden Person her.

VARIANTE: Sie gehen an einem durch das Gelände gespannten Seil entlang.

63. Seitenwechsel ●●●

Die Gruppe steht in einem Kreis. Nun wechseln alle die Seite und gehen zur gegenüberliegenden Seite, ohne sich in dem entstehenden Chaos zu berühren.

VARIANTE: Dasselbe mit geschlossenen Augen.

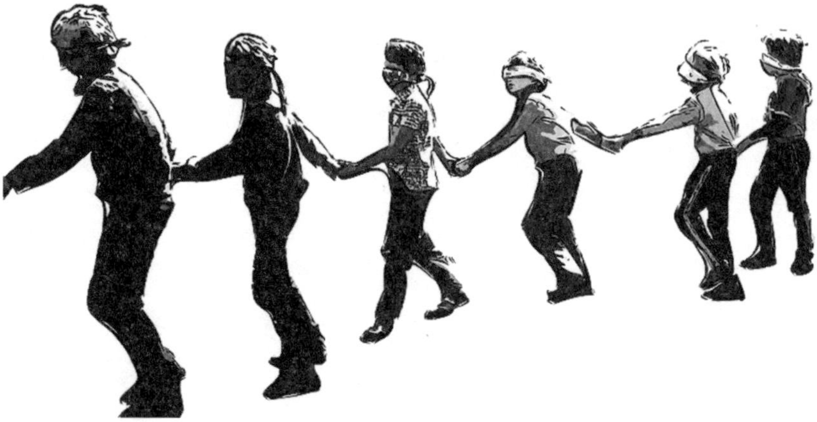

64. Zick-Zack-Kreis ●●●

Alle stehen im Kreis und halten sich fest an den Händen. Jeder zweite lässt sich auf Kommando nach hinten fallen, während die anderen sich nach vorne fallen lassen. Anschließend umgekehrt. Die Füße bleiben unbewegt.

65. Verletztentransporte ●●●

Zwei Personen halten sich an den Händen fest. Darauf setzt sich eine dritte Person, die nun über einen Hindernisparcours oder eine Wegstrecke von ca. 500 m getragen werden muss.

66. Auf einem Bein ●●●

Es wird ein kleiner Kreis eingezeichnet. Alle stehen nun nur mit einem Fuß im Kreis und halten sich gegenseitig fest, während der Oberkörper nach hinten lehnt.

67. Minenfelder

Jeweils zwei Personen bilden ein Paar. Einer Person werden die Augen verbunden. Sie muss durch ein »Minenfeld« gehen: Als Minen dienen Gegenstände, die in einem Spielfeld verstreut liegen. Die andere Person gibt Anweisungen, wie zu gehen ist. Wird eine Mine berührt, scheidet man aus.

68. Katz und Maus

Eine Person ist die Maus, die andere die Katze. Beide bekommen die Augen verbunden. Maus und Katze haben je einen Trainer/eine Trainerin. Aufgabe ist es nun, dass die Maus rechtzeitig ihr Mauseloch findet, bevor die Katze sie schnappt. Als Spielfeld dient eine markierte Fläche. Die Trainer dirigieren ihre Tiere, dürfen aber nicht reden, sondern geben ihre Anweisungen nur per Fingerschnippen oder Klatschen. Die Signale werden vorher vereinbart (vorwärts – einmal klatschen, links – einmal schnipsen usw.).

69. Fallen lassen ●●●

Ein Mitspieler lässt sich nach hinten fallen und wird von einem anderen Mitspieler aufgefangen.

VARIANTE: Eine Person steht in der Mitte eines Kreises von ca. 150 cm Ø und lässt sich in eine Richtung fallen. Sie wird von den anderen Gruppenmitgliedern aufgefangen und wie ein Pendel in eine neue Richtung geschubst.

70. Führen und Folgen

Einer Person, die sich freiwillig gemeldet hat, werden die Augen verbunden. Ihr werden vier lange Schnüre umgebunden, die jeweils von einem Mitspieler gehalten werden. Die Mitspieler versuchen nun, durch entsprechendes Ziehen die Person durch einen Hindernisparcours zu führen, ohne dass sie die Markierungen im Parcours verlässt. Bei dem Spiel darf nicht gesprochen werden.

5. Kommunikations-, Koordinations-, Kooperationsspiele

Wie funktionieren die Kommunikation und die Kooperation innerhalb der Gruppe bzw. des Teams? Wer koordiniert und wer wird koordiniert? In diesen Spielen lässt sich erleben, dass Miteinander-Reden und gute Zusammenarbeit zwei Seiten einer Medaille sind. Alle Spiele fördern soziales Verhalten und stärken das Teamdenken. Viele der Spiele lassen sich auch als Stationenspiel einsetzen. Je besser eine Gruppe aufeinander abgestimmt ist, desto eher wird die Gruppe beim jeweiligen Spiel punkten können.

71. Quadratur des Kreises

Alle haben die Augen verbunden, halten sich an einem Seil fest und müssen nun versuchen, ein Quadrat zu bilden und anschließend einen Kreis. Welcher Mannschaft gelingt dies am besten? Ggf. kann das Quadrat oder der Kreis auf dem Boden vorgezeichnet und ein Ausgangspunkt festgelegt werden.

72. Spinnennetz

Aus Seilen wird ein Netz hergestellt, das zwischen zwei Bäumen oder Pfosten gespannt wird. Die Aufgabe ist nun, dass alle von der einen Seite auf die andere Seite des Netzes wechseln müssen. Natürlich darf das Netz nicht berührt werden, und jede Netzöffnung darf nur einmal gewählt werden. Beim Durchklettern ist darauf zu achten, dass niemand herunterfällt.

73. Achtung, hier kommt ein Karton!

Die Gruppe erhält einen Karton (Bananenkarton, Umzugskarton). In oder auf diesem Karton sollen alle Platz finden, egal wie die Gruppe es anstellt. Welche Möglichkeiten die Gruppe hat, muss sie selbst herausfinden. Vielleicht steigen zwei Personen in den Karton hinein und nehmen die anderen auf die Schultern? Wichtig ist, dass niemand mit dem Fuß den Boden berührt. Je größer die Gruppe, desto schwieriger die Aufgabe.

74. Aufstehen ●●●

Zwei Personen sitzen mit angewinkelten Beinen Rücken an Rücken und müssen versuchen, gemeinsam aufzustehen, ohne die Arme zu Hilfe zu nehmen.

75. Miteinander

Die Gruppe stellt sich in einer Reihe auf und jeder bekommt einen Luftballon, der zwischen den Bauch und den Rücken der vorderen Person geklemmt wird. Die Gruppe muss sich nun fortbewegen, ohne die Luftballons zu verlieren.

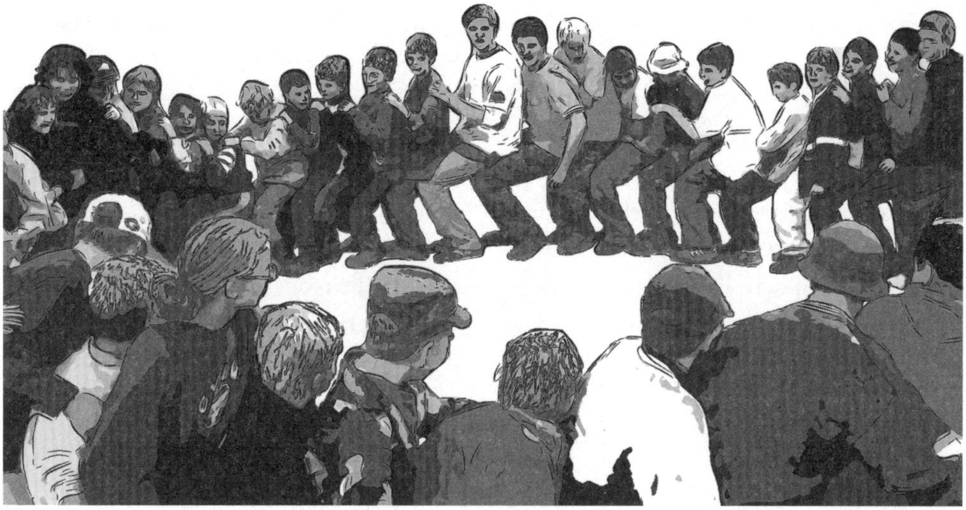

76. Balanceakt

Eine Person muss, ohne den Boden zu berühren, von einem Punkt zu einem anderen Punkt gelangen. Die restlichen Gruppenmitglieder helfen dabei mit, indem immer zwei Personen eine stabile Stange (max. ca. 2 m lang, ca. 10 cm dick) oder eine Biertischbank in ca. 50–60 cm Höhe halten, und die Person nun von einer Stange/Bank zur nächsten läuft/balanciert.

77. Kniesitz ●●●

Alle stehen ganz dicht hintereinander in einem geschlossenen Kreis. Auf ein Signal hin setzt sich jeder auf die Schenkel/Knie der hinteren Person. Das ist gar nicht so einfach, und leicht kann der ganze Kreis an irgendeiner Stelle auseinanderbrechen. Wenn alle sitzen, kann man versuchen, sich so – auf Kommando »rechter Fuß, linker Fuß« – im Kreis zu bewegen.

78. Murmelbahn

Die Gruppen bauen eine Murmelbahn. Dabei sollen zwei Murmeln gleichzeitig starten, jedoch verschiedene Wege gehen und in jeweils vorgegebener Zeit sich treffen oder im Ziel eintreffen. Die Murmelbahn kann aus Holz, Sand oder im Winter aus Schnee gebaut werden. Als Murmel können Glasmurmeln, Plastik-, Golf- oder Tennisbälle verwendet werden.

79. Rettende Insel

Ein bis zwei Tische stehen im Raum verteilt. Jedes Gruppenmitglied bekommt eine Teppichfliese (oder auch einen Stuhl) und alle setzen sich im Raum verteilt darauf. Die Teppichfliese/

der Stuhl stellen jeweils eine Eisscholle dar, welche allerdings zu schmelzen beginnt. Die Gruppe muss nun versuchen, auf die Tische (rettende Insel) zu gelangen, ohne mit den Füßen den Fußboden zu berühren.

VARIANTE: Die Eisscholle darf nur von einer Person in Anspruch genommen werden. Die Eisscholle darf nur bewegt werden, wenn sich niemand darauf befindet.

80. Schreien – Grölen – Kreischen ●●●

Zwischen Mannschaft A, die sich aufgeteilt in einer Entfernung von ca. 20 m aufstellt, befindet sich Mannschaft B. Der einen Hälfte von Gruppe A werden nun Begriffe gesagt, die sie der anderen Mannschaftshälfte zurufen muss. Die gegnerische Mannschaft B versucht durch lautes Geschrei, dies zu verhindern. Wie viele Wörter können innerhalb einer festgesetzten Zeit übermittelt werden? Anschließend wird gewechselt.

81. Etwas andere Reise nach Jerusalem

Wie bei der Reise nach Jerusalem werden Stühle in einer Reihe Rücken an Rücken aufgestellt. Die Mitspielenden gehen im Kreis um die Stuhlreihe. Bei Musikstopp springt jeder auf einen Stuhl. Dabei ist es egal, ob ein, zwei oder mehr Personen auf einem Stuhl stehen. Nach jeder Runde wird ein Stuhl weggenommen. Ziel des Spiels ist es, dass alle Mitglieder der Gruppe auf den Stühlen Platz finden und die Gruppe gemeinsam dieses Ziel erreicht. Das Spiel ist aus, sobald einer aus der Gruppe nicht mehr auf den übrig gebliebenen Stühlen gehalten werden kann.

82. Marktschreier ●●●

Zwei Gegenspieler müssen sich »marktschreierisch« betätigen. Beide müssen sich etwa 60 Sekunden lang gegenseitig beschimpfen, gleiche Ware anpreisen usw.

83. Quasselstrippe ●●●

Zwei Personen sitzen sich gegenüber. Jeder hat die Aufgabe, dem Gegenüber etwas zu erzählen – egal was. Nur darf keiner von beiden eine Pause einlegen, sondern muss ununterbrochen erzählen. Ausgeschieden ist die Person, die abbricht und eine Pause einlegt (Atempausen sind erlaubt).

84. Gruppe und Außenseiter ●●●

Es wird ein Mitglied aus der Gruppe ausgewählt, das über ein ausgeprägtes Selbstvertrauen verfügt. Diese Person übernimmt freiwillig die Rolle des Außenseiters/der Außenseiterin. Der Rest der Gruppe spielt »Treffen, Begrüßen, Unterhalten«. Alle Gruppenmitglieder laufen dabei durch den Raum, schütteln sich die Hände, begrüßen, umarmen und unterhalten sich. Der Außenseiter geht ebenfalls durch den Raum und versucht, mit den anderen in Kontakt zu kommen. Die Gruppenmitglieder wehren jeden Kontaktversuch ab und weichen dem Außenseiter aus.

▷ **HINWEIS:** In der Gruppe sollte ein hohes Maß an Vertrautheit vorhanden sein. Die Außenseiterrolle kann einige Male gewechselt werden. Auf keinen Fall sollte dabei jemand gewählt werden, der in der Gruppe eine Randstellung oder sonst schwierige Position hat. Im Anschluss an das Spiel wird darüber gesprochen, wie sich der Außenseiter gefühlt hat, wie die anderen die Kontaktversuche abgewehrt und wie sie sich dabei gefühlt haben.

85. Ballonreise ●●●

Mehrere Personen befinden sich in einem Ballon. Der Ballon beginnt zu sinken. Da schon alles über Bord geworfen wurde, geht es nun darum, wer von den Insassen abspringen muss. Sobald ein Mehrheitsbeschluss gefasst wurde, muss diejenige Person von Bord.

Bei diesem Spiel geht es um Argumente und um die Argumentationskunst: Wer ist wichtiger, wie und gegen wen bilden sich Mehrheiten usw. Im Anschluss an das Spiel findet eine Gruppenreflexion statt.

▷ **HINWEIS:** In diesem Spiel können Gruppenbeziehungen und die Rolle des Einzelnen in der Gruppe deutlich hervortreten. Es sollte darauf geachtet werden, dass sich keiner durch irgendwelche Aussagen verletzt fühlt.

86. Wer spürt am besten?

Von drei Mannschaften (Äpfel-, Zitronen-, Apfelsinenmannschaft) läuft jeweils eine Person mit verbundenen Augen auf einen Tisch zu. Dort liegen mehrere Äpfel, Zitronen und Apfelsinen. Es darf nur die eigene Obstsorte mitgenommen und in einen Korb gelegt werden. Die anderen Gruppenmitglieder können durch Zurufe dirigierend eingreifen.

87. Zusammenhalt

Jeweils zwei Gruppenmitglieder tun sich zusammen. Ein Bierdeckel (Blatt Papier, Stift, Holzklötzchen o. Ä.) wird zwischen ihre zwei Handaußenflächen, Zeigefinger oder Knie geklemmt. Beide müssen sich nun durch den Raum bewegen und Aufgaben erfüllen, ohne dass der zwischen sie geklemmte Gegenstand herunterfällt.

VARIANTE: Die Aufgaben mit verbundenen Augen erfüllen.

88. Raupenlauf ●●●

Alle stellen sich hintereinander in einer langen Schlange auf. Jeder nimmt ein Bein der vor ihm stehenden Person in die Hand, dann müssen alle dem/der Ersten hinterherhüpfen.

89. Stab absenken

Ein Stab (Besenstiel) liegt auf den Fingern der Mitspielenden und muss abgesenkt werden, wobei ihn immer alle berühren müssen.

6. Entspannungsspiele

Diese Spiele können nach lebhaften Angeboten zum Einsatz kommen und bieten dann eine willkommene Verschnaufpause – bevor es bewegt weitergeht. Ruhe- und Entspannungsspiele können aber auch ganz gezielt der Gruppe im gemeinsamen Innehalten ein konzentriertes Erleben ermöglichen, das die Gemeinschaft stärken kann.

90. Fantasiespaziergang ●●●

Alle ziehen Schuhe und Strümpfe aus und schließen die Augen. Die Spielleitung erzählt nun langsam und mit ruhiger Stimme: »Stelle dir vor, du beginnst langsam zu gehen. Deine Füße tasten sich vorwärts. Du spürst hohes Gras. Jetzt kommst du auf einen steinigen Schotterweg. Die Steine piksen. Du verlässt den Weg und kommst auf matschigen Waldboden, wo es hin und wieder auch einige weiche Moosfelder gibt. Nach einer längeren Wanderung spürst du warmen Sandboden usw.« Die Wanderung kann ausgedehnt oder abgekürzt werden, je nach Gruppe.

91. Jahreszeiten ●●●

Alle sitzen nicht zu dicht im Kreis. Die Spielleitung macht die Bewegungen einer Pflanze während der Jahreszeiten vor, z. B. *Winter:* Die Pflanze sitzt klein, schwach und zusammengekauert auf dem Boden. *Frühling:* Durch die stärker werdenden Sonnenstrahlen erwachen die Pflanzen zum Leben und erheben sich langsam. *Sommer:* Durch die warme Sonne öffnen die Blumen ihre Blüten und stehen aufrecht. *Herbst:* Die Sonnenstrahlen werden schwächer. Die Pflanzen sinken langsam wieder in sich zusammen. Blüten und Blätter fallen ab. *Winter:* Die Pflanze sitzt wieder klein, schwach und zusammengekauert auf dem Boden.

92. Wechselhaftes Wetter ●●●

Immer zwei Personen bilden ein Paar. Eine legt sich auf den Bauch, die andere kniet daneben und macht mit den Händen auf dem Rücken der liegenden Person verschiedene Wettersituationen nach: Sonnenschein, Regen, leichter Nieselregen, starker Schlagregen und Hagel, Schnee, Gewitter, Sturm und zwischendurch wieder Sonnenschein wechseln sich ab. Nach einiger Zeit werden die Rollen getauscht. In der Auswertungsrunde wird darüber gesprochen, wie jeder das wechselhafte Wetter empfunden hat und wie »einfühlsam« die Partner miteinander umgegangen sind.

93. Luftballon ●●●

Jeder stellt sich vor, er/sie sei ein Luftballon, der sich langsam aufbläst (aus zusammengekauerter Haltung langsam aufstehen), bei jedem Atemzug größer und größer wird (langsam die Hände ausbreiten und auch die Füße strecken), bis er letztendlich mit einem lauten Knall platzt (hinfallen und am Boden liegen bleiben).

94. Blumenalltag ●●●

Jede/r stellt eine Blume dar. Nachts schlafen die Blumen (die Mitspieler liegen zusammengekauert auf dem Boden). Sobald die Sonne am Morgen ihre warmen Strahlen schickt, erwachen auch die Blumen und öffnen langsam ihre Blütenblätter (alle blinzeln noch etwas verschlafen, recken und strecken sich, stehen langsam auf und öffnen ihre Arme). Tagsüber freuen sich die Blumen über die freundlichen Bienen und die Spaziergänger, die ihre Freude an den schönen Blüten haben (alle vollführen einen schönen Freudentanz). Gegen Abend, wenn die Sonne wieder untergeht, legen sich auch die Blumen schlafen und schließen ihre Knospen.

95. Stark wie ein Baum ●●●

Alle stellen sich im Raum auf. Die Füße bleiben fest am Boden stehen, und jeder stellt sich vor, er sei ein Baum, der sich langsam im Wind hin und her bewegt. Die Bewegungen werden stärker und wilder, weil ein Sturm aufkommt. Jeder versucht, sich so heftig wie möglich zu bewegen, sollte aber immer mit den Füßen fest und unbeweglich am Boden stehen bleiben. Langsam lässt der Wind nach, und der Baum kommt wieder zur Ruhe.

96. Wünsche ●●●

Immer zwei Personen bilden ein Paar. Zunächst legt eine sich auf den Boden, daneben kniet die andere Person. Die liegende Person darf sich eine schöne Berührung wünschen (Rücken massieren, Nacken streicheln usw.), die der Partner jeweils ausführt. Anschließend wird gewechselt. Man kann auch die Gruppe halbieren und bei jedem Wunsch weiterrücken, bis jedes Gruppenmitglied sich von den anderen Gruppenmitgliedern etwas Schönes gewünscht hat. Abschließend wird darüber gesprochen, was jeder empfunden hat und wie einfühlsam der jeweils ausführende Partner den Wunsch umsetzte.

97. Im Schoß liegen ●●●

Immer zwei Personen bilden ein Paar. Zunächst setzt sich eine Person im Schneidersitz hin und legt die Hände geöffnet nach oben auf die Schenkel. Die zweite Person legt sich auf den Rücken, mit dem Kopf im Schoß des Partners. Beide schließen die Augen und verweilen in dieser Haltung. Nach einiger Zeit werden die Rollen gewechselt. Abschließend wird darüber gesprochen, was jeder empfunden hat, welche Gedanken in einem hochkamen (Geborgenheit, Angst, Unsicherheit, Beschützt-Sein).

98. Boot auf dem Wasser ●●●

Mehrere Personen knien nebeneinander auf dem Boden. Eine legt sich mit dem Rücken quer über die Rücken der anderen und schließt die Augen. Die Knienden schaukeln nun wie ein Boot langsam hin und her. Die Bewegungen können auch mal heftiger werden, wenn ein kleiner Sturm aufkommt. Das Boot sollte jedoch sicher im Wasser liegen, was eine gewisse Koordination voraussetzt.

99. Das große Krabbeln ●●●

Alle krabbeln mit geschlossenen Augen durch den Raum. Es kommt dabei darauf an, dass man sich langsam und möglichst ohne jemand anderen zu berühren bewegt.

100. Bauchgeräusche ●●●

Alle legen sich im Kreis hin, wobei jeweils der Kopf auf dem Bauch des Nachbarn/der Nachbarin liegt. Jeder hört nun auf die Bauchgeräusche des anderen. Für dieses Spiel ist Stille notwendig.

7. Spiele zur Gruppeneinteilung

Wenn es um Spiele geht, wo verschiedene Teams oder Personen miteinander bzw. gegeneinander spielen, ist vorab eine faire Einteilung der Gesamtgruppe wichtig. Damit sich nicht immer wieder die gleichen Personen zusammenfinden und sich Cliquen bilden, sind kleine Spiele hilfreich, in denen der Zufall neue Konstellationen schafft.

101. Fäden ziehen

Die Spielleitung hält ein Bündel Fäden in der Hand. Jedes Gruppenmitglied nimmt sich ein Fadenende. Die Leitung lässt das Bündel los und die Personen, die jeweils denselben Faden in den Händen halten, bilden ein Paar für das nächste Spiel. Sollen Gruppen mit mehreren Personen gebildet werden, dann kann man das Spiel mehrmals wiederholen, bis die Gruppen zusammengestellt sind.

102. Familie Brüller

Alle Mitspielenden erhalten verdeckt eine Karte mit einem Symbol (Tier, Familienmitglied). Auf Kommando schaut nun jeder seine Karte an und muss durch die entsprechenden Tierlaute oder durch Schreien des Familiennamens seine (Tier-)Familie finden. Jede (Tier-)Familie bildet dann eine Mannschaft für das nächste Spiel.

Das Spiel ist auch als Wettspiel möglich: Die Mannschaft, die sich zuerst gefunden hat, hat gewonnen. Erschwert werden kann das Spiel, indem die richtige Sitzreihenfolge eingehalten werden muss: Opa-Oma-Vater-Mutter-erstes Kind-zweites Kind usw. Das Zeigen der Karten ist nicht erlaubt. Die Tiere dürfen nur Tierlaute von sich geben.

103. Cluster ●●●

Alle bewegen sich im Raum umher. Die Spielleitung nennt eine Zahl. Nun müssen sich Gruppengrößen in der Größe der genannten Zahl bilden.

VARIANTE: Es bilden sich Gruppen mit derselben Schuhgröße, derselben Sockenfarbe, derselben Augenfarbe.

104. Stuhltreffen ●●●

Es werden im Gruppenraum verschiedene (stabile) Stühle aufgestellt. Zunächst laufen alle bei Musik im Raum umher. Wenn die Musik aufhört, versuchen die Mitspieler, sich auf die Stühle zu stellen. Dabei wird zuvor die maximale Anzahl an Spielern pro Stuhl vorgegeben. Die jeweils auf einem Stuhl stehenden Spieler bilden dann eine Mannschaft. In der Regel können fünf bis sieben Personen auf einem stabilen Stuhl Platz finden.

▷ **HINWEIS:** Dieses Spiel kann auch als Wettspiel verwendet werden. Welche

Stuhl-Gruppe schafft es zuerst, ohne dass jemand herunterfällt?

105. Atome

Anstatt mit Stühlen finden sich die Spielgruppen bei Musikstopp zu der zuvor vorgegebenen Gruppengröße zusammen. Sollen 5er-Teams gebildet werden, finden sich z. B. so schnell als möglich Gruppen zu je 5 Personen.

106. Schere, Stein, Papier

Bei diesem Entscheidungsspiel wird entschieden, wer in Gruppe A oder Gruppe B kommt. Es treten immer zwei Personen gegeneinander an. Der Gewinner kommt zur Gruppe A, der Verlierer in Gruppe B.

Darstellung: Die Schere wird durch Zeige- und Mittelfinger in V-Form angezeigt, Der Stein wird als Faust angezeigt, Papier wird mit einer flachen Hand angezeigt.

Wertung: Die Schere siegt über Papier, der Stein siegt über die Schere und das Papier siegt über den Stein.

107. Tip-Top-Fußentscheid

Auch bei diesem Spiel geht es darum, wer in Gruppe A oder B kommt. Zwei Personen stellen sich einander gegenüber auf, in etwa zwei Meter Abstand. Der eine beginnt und setzt einen Fuß vor den anderen (beide Schuhe berühren sich dabei an der Fußferse bzw. Fußspitze). Nun ist sein Gegenüber an der Reihe. Langsam bewegen sich beide Schritt für Schritt aufeinander zu. Der letzte, der noch seinen Fuß dazwischen bekommt, kommt in Gruppe A, der andere in Gruppe B.

8. Spiele und Wettspiele zum bunten Abend

Wie kann ein Spieleabend gelingend gestaltet werden? Ein wichtiger Aspekt ist die Vielfalt der Angebote. Nicht umsonst spricht man von einem »bunten« Abend. Auf die gute – bunte – methodische Mischung kommt es an! Die Gruppe möchte nicht nur Wettspiele machen, sondern auch das ein oder andere Spaßspiel, mal als Einzelkämpfer gewinnen oder als Gruppe gemeinsam siegen. Diese Spiele eignen sich für die ganze Gruppe oder auch nur jeweils für einen Freiwilligen aus jeder Mannschaft – das muss die Spielleitung für sich und die Gruppe entscheiden.

8.1 Gruppenwettkämpfe

108. Der Ring wandert

Ein Ring wird mit Stäbchen/Röhrchen von Gruppenmitglied zu Gruppenmitglied weitergeben. Welche Mannschaft ist am schnellsten?

109. Die Streichholzschachtel auf der Nase

Eine Streichholzschachtel wird von Nase zu Nase weitergeben. Welche Mannschaft ist am schnellsten?

110. Die lauteste Band ●●●

Jede Band schreit im Sprechchor ein Lied. Wer am besten und am lautesten schreit, ist Sieger.

111. Schuhe ausziehen – Schuhe anziehen ●●●

Der erste Spieler zieht dem zweiten Spieler die Schuhe aus, der dritte zieht sie wieder an usw., bis die ganze Mannschaft durch ist.

112. Die Schnur, die verbindet

Durch die gesamte Gruppe eine Schnur ziehen: im linken Ärmel rein, hinter der Schulter rum, am rechten Ärmel wieder raus. Welche Gruppe schafft es am schnellsten?

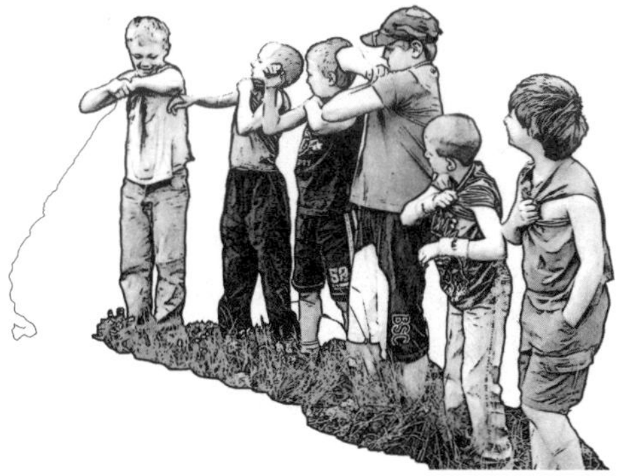

113. Brezelfest

Kleine Salzbrezeln werden auf einer Schnur aufgereiht und in 160 cm Höhe aufgehängt. Jedes Gruppenmitglied hat einen Sprung, um eine der Salzbrezeln zu ergattern.

114. Zusammengenäht

Zwei Personen werden vom restlichen Team »zusammengenäht«. Dazu wird ein Löffel mit einer langen Schnur verwendet, der so geschickt durch die Kleidung geführt wird, dass beide fest zusammengenäht sind. Welches Team schafft es am schnellsten und am besten?

115. Mummenschanz

Aufgabe jedes Teams ist es, ein Mitglied so fantasievoll wie möglich zu verkleiden. Dazu stehen Alltagsmaterialien wie Müllsäcke, Schläuche, Wasserkanister, Kartons oder Schaumstoff zur Verfügung. Danach wird ein wilder Tanz aufgeführt. Die beste Kostümierung und der beste Tanz gewinnen.

116. Kaugummi und Gummihandschuhe

Jedes Team erhält ein paar Gummihandschuhe (Einweg- oder Gartenhandschuhe) und ein oder zwei Kaugummipäckchen. Die erste Person zieht sich die Handschuhe an, packt ein Kaugummi aus und steckt das Kaugummi in den Mund. Anschließend ist die zweite Person an der Reihe, übernimmt die Handschuhe, zieht diese an, packt den nächsten Kaugummi aus usw. Welche Gruppe als Erste die Kaugummis auf diese Weise gegessen hat, hat gewonnen. Daran lässt sich dann sehr gut das Kaugummi-Kunstwerk anschließen.

117. Kaugummi-Kunst

Jedes Gruppenmitglied bekommt ein Kaugummi, ein Stück Karton oder Papier und einen Zahnstocher. Das Kaugummi wird fünf Minuten gekaut, dann klebt jeder das Kaugummi auf den Karton und hat nun weitere fünf Minuten Zeit, aus dem Kaugummi mit Hilfe des Zahnstochers ein Kunstwerk zu schaffen. Die Hände dürfen zum Formen nicht verwendet werden. Anschließend bewertet die Gruppe, welches Kunstwerk am besten, einfallsreichsten und schönsten ist. Die Kategorie »gelbe Zitrone« kann für das schlechteste Kunstwerk vergeben werden.

118. Transportfieber

Für draußen: Auf ein 2–4 m langes Brett werden verschiedene Gegenstände (Kegel, Wassereimer, Äpfel usw.) gestellt. Dieses Brett muss nun über eine Hindernisstrecke transportiert werden. Fällt etwas runter, muss dies wieder auf das Brett gelegt werden. Jedes Gruppenmitglied hilft, das Brett zu tragen. Wie lange benötigt die Gruppe?

VARIANTE: Im Haus wird statt eines Holzbrettes ein Meterstab von 2 m Länge verwendet, auf den ein paar kleinere Gegenstände (Spielsteine, Würfel, Fingerhut usw.) gelegt werden. Jedes Mitglied der Gruppe hilft beim Transportieren mit, wenn es treppauf, treppab durch das ganze Haus geht.

119. Klopapierschlange

Welche Mannschaft bzw. welcher Kandidat kann die längste Papierschlange aus Klopapier reißen?

120. Putzlappenspiel

Nur mit einem Putzlappen wird Wasser von einem Eimer in den anderen befördert. Wie viel Wasser schafft die Gruppe innerhalb von zwei Minuten? Ein Messbecher zeigt das Ergebnis an. Dieses Spiel kann im Gruppenraum gespielt werden, aber geeigneter wäre es für draußen.

121. Zahnstocher-Rallye

Jedes Mitglied einer Mannschaft bekommt einen Zahnstocher. Mit diesem Zahnstocher im Mund werden kleine Süßigkeiten (Marshmallow oder Gummibärchen) aus einer Schüssel aufgespießt und ins Ziel befördert. Die Mannschaft hat gewonnen, die in einer bestimmten Zeit die meisten Süßigkeiten holen kann. Die Hände dürfen nicht zur Hilfe genommen werden.

VARIANTE: Die leichten Marshmallows können auch von einer Person zur nächsten weitergegeben werden. Die letzte Person legt das Marshmallow in eine Schüssel. Wie viele Marshmallows können bei dieser »Staffelweitergabe« transportiert werden?

122. Brettchenlauf

Mit Hilfe von zwei Brettchen (oder Zeitungen) wird ein Staffelrennen im Gruppenraum durchgeführt, wobei nur auf den Brettchen oder Zeitungen gelaufen werden darf.

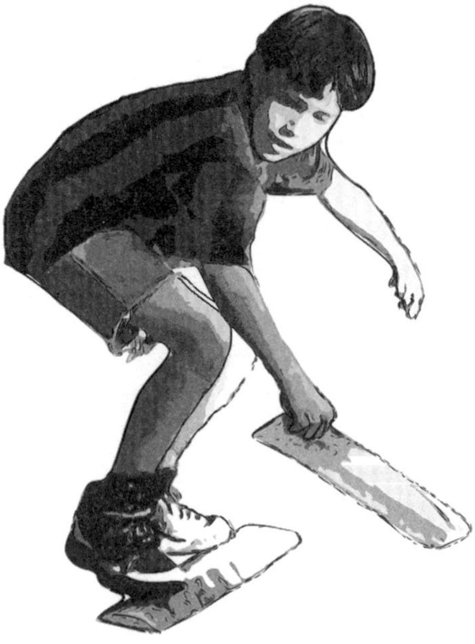

123. Händedruck-Signal ●●●

Zwei Gruppen werden gebildet. Die Spieler halten sich jeweils an den Händen. Eine Münze wird geworfen. Bei Zahl wird durch Handdrücken von der ersten zur letzten Person ein Signal durchgegeben, einen Gegenstand aufzunehmen. Welche Gruppe schafft es am häufigsten? Bei fehlerhaftem Signal/Reaktion gibt es Punktabzug.

124. Luftschlangen

Ein ca. 2 m langes und ca. 5–10 cm breites Absperrband wird an einer Schnur aufgehängt. Die Gruppenmitglieder (oder Freiwillige) versuchen nun, so viele Fäden wie möglich daraus zu schneiden. Gewertet werden nur Fäden, die noch die Gesamtlänge aufweisen.

VARIANTE: Wer daneben schneidet, scheidet aus.

125. Wasser mit Röhrchen transportieren

Aus einem Wassereimer muss das Wasser mit Hilfe eines langen Röhrchens in einen Messbecher oder eine Flasche befördert werden. Auch als Staffelspiel gut möglich. Das Spiel kann auch im Haus gespielt werden, sofern der Boden unempfindlich ist. Oder man stellt die zwei Gefäße in eine Wanne.

126. Wackelige Angelegenheit

Die Mitglieder zweier Mannschaften knien alle nieder und halten mit der rechten Hand den rechten Fuß hoch. Jeder bekommt einen Plastikbecher. Mit der linken Hand füllt die erste Person einen gefüllten Wasserbecher in ihren leeren Wasserbecher um. Diesen Wasserbecher gibt die Person an die zweite Person weiter, welche ihn in den eigenen Becher umfüllt usw. Welche Mannschaft ist am schnellsten am Ziel und hat das wenigste Wasser verschüttet?

127. Münzen in Brunnen werfen

In einer Wanne mit Wasser am Wannenboden einen etwa 5 cm großer Kreis einzeichnen. Jeder hat nun ein bis zwei Versuche, Münzen aus ca. 30–50 cm Entfernung über der Wasseroberfläche genau auf den Kreis fallen zu lassen. Die Mannschaft mit den meisten Treffern hat gewonnen.

128. Der Gummiring

Ein Gummiring wird unterhalb der Nase und oberhalb des Mundes und über den Ohrläppchen gespannt. Ohne Zuhilfenahme der Hände muss nun versucht werden den Gummiring vom Kopf zum Hals zu bekommen. Der Erste, der es schafft, bekommt zehn Punkte, der Zweite neun usw. Gewonnen hat die Mannschaft mit den meisten Punkten.

129. Keks von Stirn in den Mund

Ein Keks wird auf die Stirn gelegt und der Mitspieler versucht, diesen in den Mund zu befördern – natürlich ohne die Hände zu Hilfe zu nehmen. Das sieht sehr lustig aus und führt zu allen möglichen Grimassen, um den Keks langsam in Richtung Mund zu befördern. Fällt der Keks herunter, muss von Neuem begonnen werden.

130. Teebeutel auf Schildmütze

An einer Schildmütze wird rechts und links jeweils ein Teebeutel festgetackert oder mit einer Sicherheitsnadel befestigt. Ein Mitspieler setzt nun die Schildmütze auf und versucht durch geschickte Kopfbewegungen, dass beide Teebeutel auf der Schildmütze zum

Liegen kommen – also nicht mehr seitlich runterhängen.

Variante: etwas leichter ist es, wenn nur ein Teebeutel auf der Schildmütze landet.

131. Seifenblasen

Für dieses Spiel bekommt jeder Mitspieler Seifenblasen ausgehändigt. Nun muss er versuchen eine Seifenblase zu erzeugen und diese Seifenblase dann von der Startlinie in ein Ziel (z. B. durch einen Ring) blasen. Gewertet wird die Zeit oder die Anzahl der Seifenblasen, die ins Ziel gelangen.

132. Gabelbowling

Auf dem Boden wird eine Gabel mit Klebeband fixiert. Die Zinken zeigen in Richtung Startlinie. Von der Startlinie muss nun ein Mitspieler ein Geldstück in Richtung Gabel rollen lassen, so, dass dieses Geldstück genau in einem der Gabelzinken zum Stillstand kommt.

133. Pappbecher-Pyramide mit Trick

Ein Mitspieler stapelt vier Plastik- oder Pappbecher mit der Öffnung nach unten übereinander, wobei er zwischen jeden Becher ein DIN-A5-Blatt legt. Anschließend wird von oben nach unten jeweils das Papier mit einem kurzen Ruck weggezogen, so dass der obere Becher in den darunter befindlichen Becher rutscht. Anschließend wird das nächste Blatt weggezogen, bis alle vier Becher ineinander gestapelt auf dem Tisch stehen. Fällt das Gebilde zuvor auseinander, dann muss der Aufbau wiederholt werden. Gewonnen hat derjenige, der am schnellsten seine vier Becher ineinander gestapelt hat.

8.2 Freiwilligenspiele

134. Schokokuss-Wettessen

Wer kann fünf (zehn) Schokoküsse am schnellsten essen?

Eine harmlosere **VARIANTE**: Wenn die ganze Gruppe beteiligt werden soll, kann dieses Spiel auch als Schubkarrenrallye durchgeführt werden. Immer wenn ein Team mit einem Schokokuss fertig ist, kommt das nächste Team angerollt und einer muss im Liegestütz einen Schokokuss von einem Teller essen.

135. Trocken Brot ohne Wasser

Aufgabe ist es, ein trockenes Brötchen zu essen. Die jeweiligen Kandidaten treten auf Kommando gegeneinander an.

136. Schreikampf

Es werden zwei Gruppen gebildet. Zunächst muss eine Person der ersten Mannschaft den Mannschaftsmitgliedern, die in einer Entfernung von 15 m stehen, einen genannten Begriff zurufen. Das Problem dabei ist nur, dass die gegnerische Mannschaft dazwischen steht und dies durch lautes Geschrei zu verhindern sucht. Es sollte jeder mal reihum zurufen dürfen. Es wird die Zeit gestoppt, wenn der Begriff verstanden wurde!

137. Was esse ich?

Mit verbundenen Augen herausfinden, was man gerade probiert hat.

138. Chinesisch essen

Mit chinesischen Essstäbchen Erdnusskerne essen.

VARIANTE: Die Augen verbinden.

139. Rosinenmahlzeit

Eine Packung Rosinen wird an die Mitspieler verfüttert. Dabei wird eine Rosine mit einem Schaschlikspieß aufgespießt und gegessen. Danach ist die nächste Person an der Reihe. Welche Mannschaft ist schneller?

VARIANTE: Jede Person bekommt einen Spieß.

140. Baumelndes Würstchen in feiner Soße

Pro Mannschaft werden zwei Freiwillige benötigt. Die eine Person liegt auf dem Rücken, die andere hält ein an einer Schnur befestigtes Würstchen oder eine Brotscheibe (oder sonst etwas Essbares) fest, welches sie über den Mund des Liegenden baumeln lässt. Ziel ist es, das Würstchen so schnell wie möglich zu essen.

141. Papierhut falten

Es muss ein Hut aus einer Zeitung gefaltet und aufgesetzt werden. Die jeweiligen Kandidaten treten auf Kommando gegeneinander an.

142. Münzenkegeln

Eine Münze wird aufrecht aufgestellt. Diese muss nun mit einer zweiten Münze umgekegelt werden. Das Spiel lässt sich gut am Tisch spielen.

143. Rollerball

Ein Ball wird auf zwei Schnüren hin und her gerollt. Welche Gruppe schafft es wie oft?

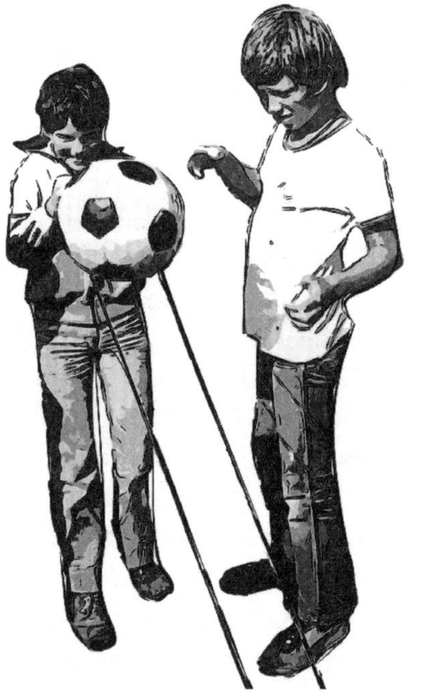

144. Teller ausschlürfen

Ein Teller mit Wasser, Apfelmus oder Joghurt wird ausgeschlürft. Sieger ist derjenige, der als Erster den Teller sauber abgeschleckt hat.

145. Faden aufwickeln

Ein 3 m langer Bindfaden wird auf einem Streichholz aufgewickelt. Ggf. kann an das Ende des Bindfadens ein kleines Spielzeugauto als Gegengewicht angebunden werden, um den Faden stramm zu halten.

146. Zielpusten

Mit einem Blasrohr werden kleine Papierkügelchen in ein Ziel geschossen (Papier, Kerze, Wand, Gegenstand).

147. Zeigt her eure Beine

Mit verbundenen Augen müssen die Beine der übrigen Gruppenmitglieder erraten werden.

148. Ameisenkrabbelei

Mit verbundenen Augen muss ein Kandidat in ein Ziel krabbeln. Die Gruppenmitglieder dürfen (nicht) helfen.

149. Ringwerfen

Einige Flaschen stehen mit aufgeklebter Punktzahl auf dem Boden. Die Ringe müssen nun aus 2–3 m Entfernung geworfen werden.

150. Schuhe binden ●●●

Zwei Personen binden sich gegenseitig die Schuhe zu. Dabei verwenden sie jedoch je nur eine Hand.

151. Klammerschlange

Aus Büroklammern muss innerhalb von 90 Sekunden die längste Schlange gebildet werden. In einer zweiten Runde müssen die Klammern wieder voneinander getrennt werden.

152. Nüsse knacken ohne Nussknacker

Wer kann ohne Nussknacker wie viele Walnüsse knacken? Wer schafft es so, dass zwei schöne Hälften übrig bleiben?

153. Eine Erbse fällt zu Boden

Eine Flasche steht auf dem Boden. Eine Person stellt sich auf einen Stuhl und lässt nun zehn (20) Erbsen in die Flasche fallen. Glücklich derjenige, der einmal trifft!

154. Röhrchen-Antrieb

Auf einem Tisch oder auf einem Parkettboden wird ein Hindernisparcours aufgebaut. Nun muss ein Tischtennisball oder Wattebausch mit einem Röhrchen um die Hindernisse herum ins Ziel geblasen werden.

155. Salzstangen essen

Wer kann 15 Salzstangen in 45 Sekunden essen? Gar nicht so einfach!

156. Knoten binden

Wer kann am schnellsten einen Knoten hinter dem Rücken binden?

VARIANTEN: Perlen auffädeln oder Spielsteine aufeinander stapeln.

157. Hürdensteigen

Von jeder Mannschaft meldet sich freiwillig eine Person. Diese muss nun mit verbundenen Augen über Hindernisse (Stuhl, Flaschen, Wasserwanne, Kerzen) steigen. Die Gruppe dirigiert sie. Welche Mannschaft gewinnt und hat am wenigsten Punktabzug durch Berührungen bzw. Fehltritte?

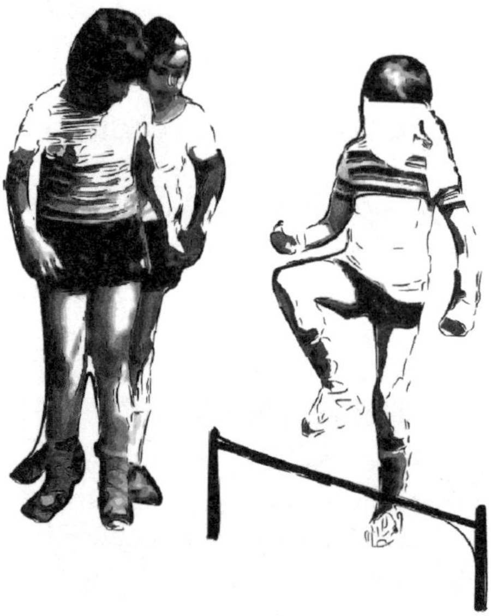

158. Papiertüten-Akrobatik

Eine Papiertüte steht mit der Öffnung nach oben auf dem Boden. Ein Spieler sitzt nun im Schneidersitz vor der Tüte und muss die Tüte mit dem Mund aufnehmen. Wenn das geschafft ist, wird die Tüte mit einer Schere gekürzt, so lange bis es nicht mehr geht. Die Hände müssen auf dem Rücken gehalten und die Beinstellung beibehalten werden. Gewonnen hat der Spieler, bei dem am wenigsten Tüte übrig geblieben ist.

VARIANTE: Der Spieler legt sich auf einen Stuhl oder Tisch, ohne mit Händen oder Füßen den Boden zu berühren. Der Stuhl bzw. Tisch sollte durch Helfer gehalten werden, sodass er nicht mit dem Mitspieler umfällt.

159. Kartoffelschwingen

Eine Kartoffel (Apfel, Apfelsine) wird an einem langen Faden an den Hosenbund gebunden und baumelt nun etwa 5 cm über dem Boden. Eine Apfelsine oder ein Schaumstoffball muss nun durch schwingende Bewegungen der Kartoffel über einen Parcours bewegt werden.

160. Der schnellste Zwiebelschäler

Wer kann wie viele Zwiebeln in drei Minuten schälen?

161. Die Stuhlrallye

Auf ein bis zwei Stühlen muss eine Strecke zurückgelegt werden. Wer ist schneller? Der Hosenboden muss immer auf dem Stuhl bleiben! Erschwerend könnte vereinbart werden, dass die Füße nicht den Boden berühren dürfen.

162. Krawatte binden

Wer kann eine Krawatte korrekt binden?

163. Wäsche zusammenlegen

Wer legt ein T-Shirt (oder ein Bettlaken) in der kürzesten Zeit korrekt zusammen?

164. Bügeln

Wer kann am schnellsten drei T-Shirts bügeln und zusammenlegen?

165. Ball-Rallye 1

Je zwei Personen bilden ein Team. Mehrere Teams treten gegeneinander an. Wer schafft es am schnellsten, einen Tennisball durch den einen Ärmel hinein- und durch den anderen Ärmel wieder herauszurollen?

166. Ball-Rallye 2

Je zwei Personen bilden ein Team. Mehrere Teams treten gegeneinander an. Beide Partner stehen Bauch an Bauch und halten dazwischen einen Tennis- oder Schaumstoffball fest. Dieser Ball muss nun zum Gesicht eines Partners gerollt werden, ohne die Hände zu benutzen.

167. Ball-Rallye 3

Es gibt zwei Mannschaften, die in einer Linie stehen. Die erste Person bekommt einen Ball unters Kinn. Dieser Ball muss an die nächste Person weitergegeben werden, ohne die Hände zu benützen. Ansonsten sind alle Körperteile erlaubt. Welche Gruppe hat den Ball zuerst bis zur letzten Person durchgegeben?

168. Pferdestärke

Die beiden ersten Spieler zweier Mannschaften essen eine Tasse voll Haferflocken. Wenn sie wieder pfeifen können, startet der zweite Spieler oder das Spiel ist beendet.

169. Der Nasenantrieb

Mit der Nase wird eine Streichholzschachtel, eine Kartoffel oder ein Spielzeugauto durch eine Hindernisstrecke befördert. Ein Berühren der Markierungen (Leitplanken) ist nicht erlaubt und gibt Strafpunkte. Wird das Spiel gleichzeitig mit allen Mannschaften gestartet, muss die Hindernisstrecke natürlich identisch aufgebaut sein.

170. Hol' dir die Kiste!

Die Mitspielenden sitzen mit überkreuzten Beinen auf einem Stuhl. Eine kleine Schachtel (Schuhschachtel, Zigarettenpackung o. Ä.) wird auf den Boden gestellt. Aufgabe ist es nun, mit den Zähnen diese Box aufzuheben, ohne mit den Händen oder Füßen den Boden zu berühren.

171. Einwickeln

Das Spiel geht so ähnlich wie das Spiel mit der Klopapiermumie, nur muss eine Person ein langes Absperrband zwischen die Zähne nehmen und damit eine andere Person einwickeln, ohne mit den Händen nachzuhelfen.

172. Erbsenspiel

Auf einem Stuhl liegen ein paar Erbsen, Maiskörner oder Reiskörner. Vor dem Stuhl steht eine kleine Schüssel. Eine Person setzt sich nun auf den Stuhl auf die dort liegenden Erbsen. Sie muss durch Herumrutschen auf dem Stuhl versuchen, so viele Erbsen wie möglich in die Schüssel fallen zu lassen.

173. Mehlspiel 1

Auf einen Stuhl oder auf einen Tisch wird jeweils dieselbe Portion Mehl für jeden Freiwilligen gelegt. Jeder muss nun mit einem Löffel im Mund das Mehl in ein leeres Marmeladenglas umfüllen. Wer kann das meiste Mehl in 60 Sekunden in das Glas füllen?

174. Mehlspiel 2

Auf einen großen flachen Teller oder ein Kuchenblech wird ein Mehlhügel aufgehäuft. Darauf kommt ein Schokoladenstück oder eine Praline. Jeder schneidet nun mit einem Messer ein Stück von dem Hügel ab. Fällt das Schokoladenstück vom Hügel herunter, dann muss diejenige Person, die das letzte Stück Mehl abgeschnitten hatte, das Schokoladenstück mit den Zähnen aus dem Mehlberg herausfischen.

175. Schnell wie die Feuerwehr 1

Ein Spiel für zwei Freiwillige. Die Freiwilligen hängen ihre Jacken mit den Ärmeln nach außen über ihre Stühle. Beide Stühle stehen ca. 2 m voneinander entfernt mit den Rücken zueinander. Unter den Stühlen geht ein Tau durch. Die zwei Kandidaten stehen auf ihren Stühlen. Auf Kommando ziehen beide die Jacken richtig an, rennen zum anderen Stuhl, setzen sich darauf und ziehen am Seil.

176. Schnell wie die Feuerwehr 2

Ein Spiel für zwei Freiwillige. Auf zwei Stühlen steht je eine Schüssel mit Wasser. Mit einem Löffel im Mund muss nun dieses Wasser in ein leeres Glas in einiger Entfernung gefüllt werden. Welches Glas ist als Erstes voll?

177. Ritterhockey

Zwei Freiwillige bekommen je einen Karton als Helm aufgesetzt, der nur einen kleinen Sehschlitz hat. Wie beim Hausfrauenhockey muss jeder nun versuchen, den Puck ins gegnerische Tor zu schießen. Anstatt mit einem Schrubber kann der Puck oder ein Luftballon auch nur mit dem Fuß ins Tor geschossen werden. Da die Mitspielenden nur ein begrenztes Sichtfeld haben, dürfte das gar nicht so leicht sein.

178. Löffel ablegen

Ein Tisch oder Hocker wird mit den Beinen nach oben hingestellt. Jeder von den zwei Freiwilligen erhält einen Löffel, bekommt die Augen verbunden und steht mit dem Rücken zum Tisch. Auf Kommando muss jede/r drei Schritte nach vorn gehen, sich umdrehen und den Löffel auf dem Stuhl- oder Tischbein ablegen, ohne dass der Löffel herunterfällt.

179. Rückennummer

Jeder der zwei Spieler/innen bekommt eine Nummer auf den Rücken geheftet. Beide stehen in einem Kreis auf einem Fuß. Aufgabe ist es nun, als Erster die Rückennummer des Gegners herauszufinden, ohne den Ring zu verlassen.

180. Futtertrog

Wer meldet sich freiwillig? Es geht darum, einen in einer Wasserschüssel schwimmenden Apfel komplett aufessen, ohne die Hände zu Hilfe zu nehmen.

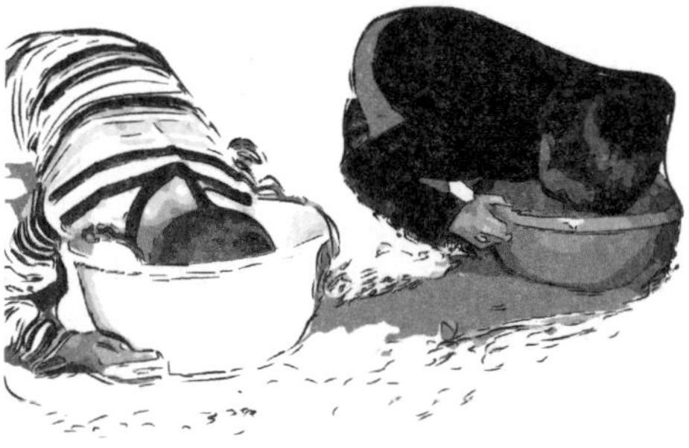

VARIANTE: In einer Schüssel sind ca. 30–40 Kirschen. Der/die Freiwillige hat die Hände auf dem Rücken. Wer hat innerhalb einer bestimmten Zeit die meisten Kirschen gegessen?

VARIANTE: Die Kirschen liegen in einer Schüssel mit Wasser.

VARIANTE: Die Kirschen sind in einer Schüssel mit Schlagsahne versteckt.

181. Luftschuss

Auf einem Tisch liegt ein Tischtennisball. Einem Freiwilligen werden die Augen verbunden und er stellt sich mit dem Rücken zum Tisch. Auf Kommando muss er sechs Schritte nach vorne laufen, fünf ganze Drehungen machen, zum Tisch zurückkehren und den Tischtennisball vom Tisch pusten. Wer schafft das am schnellsten?

182. Fische füttern

Zwei Personen stehen Rücken an Rücken. Beide halten eine Angel (Stock) in ihren Händen. An der Angel baumelt jeweils ein Apfel oder ein Stück Schokolade. Aufgabe ist es nun, den Apfel oder die Schokolade von der anderen Angel aufzuessen. Welches Team ist am schnellsten?

183. Hängendes Würstchen einmal anders

Das Würstchen hängt nicht an einer Schnur, sondern wird mit einem Faden an einen Besenstiel gehängt. Der Besenstiel wird mit den Händen auf dem Rücken festgehalten. In dieser

Position versucht der Spieler, das Würstchen zu essen.

184. Getränkeservice

Auf einem Tisch steht ein leeres Glas Wasser. Ein Mitspieler muss mit verbundenen Augen und einer Hand auf dem Rücken das Glas mit einer Flasche Wasser füllen. Die Mitspieler dürfen Anweisungen geben.

185. Anziehen

Mit verbundenen Augen innerhalb von 60 Sekunden Kleider anziehen (Hose, Socken, Unterhemd, Hemd, Schal, Mütze, Handschuhe, Schuhe).

VARIANTE: Die Kleidungsstücke werden im Raum verteilt und müssen erst noch gesucht werden.

VARIANTE: Zwei bis drei Kandidaten versuchen, die Kleider gleichzeitig zu finden und anzuziehen.

186. Auf dem richtigen Weg

Mit Kreide wird eine (ggf. auch geschwungene) Linie auf den Boden gezeichnet. Mit einem Fernglas, das verkehrt herum gehalten wird, muss der Kandidat so schnell wie möglich dem Strich entlang gehen. Es muss darauf geachtet werden, dass er auch tatsächlich durch das Fernglas sieht.

187. Bleistift in Flasche

Ein mit Faden am Hosenbund befestigter Bleistift muss in eine Flasche bugsiert werden. Sinnvollerweise sollte der Bindfaden so lang sein, dass der Bleistift etwa 30 cm über dem Flaschenkopf hängt.

VARIANTE: Die Person steht auf einem Stuhl und versucht, den Bleistift in eine Flasche, die hinter ihr auf dem Boden steht, zu bugsieren. Das geht in die Knie!

188. Kerzenlöscher

Ein Korken wird mit einem Faden am Hosenbund befestigt. Auf einem Stuhl stehend muss der Spieler eine am Boden stehende, brennende Kerze mit Hilfe des Korkens ausmachen.

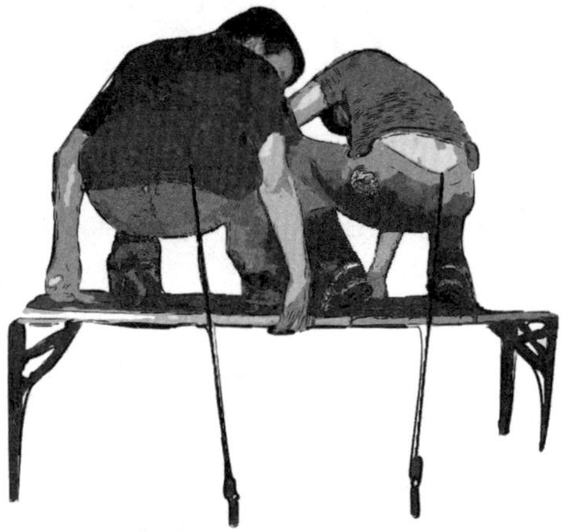

189. Walnüsse, Kastanien und Eicheln sortieren

Jeweils eine Person pro Mannschaft bekommt die Aufgabe, jeweils fünf bis zehn Walnüsse, Kastanien und Eicheln, die sich auf einem Teller befinden, auf drei Teller auseinanderzusortieren. Aber nicht mit den Händen, sondern mit den Zehen! Der Spieler sitzt dazu auf einem Stuhl, die Teller stehen vor ihm auf dem Boden.

VARIANTE: Dazu noch die Augen verbinden.

190. Pusten, bis die Schachtel fliegt

Eine Schachtel (kleiner Schuhkarton, Zigarettenschachtel, Streichholzschachtel) muss so weit wie möglich mit nur einem Mal Pusten fortbewegt werden. Die Schachtel muss auf einem glatten Untergrund, z. B. einer Tischtennisplatte, liegen.

VARIANTE: Es wird die Zeit gestoppt, bis die Schachtel in ein Ziel geblasen wurde.

191. Lanzenstechen

Mit verbunden Augen und einem Besenstiel als Lanze in der Hand muss ein in 4–5 m Entfernung hängender Kreis exakt getroffen werden. Eine zweite Person muss dabei dirigieren. Wie viel Zeit wird dafür benötigt?

VARIANTE: Die Person mit der Lanze sitzt huckepack auf einem »Pferd« und versucht, das Pferd so zu lenken, dass der Kreis getroffen wird.

VARIANTE: Statt einer Lanze kann auch ein Filzstift verwendet werden. Mit ausgestrecktem Arm läuft der Kandidat direkt auf den zu markierenden Kreis los. Es wird gewertet, wie zentriert die Markierung in den Kreis gemalt werden konnte.

8.3 Spaß- oder Juxspiele

192. Tiefgefrorenes T-Shirt

Für dieses Spiel müssen einen Tag vorher mehrere alte T-Shirts tiefgefroren werden. Jeder Mitspieler bekommt nun ein T-Shirt. Wer als Erster das T-Shirt angezogen hat, der hat gewonnen.

193. Lach mal wieder ●●●

Es muss versucht werden, durch eine Vorführung, einen Witz oder sonstige Einfälle jemanden/die ganze Gruppe zum Lachen zu bringen. Gelingt dies innerhalb von 60 Sekunden, gibt es einen Punkt. Danach ist die andere Gruppe dran.

194. Jodelglück ●●●

Wer kann am besten jodeln? Die Gruppe bewertet das Ergebnis.

195. Styling

Eine Person, die sich freiwillig gemeldet hat, wird innerhalb von zwei Minuten geschminkt oder schminkt sich selber. Als Schminke stehen Senf, Ketchup, Creme, Lippenstift usw. zur Verfügung.

196. Die menschliche Orgel ●●●

Eine Person aus jeder Gruppe übernimmt die Aufgabe des Organisten, die anderen sind die Orgelpfeifen, die der

Größe nach aufgestellt werden. Durch Nasenziehen wird jede Orgelpfeife angeschlagen. Wer das Lied »Alle meine Entchen« am besten spielt, ist der beste Organist (mit der besten Orgel).

197. Die mieseste Laune ●●●

Gesucht wird derjenige oder diejenige mit der miesesten Laune, dem miesesten Gesicht, den miesesten Grimassen.

198. Die größte Lache ●●●

Gesucht wird derjenige oder diejenige mit der größten, besten, lautesten, fiesesten Lache.

199. Der Fehltritt

Freiwillige vor zum Flaschensteigen! Wer sich meldet, darf dreimal mit offenen Augen probieren und sich die Abstände einprägen. Danach werden ihm/ihr die Augen verbunden. Die ersten zwei Flaschen klappen noch ganz gut. Bei der dritten Flasche wird diese gegen eine gefüllte Wasserwanne ausgetauscht und so hingeschoben, dass der Kandidat hineinsteigt. Nasse Füße sind garantiert!

200. Auf den Trichter gekommen

Ein Trichter wird in den Hosenbund eines Freiwilligen gesteckt. Eine Münze wird ihm auf die Stirn gelegt. Aufgabe ist es nun, diese Münze in den Trichter fallen zu lassen.

201. Sketch ●●●

Einem Freiwilligen wird gesagt, er muss pantomimisch Reparatur- und Startversuche an seinem kaputten Motorrad zeigen. Den Zuschauern dagegen wird gesagt, dass er auf Toilette geht.

202. Füttern

Mit verbundenen Augen müssen sich zwei Personen gegenseitig füttern. Bewertet wird, wer am Schluss am saubersten aussieht.

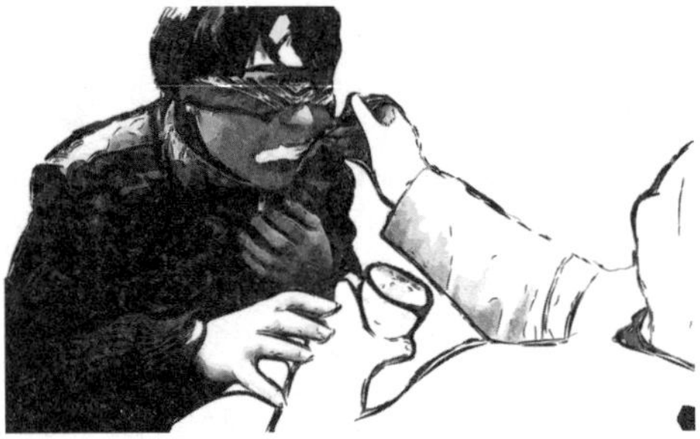

203. Babyflasche

Eine Wasserflasche bekommt einen Nucki übergestülpt. Wer leert die Flasche am schnellsten? Ein paar ganz Gewiefte werden versuchen, den Nucki anzubeißen, so dass das Saugen etwas schneller geht. Diese müssen dann disqualifiziert werden – abgesehen davon, dass sie schummeln wollten, ist dann auch der Nucki kaputt.

204. Spiegel-Spiel

Einem Freiwilligen wird erklärt, er sei ein Spiegel und müsse genau das nachmachen, was sein Gegenüber ihm vormacht. Zunächst werden verschiedene Bewegungen vorgemacht (Hand heben, kämmen, an die Nase fassen, ganz dicht an den Spiegel herangehen und einen Kuss auf den Spiegel setzen usw.). Anschließend wird ein Teller angehoben, mit dem Finger an der Unterseite gerieben und danach mit dem Finger im Gesicht über Nase und Stirn gefahren. Dabei schauen sich die beiden fest in die Augen. Was der Freiwillige nicht weiß, ist, dass die Unterseite des Tellers rußgeschwärzt ist und er sich mit seinem Finger nun das Gesicht schwarz gefärbt hat. Ganz zum Schluss des Spiels entscheidet ein Schiedsrichter, wie gut der Freiwillige als Spiegel war.

205. Luftreise

Eine freiwillige Person möchte eine Flugreise unternehmen. Dazu legt sie sich mit verbundenen Augen auf ein Brett. Das Brett wird von zwei Personen genommen und es wird eine Flugreise simuliert. Das Publikum macht entsprechende Wind- und Motorengeräusche. Das Flugzeug steigt höher und höher (das Brett wird leicht schräg nach oben gehalten und etwas hin- und herbewegt), danach fällt das Flugzeug wieder leicht ab, macht mal diese oder jene Kurve. Es durchbricht die Wolkendecke, was durch einen Helfer mittels einer Dicke simuliert wird. Der Kandidat wähnt sich nun kurz unterhalb der Zimmerdecke, dabei befindet sich das Brett nur kurz über dem Fußboden.

Das Flugzeug macht eine sehr steile Linkskurve, der Kandidat rutscht vom Brett und meint, er fällt aus großer Höhe, dabei ist der Boden keine 20 Zentimeter entfernt.

206. Satzwiederholungen ●●●

Die Gruppenleitung kündigt an, dass es nicht gelingen wird, drei Sätze genau zu wiederholen. Daraufhin melden sich ein paar Freiwillige, die es probieren wollen. Der erste Satz lautet: »Heute ist schönes Wetter.« Der zweite Satz wird schon etwas schwieriger ausgewählt, aber auch das dürfte nicht schwer sein. Sofort nachdem der Freiwillige den zweiten Satz wiederholt hat, sagt die Gruppenleitung: »Das war aber falsch!« Wer es nicht kapiert, fragt nun: »Warum?«, anstatt einfach diesen Satz zu wiederholen.

207. Das Zehn-Cent-Stück-Spiel ●●●

Mehrere Personen bekommen die Aufgabe, mit einem Geldstück auf der Stirn einen Hindernisparcours zu durchlaufen, ohne dass das Geldstück herunterfällt. Am Ziel angekommen, muss jeder sein Geldstück in eine Schüssel fallen lassen. Die Hände sind auf dem Rücken zu halten.

208. Der Berg ●●●

Drei bis vier Freiwillige werden vor die Tür geschickt. Im Gruppenraum wird nun ein Stapel aus drei bis vier Stühlen gebildet. Der erste Freiwillige wird gerufen. Ihm wird gesagt: »Dies ist ein Turm. Zieh deine Schuhe aus und springe darüber.« Gemeint sind natürlich die Schuhe und nicht der Turm. Mal sehen, wie lange der Kandidat braucht, um dahinter zu kommen! Auf keinen Fall sollte er tatsächlich über die Stühle springen (Verletzungsgefahr).

8.4 Zweikampfspiele

209. Kampf der Alligatoren

Je zwei Personen bilden eine Schubkarre. Auf dem Rücken wird ein Tuch in den Hosenbund gesteckt. Wer kann dem Gegner am schnellsten das Tuch wegnehmen und ins eigene Ziel bringen?

210. Sumo-Ringkampf 1

Sumoringen mit kunstvoll um die Hüften gelegten Bettlaken oder großen Badetüchern.

211. Sumo-Ringkampf 2

Es wird ein Ring eingezeichnet, oder zwei bis drei Spielmatten/Matratzen bilden den Ring. Die jeweiligen Gegner sitzen einander in Hockstellung gegenüber, jeder hält sich mit den Händen an den Knöcheln. Es wird nun versucht, den Gegner aus dem Gleichgewicht zu bringen oder aus dem Ring zu drängen.

212. Hut ab!

Zwei Personen bekommen jeweils einen Papierhut aufgesetzt. Mit einem langen Ballon als Schwert versucht nun jeder, dem anderen den Hut herunterzuschlagen.

213. Krabbenkampf ●●●

Auf allen vieren krabbelnd müssen sich die Kontrahenten gegenseitig aus dem Gleichgewicht bringen. Wer umgeworfen wurde, scheidet aus.

VARIANTE: Mit dem Bauch nach oben auf allen vieren krabbeln. Wer umgeworfen wird oder zuerst den Boden mit dem Hinterteil berührt, hat verloren.

214. Rugby zu zweit

Zwei Personen sitzen sich etwa 6–7 m voneinander entfernt auf Stühlen gegenüber. Jedem sind die Füße gebunden. Auf Kommando muss ein in der Mitte liegender Ball auf den eigenen Stuhl gelegt werden.

215. Liegestützwettkampf ●●●

Zwei Personen versuchen, sich gegenseitig im Liegestütz aus dem Gleichgewicht zu bringen. Verloren hat, wer zuerst auf den Bauch fällt.

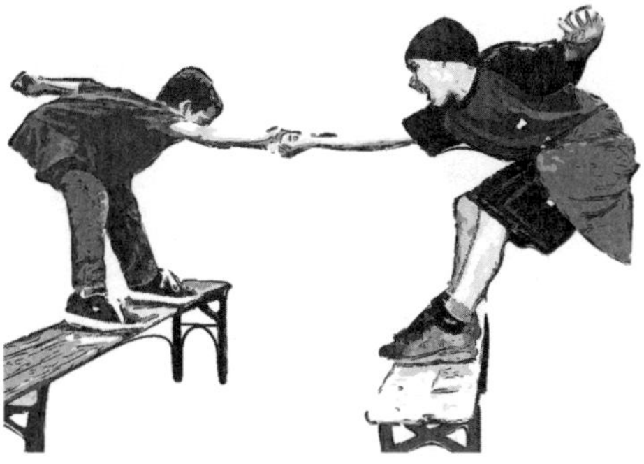

216. Sockelwettkampf ●●●

Zwei Personen, die je auf einem Stuhl stehen, versuchen, sich gegenseitig herunterzuziehen. Wer zuerst den Boden berührt, hat verloren.

217. Rückenkämpfe ●●●

Zwei Kandidaten sitzen mit dem Rücken zueinander und haben die Arme ineinander verhakt. Jeder versucht nun, den anderen auf den Bauch zu legen, ohne dass die ineinander verhakten Arme sich lösen.

218. Verbrannt

Zwei Personen halten jeweils ein Ende eines Seils. Nun wird versucht, den Gegner in einen Kreis, der zwischen ihnen markiert ist, zu ziehen.

219. Nitro

Ein Wasserglas in der Hand haltend versuchen, den Gegner aus einem Kreis zu drängen, ohne Wasser zu verlieren.

220. Löffeln nur bei Licht

Ein Teller Milch darf nur ausgelöffelt werden, wenn eine Kerze brennt. Die zwei Gegner versuchen, zu löffeln bzw. die Kerze des Gegners auszupusten. Die Kerze darf in der Hand gehalten werden. Beide müssen an einem Punkt sitzen bleiben, dürfen also nicht aufstehen oder sich fortbewegen.

221. Handicap

Mindestens zwei Mannschaften spielen gegeneinander. Je zwei Personen bilden ein Paar und stehen Rücken an Rücken, entweder zusammengebunden oder sie stecken in einem großen Plastiksack (z. B. Torfsack, großer Kartoffelsack). Im Spielfeld befinden sich mehrere Kartons. Nun muss jede Mannschaft versuchen, aus diesen Kartons einen Turm zu bauen. Dabei kann man auch den Turm des Gegners umstoßen.

222. Auf die Plätze, fertig, los!

Im Huckepacklauf und mit einem Besenstiel bewaffnet rennen zwei gegnerische Paare aufeinander los. Ziel ist es, eine Dose auf einem Kistenstapel in der Mitte als Erster herunterzustoßen.

8.5 Höher – Weiter – Schneller – Besser

223. Die längsten Haare

Welche Gruppe hat zusammen die längsten Haare? Dazu wird jeweils ein Haar pro Person genommen und die Haare mit Tesafilm auf weißem Papier aufgeklebt und gemessen.

224. Schnelle Zähler ●●●

Die Mitglieder zweier gegnerischer Mannschaften halten ihre Hände auf dem Rücken. Dabei zeigen sie mit den Fingern eine Zahl zwischen Eins und Zehn an. Auf Kommando zeigen alle ihre Hände mit der Fingeranzahl nach vorne. Gewonnen hat die Mannschaft (oder der Kandidat), die als Erste die Summe aus den Fingern addieren konnte.

225. Noch schnellere Zähler ●●●

Spiel wie zuvor, diesmal halten die Kandidaten jedoch nur eine Hand auf dem Rücken. Auf Kommando werden die Finger vorgezeigt. In der ersten Runde wird die Summe aller Finger errechnet, in der zweiten Runde werden die Finger multipliziert (Differenz, Quadrat der Summe usw.).

226. Robbenrennen ●●●

Die Mitspielenden liegen auf dem Bauch (die Arme entweder flach am Körper anliegend oder mit leicht angewinkelten Armen) und bewegen sich auf ein Startzeichen wie eine Robbe vorwärts ins Ziel. Das Spiel kann als Staffelspiel sowohl drinnen als auch draußen auf dem Rasen gespielt werden.

227. Hohlköpfe

Welche Gruppe besitzt das größte Gehirnvolumen? Der Kopfumfang von jedem Spieler wird gemessen und addiert. Oder die Gruppe muss sich nach der Größe des Hohl-Kopfumfanges aufstellen. Pro Gruppe wird ein Maßband benötigt. Natürlich kann auch der größte »Hohlkopf« der Gruppe ermittelt werden!

228. Der T-Shirt-Turm ●●●

Jede Mannschaft versucht, so viele Personen wie möglich auf einem am Boden liegenden T-Shirt unterzubringen.

8.6 Wer ist der Beste?

229. Mission Impossible 1

Der Kandidat liegt auf einem Tisch. Am Boden liegt ein Tuch. Dieses Tuch muss er nun mit dem Mund aufnehmen, ohne mit Händen oder Füßen den Boden zu berühren. Der Tisch sollte zur Sicherheit von einem Helfer gehalten werden.

230. Mission Impossible 2

Der Kandidat sitzt auf einem Tisch. Kann der Kandidat unter dem Tisch durchklettern, ohne den Boden zu berühren? Ein Helfer muss den Tisch festhalten.

231. Alles steht Kopf

Wer kann auf dem Kopf stehen und mit einem Strohhalm eine Wasserflasche oder -becher leer trinken?

232. Das Unmögliche wird niemals wahr

Wer schafft es, einen Tischtennisball aus einem Trichter zu pusten? (Es ist nicht zu schaffen.)

233. Tarzan ●●●

Wer kann den Tarzanschrei am besten und wird somit zum Tarzan der Gruppe?

234. Der Wolf ●●●

Wer heult wie ein Wolf?

235. Das Großmaul

Die Gruppe bestimmt die Person mit der größten Klappe. Mit einem Zentimeterstab wird gemessen, wer den Mund tatsächlich am weitesten aufreißen kann.

236. Bissiger Hund

Eine lange Schnur wird an einem Baum festgebunden. Das andere Ende der Schnur wird um die Hand eines Freiweilligen gebunden. Innerhalb des Radius der Schnur werden verschiedene Gegenstände (Süßigkeiten, Bierdeckel usw.) auf den Boden gelegt. Die anderen müssen nun innerhalb von ca. drei Minuten versuchen, die Gegenstände zu stehlen, ohne vom »Wachhund« abgeschlagen zu werden. Ggf. kann der »Hund« ein Spieler der gegnerischen Mannschaft sein.

237. Lautlos anschleichen

Ein Mitspieler sitzt mit verbundenen Augen und mit gegrätschten Beinen auf dem Boden oder auf einem Tisch. Dazwischen befinden sich mehrere Gegenstände. Wer schafft es, unbemerkt die Gegenstände zu nehmen?

238. Nähen am Strich entlang

Ein auf Papier aufgezeichnetes (kopiertes) Strichmännchen muss mit Nadel und Faden nachgenäht werden. Eine (unabhängige) Jury bewertet das Ergebnis.

8.7 Schätzen – Riechen – Fühlen

239. Wer kann gut schätzen?

In einem Glas befinden sich einige hundert Erbsen, Streichhölzer oder Geldstücke. Wer kommt am nächsten an das richtige Ergebnis heran?

240. Münzen ertasten

Wer kann verschiedene Münzen in einem Stoffsack ertasten und den jeweiligen Betrag und die Gesamtsumme nennen?

241. Fühlen und raten

In einem Sack befinden sich Gegenstände. Mit den Händen müssen diese ertastet und richtig benannt werden.

242. Zeit schätzen und laufen ●●●

Wer kann exakt 10 Meter in einer Minute laufen?

243. Deodorant-Raten

Zehn verschiedene Deoroller werden auf Stofffetzen, Papier oder die Hände aufgetragen. Es müssen mindestens sechs Düfte erraten werden.

244. Schätze die Länge

Hänge eine Schnur auf und lass die Länge schätzen. Welche Gruppe am nächsten am richtigen Ergebnis ist, hat gewonnen.

245. Schätze das Volumen

Nimm einen Karton und lasse das Volumen in Kubikzentimetern schätzen.

246. Bauchumfang

Von einer Toilettenpapierrolle reißt sich jedes Gruppenmitglied so viel Papier ab, wie es denkt, für den eigenen Bauchumfang zu benötigen. Gewonnen hat, wer das benötigte Papier am genauesten abgeschätzt hat.

247. Mimikri

Ein Spieler steht als Statue in einer bestimmten Pose. Ein zweiter Spieler tastet mit verbundenen Augen die Person ab und stellt sich in die gleiche Position. Welche Gruppe trifft die Pose am ehesten?

248. Tastsinn

Mit verbundenen Augen werden Gruppenmitglieder ertastet (z. B. Beine, Gesichter).

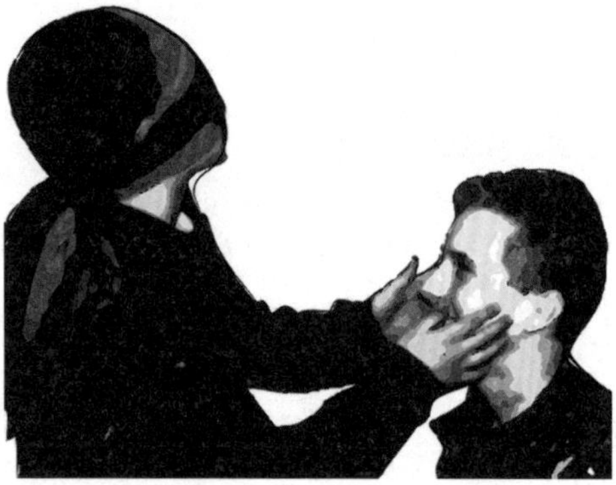

9. Kim-Spiele: Spiele für Gedächtnis und Merkfähigkeit

Die Kim-Spiele leiten ihren Namen von Kim, dem Helden aus Rudyard Kiplings Roman »Kim« ab, der sich vornahm, sein Gedächtnis und seine Wahrnehmungsfähigkeit zu trainieren. Kim-Spiele arbeiten vor allem mit sinnlichem Lernen. Sie können für jedes Alter eingesetzt werden.

249. Schnelligkeit ●●●

Jeder schreibt innerhalb von ein paar Sekunden alle Geschäfte einer langen Einkaufsstraße des Ortes in der richtigen Reihenfolge auf. Wer am schnellsten fertig ist und alles richtig aufgezählt hat, hat gewonnen.

VARIANTE: Jeder schreibt alle Gaststätten des Ortes auf o. Ä.

250. Computerhirn

Auf ein Mühle- oder Damefeld werden sechs bis acht Steine gesetzt. Diese dürfen zehn Sekunden lang angeschaut werden, dann werden sie verdeckt. Jeder muss nun auf seinem Spielbrett die Steine genau gleich aufstellen.

251. Was wurde geändert? ●●●

Einige Freiwillige werden vor die Tür geschickt. Es werden zehn Veränderungen im Raum vorgenommen. Werden alle Änderungen erkannt?

VARIANTE: Fünf Personen tauschen die Plätze.

252. Der Länge nach ordnen

Mit verbundenen Augen müssen verschieden lange Gegenstände der Länge nach sortiert hingelegt werden.

253. Sortieren und aufräumen

Verschiedene Gegenstände liegen in einem kleinen Spielfeld verteilt. Mit verbundenen Augen muss nun ein Gegenstand nach dem anderen eingesammelt und in ein entsprechendes Gefäß oder eine Sortierbox gelegt werden. Gewonnen hat die Person, die zuerst fertig ist und die verschiedenen Gegenstände richtig einsortiert hat. Es darf nur jeweils ein Gegenstand aufgenommen werden.

254. Kreise und Kreuze

Einer Person werden die Augen verbunden. Nun muss sie einen Kreis in 2 m Entfernung auf den Boden zeichnen, sich hinsetzen, einen weiteren Kreis in 1 m Entfernung vom ersten Kreis zeichnen, sich wieder hinsetzen und einen letzten Kreis wieder in 1 m Entfernung zu den vorherigen Kreisen zeichnen. Danach muss sie sich wieder hinsetzen und nun in jeden Kreis ein

Kreuz einzeichnen. Wer kann die Kreuze am besten zentrieren?

255. Merken und sagen

Verschiedene Gegenstände werden unter einer Decke versteckt, für 30 Sekunden gezeigt und anschließend wieder abgedeckt. Wer kann die meisten Gegenstände aufzählen?

256. Aschenputtel

Jeweils zehn Maiskörner, Reiskörner, Erbsen und Bohnen werden gemischt. Mit verbundenen Augen müssen nun die Maiskörner, Reiskörner, Erbsen und Bohnen auseinandersortiert werden. Wer hat nach 60 Sekunden wie viele richtig sortiert?

10. Spiele für unterwegs

Lange Strecken im Bus oder im Auto können ganz schön langweilig werden. Ein paar Spiele für zwischendurch heben die Stimmung und sorgen für Abwechslung. Bewährt haben sich magnetische Brettspiele wie Mühle, Dame oder Spielkarten. Hier noch einige andere Ideen.

257. Stadt – Land – Fluss

Es wird Stift und Papier benötigt. Auf jedes Papier werden Spalten eingetragen mit den Titeln Stadt, Land, Fluss, Name, Beruf, Tier, Pflanze, Tätigkeitswort, Adjektiv usw. Wahllos wird ein Buchstabe (durch gedankliches Aufsagen des Alphabets und Stoppruf eines Spielers) genannt. Sofort schreibt jeder Spieler zu jeder Spalte ein passendes Wort auf. Wer als Erster fertig ist, sagt »Stopp«, und niemand darf mehr einen Begriff notieren. Nun wird abgeglichen, wer welche Worte aufgeschrieben hat. Für jeden vorhandenen Begriff gibt es einen Punkt. Für jeden richtigen Begriff, den sonst niemand hat, gibt es zwei Punkte. Drei Punkte gibt es für Begriffe in einer Spalte, in die sonst niemand etwas eingetragen hat. Das Spiel erfordert Ehrlichkeit, da schwer nachgeprüft werden kann, ob alle Angaben stimmen. Ggf. kann der Nebensitzer die Auswertung übernehmen.

258. Längstes Wort bilden

Es wird Stift und Papier benötigt. Die Spielleitung nennt 15 Buchstaben. Jeder muss nun daraus ein möglichst langes Wort bilden.

VARIANTE: Es können auch zwei oder mehr Wörter gebildet werden, die kreuzworträtselartig verbunden sind.

259. Ich sehe was, das du nicht siehst ●●●

Eine Person sucht sich einen Gegenstand im Bus oder in der gerade vorbeiziehenden Gegend aus und sagt: »Ich sehe was, dass du nicht siehst, und das ist … (Farbe)!« Die anderen Gruppenmitglieder raten nun, um welchen Gegenstand es sich handeln könnte. Es können weitere Tipps gegeben werden (ob es sich um ein Lebewesen oder Objekt handelt o. Ä.).

260. Kennzeichenquiz ●●●

Vorbeifahrende Autokennzeichen müssen erkannt und benannt werden. Für jede korrekte Nennung gibt es einen Punkt.

261. Länderkürzelquiz ●●●

Vorbeifahrende oder von Mitspielenden genannte Länderkennzeichen müssen dem richtigen Land zugeordnet werden. Für jede korrekte Nennung gibt es einen Punkt.

11. Spiele mit unterschiedlichem Material

11.1 Luftballonspiele

Mit Luftballons sind viele verschiedene Spiele möglich. Ein paar Beispiele für Wettspiele, Staffelspiele oder für einen fetzigen Spielabend sind im Folgenden zusammengestellt. Egal ob Kinder, Teenager oder Erwachsener – Luftballonspiele sind immer beliebt und schnell für jeden Anlass organisiert.

262. Luftballon-Sitzfußball

Zwei Mannschaften mit jeweils drei bis vier Personen versuchen, einen Luftballon ins gegnerische Tor zu bringen. Die Mitspielenden sitzen dabei auf Teppichresten, die als Unterlage zum Rutschen dienen. Aufstehen ist nicht erlaubt, schließlich wird Sitzfußball gespielt!

263. Kochlöffelfußball

Mit Hilfe von Kochlöffeln oder Löffeln wird der Luftballon ins gegnerische Tor gebracht.

264. Mit der Gabel

Ein Luftballon wird mit Hilfe von zwei Gabeln durch die Reihe gegeben.

265. Mit den Füßen

Ein Luftballon wird mit beiden Füßen gehalten und an den Nachbarn/die Nachbarin weitergegeben, ohne dass der Ballon den Boden berührt.

266. Mantel auf den Bügel hängen

Der Kandidat trägt einen langen Mantel. Er muss nun den Mantel ausziehen und auf einen Bügel hängen, gleichzeitig muss er jedoch einen Luftballon durch ständiges Antippen in der Luft halten. Der Luftballon darf den Boden nicht berühren und auch nicht gehalten werden. Anschließend ist der nächste Mitspieler an der Reihe. Welche Mannschaft ist am schnellsten durch?

267. Staffellauf

Dier erste Person rennt los, schnappt sich einen Luftballon, bläst ihn auf, verknotet ihn, rennt dann zurück (ggf. durch Hindernisparcours), setzt sich im Ziel auf den Ballon und bringt ihn zum Platzen. Erst dann darf der Nächste starten.

268. Aufgabenlauf

Dier erste Person rennt los, nimmt sich bei Punkt A eine Kerze, zündet diese an, rennt mit der brennenden Kerze weiter zu Punkt B, schnappt sich dort einen Luftballon, bläst ihn auf, verknotet ihn, rennt dann mit brennender Kerze und aufgeblasenem Ballon zu Punkt C, nimmt dort mit einem Strohhalm Wasser auf, rennt mit Ballon, brennender

Kerze und Strohhalm mit Wasser im Mund zu Punkt D, füllt dort das Wasser in einen Messbecher und bringt den Ballon mit der Kerze zum Platzen. Erst dann darf der Nächste starten. Welche Mannschaft ist am schnellsten und hat das meiste Wasser im Messbecher?

269. Luftballon rasieren

Ein Luftballon wird mit Rasierschaum bestrichen. Mit einer Rasierklinge oder einem scharfen Messer (! Vorsicht!) wird nun versucht, den Rasierschaum abzurasieren, ohne dass der Ballon platzt.

270. Körperkontakt

Ein Paar muss einen Hindernisparcours durchlaufen. Dabei muss ein Ballon mit den Bäuchen oder Köpfen festgehalten werden. Wer den Ballon mit den Händen festhält, oder wem der Ballon auf den Boden fällt, hat verloren bzw. muss von vorne beginnen.

271. Ausgetreten

Um den Fußknöchel wird mit einem ca. 30 cm langen Faden ein Ballon angebunden. Jeder muss nun versuchen, den Ballon des Gegners zu zertreten. Wer keinen Ballon mehr hat, scheidet aus. Ggf. können mit farblich unterschiedlichen Ballons auch Mannschaften gebildet werden.

272. Zerquetscht

Ballon aufblasen, zuknoten und gegen den Bauch einer zweiten Person zerdrücken. Anschließend ist das nächste Paar der Gruppe dran.

273. Luftballon Klatsche

Ein Luftballon wird aufgeblasen und an einer Schnur gehängt oder auf einen Tisch gelegt. Ein Mitspieler versucht nun, durch das Zusammenklatschen der Hände den Luftballon zum Platzen zu bringen.

274. Luftballon: Hau den Lukas

Ein Luftballon wird aufgepustet, verknotet und auf den Stuhl gelegt. Mit der flachen Hand (oder der Faust) wird nun versucht den Luftballon zum Platzen zu bringen.

275. Wasserbombenstaffel

Wassergefüllte Ballons werden als Staffel von Person zu Person geworfen. Die Mitspielenden stehen jeweils 3–4 m auseinander. Wer bringt die meisten Ballons heil ins Ziel?

276. Weitschuss mit dem Wasserballon

In jeden Ballon wird etwa ein drittel bis ein halber Liter Wasser eingefüllt, der Ballon wird anschließend noch etwas aufgeblasen. Nun muss der Ballon so weit wie möglich geschossen werden.

277. Jonglieren

Wer kann die meisten Luftballons am längsten in der Luft halten?

278. Kunstvoll klemmen

Wer kann die meisten Luftballons mit Händen/Füßen/Kinn festhalten?

279. Lungenvolumen

Wer kann mit fünf Atemzügen den größten Luftballon aufblasen?

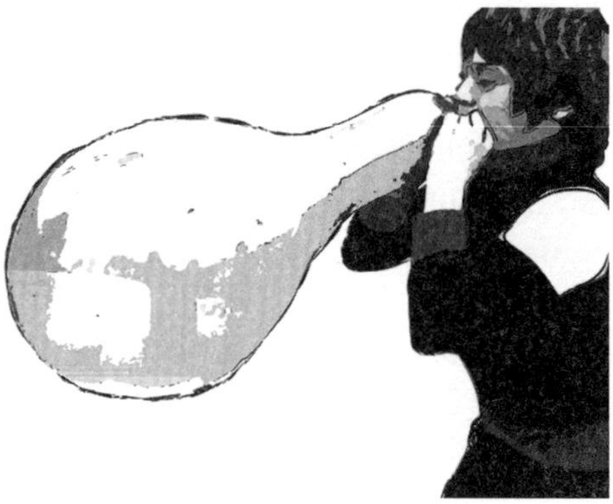

280. Luftballon aufpusten mit Handicap 1

Wer kann auf einem Bein hüpfend innerhalb von 60 Sekunden den größten Luftballon aufblasen?

281. Luftballon aufpusten mit Handicap 2

Wer kann auf einem Fahrrad fahrend innerhalb von 60 Sekunden den größten Luftballon aufblasen?

282. Luftballon aufpusten mit Handicap 3

Wer kann einen Luftballon am schnellsten in einem Wassereimer aufblasen, so dass das Wasser überschwappt oder bis der Luftballon platzt (in diesem Fall muss es allerdings ein großer Eimer oder kleiner Luftballon sein)?

283. Der Pokal

Ein mit Wasser gefüllter Ballon wird auf einer Papprolle (z. B. Toilettenpapierrolle) transportiert und dem nächsten Mitspielenden übergeben. Welche Mannschaft ist am schnellsten durch?

284. Staffelspiel mit Tischtennisschläger

Je zwei Personen einer Mannschaft rennen gleichzeitig los. Der Ballon muss über die gesamte Strecke zwischen den beiden mit Tischtennis-, Tennisschlägern, Schwimmflossen usw. hin und her geschlagen werden. Tragen ist nicht erlaubt.

285. Staffelspiel mit Handtuch

Je zwei Personen einer Mannschaft rennen gleichzeitig los. Sie halten ein Handtuch, auf dem sich ein Luftballon befindet. Das Badetuch muss beim Laufen gespannt sein, darf also den Luftballon nicht wie ein Netz einfach einklemmen.

VARIANTE: Der Luftballon muss mit dem Tuch von einem Team zum nächsten geworfen und aufgefangen werden.

286. Kartoffeln sammeln

Zwischen die Stirnen von zwei Personen wird ein Luftballon geklemmt. Kartoffeln, bemalte Steine o. Ä. werden in einem Spielfeld oder auf einer Rennstrecke auf den Boden gelegt, die von dem Team so schnell wie möglich eingesammelt werden müssen, natürlich ohne dass der Ballon auf den Boden fällt.

287. Risiko

Zwei Personen blasen gleichzeitig Luftballons auf. Wer meint, sein eigener sei größer als der des Gegners/der Gegenerin, verknotet den Ballon und lässt mit einem Maßband den Umfang messen. Wenn der Ballon platzt, ist der Spieler ausgeschieden.
VARIANTE: Mit verbundenen Augen, so dass man nicht sieht, wie groß der eigene bzw. gegnerische Ballon ist. Der Risiko- und Spaßfaktor wird erhöht!
VARIANTE: Mit oder ohne verbundene Augen in jeder Hand einen Luftballon halten und (abwechselnd) aufblasen und dabei gut festhalten. Ein Schiedsrichter misst am Schluss den Umfang der Ballons.

288. Geschicklichkeitsspiel

Welches Spielerpaar schafft es, sich jeweils einmal umzudrehen, ohne dass der zwischen den beiden eingeklemmte Ballon auf den Boden fällt?

289. Mit Wurfringen punkten

Jede Mannschaft schneidet aus einem Luftballon so viele Wurfringe wie möglich. Diese Ringe müssen nun aus einem Abstand von 1–2 m (ausprobieren) über Flaschen geworfen werden. Welche Mannschaft hat die meisten Ringe und die meisten Treffer?

290. Das Dreier-Dream-Team

Je drei Personen bilden ein Team. Sie stehen im Kreis und fassen sich mit den Armen um die Schultern. Ein in der Mitte jedes Teams am Boden liegender Luftballon muss nun ohne Hände nach oben gestupst werden, so dass er über den Köpfen herauskommt. Welches Team ist am schnellsten?

291. Der unverwechselbare Luftballon

Im Raum sind Luftballons in unterschiedlicher Größe und Form verteilt. Jedes Teammitglied sucht sich einen Luftballon aus und schreibt seinen Namen darauf. Nun werden allen die Augen verbunden und jeder muss seinen Ballon durch Ertasten erkennen.

292. Ballon-Männchen

Aufgabe ist es, innerhalb von ein bis drei Minuten so viele Strichmännchen wie möglich mit einem Filzstift auf einen Ballon zu malen. Die Schwierigkeit dabei ist, dass der Ballon zunächst aufgeblasen und mit einer Hand festgehalten werden muss. Er darf nicht verknotet werden.

293. Luftballon-Hockey

Längliche Ballons dienen als Schläger und die rundlichen Ballons sind die »Pucks«. Ziel ist es, mit den länglichen Luftballons einen oder mehrere runde Ballons in ein Ziel (z. B. Karton) zu schlagen.
VARIANTE: Als Mannschaftsspiel im Gruppenraum spielen. Dazu muss eine ausreichende Anzahl an länglichen Ballons vorhanden sein.

294. Ballon-Sitz

Eine Person sitzt auf dem Stuhl und hat einen Ballon auf dem Schoß oder den Knien liegen. Eine andere Person muss sich auf den Ballon setzen, so dass dieser platzt. Welches Team ist am schnellsten?
VARIANTE: Dieses Spiel lässt sich auch als Staffel spielen.

295. Wurm

Jedes Teammitglied bekommt einen Ballon. Dieser Ballon wird nun zwischen Bauch und Rücken des Vordermannes geklemmt und die Mannschaft versucht auf Kommando loszurennen, ohne dass ein Ballon auf den Boden fällt. Die Hände dürfen nicht zum Festhalten benutzt werden. Pro ins Ziel gebrachten Luftballon gibt es einen Punkt.

296. Ballonschlagen

Zwei Mannschaften sitzen sich gegenüber und versuchen, Ballons hinter die gegnerische Linie zu bringen. Aufstehen ist nicht erlaubt.

297. Ballonspiel

Ein aufgeblasener Ballon muss mit den Zähnen zerstört werden. ! Vorsicht: Ein platzender Luftballon kann etwas weh tun.

11.2 Wattespiele

Watte wiegt praktisch nichts, passt in jeden Spielkoffer, und es lassen sich damit viele Spiele spielen, so dass ein halber Spielabend schon gerettet ist.

298. Wattesauger

Mit einem Strohhalm oder Röhrchen wird ein Wattebausch angesaugt und an den Zweiten der Gruppe weitergegeben, der diesen wiederum durch Ansaugen übernimmt und an den Dritten weitergibt usw.

299. Wattebällchen verladen

Einer Person werden die Augen verbunden. Mit Hilfe eines Kochlöffels muss sie nun aus einer Schüssel mit Wattebällchen auf ihrem Schoß so viele Wattebällchen wie möglich innerhalb von einer Minute in eine Schüssel auf ihrem Kopf füllen.

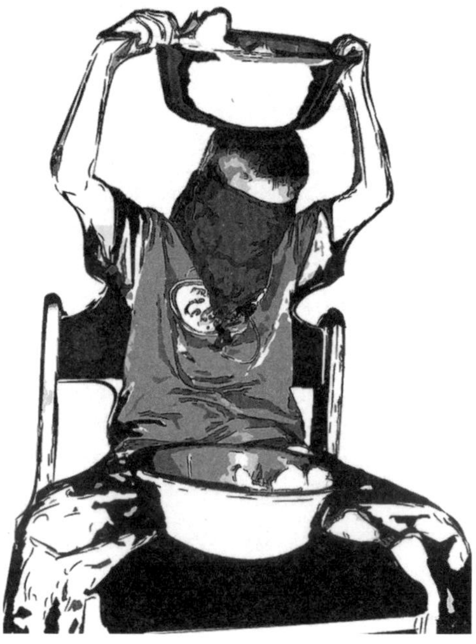

300. Wattebausch pusten

Zwei Mannschaften sitzen sich an einem Tisch/Tischtennisplatte gegenüber. Die Teammitglieder versuchen nun, einen Wattebausch über die gegenüberliegende Tischkante zu blasen. Sie dürfen den Wattebausch an der Tischkante nicht mit »Körpereinsatz« vom Herabfallen abhalten. Bei einer großen Gruppe kann man ggf. einen zweiten Wattebausch ins Spiel bringen.

301. Wattebausch-Hindernis-Pusten

Auf dem Boden oder Tisch wird eine kleine Hindernisstrecke aufgebaut. Ein Wattebausch muss nun von einer Startlinie über alle Hindernisse ins Ziel geblasen werden. Anschließend ist der Nächste an der Reihe. Für jeden Fehler gibt es Minuspunkte.

302. Luftballonantrieb

Ein Wattebausch wird mit Hilfe eines Luftballons angetrieben. Sieger ist die Mannschaft, die den Wattebausch am schnellsten über eine bestimmte Strecke bläst.

303. Watte ins andere Feld werfen

Jede Gruppe erhält eine Tüte voll Watte. Daraus sind so viele Wattebällchen wie möglich zu formen. Anschließend gibt es eine heiße Watteschlacht. Welche Mannschaft hat am wenigsten Watte im eigenen Feld? Und wer hat am wenigsten Watte am eigenen Körper hängen?

304. Watte fächern

Wattebällchen werden mit Hilfe eines Papierfächers, Tischtennisschlägers o. Ä. von einem Startpunkt in ein Ziel gefächert. Die Watte darf dabei nicht berührt werden.

305. Blasebalg-Powerspiel

Watteballchen werden mit Hilfe eines Blasebalgs von einem Startpunkt in ein Ziel geblasen. Die Watte darf dabei nicht berührt werden.

11.3 Spiele mit Tischtennisbällen

Was lässt sich alles mit ein paar Tischtennisbällen (TT-Bällen) anfangen? Hier ein paar Vorschläge, Anregungen und Ideen für Spiele, die teilweise auch mit Nüssen, Kartoffeln oder Luftballons gespielt werden können.

306. Fächerantrieb

Durch Windmachen mit einem Fächer (Topfdeckel, TT-Schläger, Zeitung) wird ein TT-Ball über einen Parcours ins Ziel »gewedelt«.

307. Löffelübergabe

Ein TT-Ball wird mit Löffeln von Spieler zu Spieler durch die Reihe gegeben. Fällt der Ball herunter, beginnt die Mannschaft von vorne. Welche Mannschaft ist am schnellsten?

308. Löffel-Staffellauf

Ein TT-Ball wird mit Hilfe eines Löffels, der im Mund gehalten wird, über eine Strecke gebracht. Welche Mannschaft schafft es am schnellsten? Fällt der TT-Ball runter, muss der Spieler wieder zurück an den Start und von vorn beginnen.

VARIANTE: Der Löffel wird in der Hand gehalten, dafür werden Hindernisse auf der Strecke eingebaut.

309. TT-Torschießen

Ein TT-Ball wird in ein Tor geblasen (mit oder ohne Röhrchen). Welche Mannschaft hat die meisten Torerfolge?

310. TT-Hüpf-Wettbewerb

Wer kann wie oft einen TT-Ball mit Hilfe eines TT-Schlägers aufhüpfen lassen?

311. TT-Basketball

Wer kann einen TT-Ball an die Wand schlagen, so dass dieser anschließend in einem Papierkorb landet?

312. TT-Squash

Wer kann einen TT-Ball mit einem TT-Schläger wie oft gegen eine glatte Wand/Tür schlagen, ohne dass der TT-Ball den Boden berührt?

313. Ansaugen – Umladen

In einer Wanne mit Wasser befinden sich mehrere TT-Bälle. Diese werden nun mit Hilfe eines Gummischlauchs angesaugt und so aus der Wanne herausgeholt. Wer schafft es, in einer bestimmten Zeit die meisten Bälle herauszusaugen?

314. Wilhelm Tell

Ein TT-Ball wird auf einen Flaschenkopf gelegt. Mit einer Wasserspritze/Wasserpistole muss er aus angemessener Entfernung heruntergeschossen werden.

315. Geschicklichkeit

Aus einem Becher/Tasse wird ein TT-Ball einmal ausgeschüttet und anschließend wieder aufgefangen. Wer schafft das wie oft? Welche Mannschaft ist damit am schnellsten fertig und macht die wenigsten Fehler?

316. TT-Ball einfangen

Ein Ball muss mit einem Wasserglas gefangen werden. Dabei kann der Ball von einem Tisch, Baum oder einer Leiter herunterfallen oder von einer zweiten Person zugeworfen werden. Es wird gezählt, wie viele von zehn TT-Bällen aufgefangen werden können.

317. Eierbecher

Ein TT-Ball wird in einen Eierbecher gelegt. Durch Pusten wird der TT-Ball in den zweiten Eierbecher geblasen und von diesem wiederum zurück in den ersten Eierbecher. Welches Paar schafft das innerhalb von 60 Sekunden am häufigsten? Wer den Dreh raus hat, schafft es ca. 40–50 Mal.

318. Punkte holen

Mehrere Eierkartons werden ausgelegt. Jeder Karton hat unterschiedliche Punktzahlen. Ziel ist es, zehn TT–Bälle in diese Eierkartons zu werfen und möglichst viele Punkte dabei zu erzielen. Entweder werden die TT–Bälle direkt geworfen oder müssen zuvor einmal auf dem Boden aufschlagen, um anschließend im Eierkarton zu landen.

319. Pusten, dass es nur so kracht

Ein TT-Ball wird mit Hilfe eines langen Schlauches (Gartenschlauch, Waschmaschinenschlauch) vorwärts gepustet. Wer legt als Erster 50 m auf einer Asphaltstrecke zurück?

320. Kniekehlen-Klemme

Ein TT-Ball wird in die Kniekehle geklemmt. Ohne dass der Ball herunterfällt, muss die Person eine Strecke ablaufen.

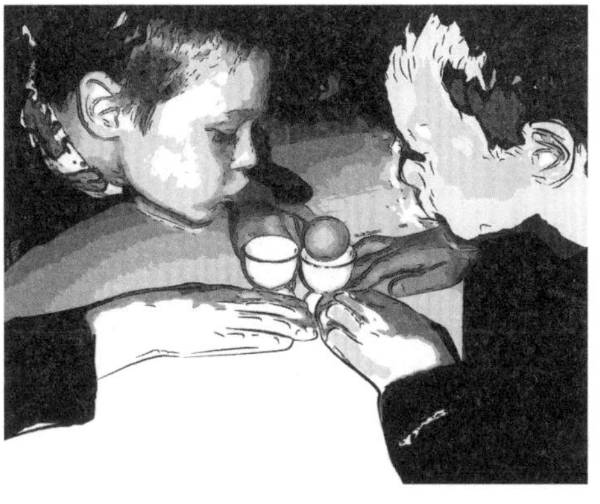

321. Labyrinth 1

Auf einem leicht schräg gestellten Tisch oder einer Tischtennisplatte wird mit Bauklötzen, Hölzern, Büchern ein Parcours gelegt (Zeit dafür: 2–4 Minuten). Aufgabe ist es nun, den Ball oben starten zu lassen. Es wird die Zeit gestoppt, bis der Ball unten wieder aus dem Parcours herauskommt. Welcher Ball rollt am längsten? Der Ball, der hängen bleibt, hat Pech gehabt.

322. Labyrinth 2

Auf einer großen Holzplatte (z. B. Bau-Schaltafel) wird ein Labyrinth aus Latten erstellt (Latten kleben oder nageln). Die Mannschaft hebt nun das Brett an und muss durch Heben, Senken, Schräg-Stellen einen TT-Ball von einem Eingang zum Ausgang auf der gegenüberliegenden Seite manövrieren.

323. TT-Ball in Becher

Ein TT-Ball wird so geworfen, dass er einmal auf dem Boden aufspringt, um anschließend in einem Becher zu landen.

VARIANTE: es stehen mehrere Becher zur Verfügung. In jedem Becher muss ein TT-Ball landen.

324. TT-Ball Becherstaffette

Es werden 10 (20) mit Wasser randvoll gefüllte Plastikbecher nebeneinander in einer Reihe aufgestellt. Nun wird ein TT-Ball von Becher zu Becher gepustet. Nach dem letzten Becher fällt der TT-Ball in einen leeren Becher.

VARIANTE: Etwas schwieriger wird es, wenn die Becher etwas auf Abstand (1–2 cm) stehen.

11.4 (Erd-)Äpfel-Spiele

Erdäpfel, also Kartoffeln, Äpfel oder auch Pflaumen sind schnell besorgt. Damit lassen sich gerade im Spätsommer schöne Spiele spielen.

325. Rücken an Rücken, Stirn an Stirn

Eine Kartoffel wird zwischen die Rücken (alternativ Stirn an Stirn oder Brust an Brust) von zwei Personen geklemmt. Diese müssen durch einen Hindernisparcours laufen. Anschließend wird die Kartoffel dem nächsten Paar übergeben.

326. Knie an Knie oder Kniekehle

Einen Parcours durchlaufen, wobei eine Kartoffel zwischen den Knien eingeklemmt sein muss, ohne herunterzufallen.

VARIANTE: Die Kartoffel kann auch in der Kniekehle eingeklemmt werden.

327. Von Fuß zu Fuß

Eine Kartoffel wird mit den Füßen oder auf den Schuhen weitergegeben.

328. Zweier-Kartoffel-Staffel

Zwei Personen werden Rücken an Rücken zusammengebunden, oder ein Papier wird dazwischen geklemmt, welches nicht herunterfallen darf. In jeder Hand wird auf einem Löffel jeweils eine Kartoffel transportiert. Welches Paar schafft es, alle vier Kartoffeln in der kürzesten Zeit ins Ziel zu bringen?

329. Kopf-Balance

Ein Parcours wird durchlaufen, wobei eine Kartoffel auf dem Kopf/Auge balancierend gehalten werden muss.

330. Torschuss

Eine Kartoffel muss in ein Tor geschossen werden. Dabei darf nur auf einem Bein gehüpft werden.

331. Kartoffelschälen 1

Jede Mannschaft erhält in etwa gleich große, bereits gekochte Kartoffeln (ggf. abwiegen). Der Erste beginnt, seine Kartoffel zu schälen und zu essen. Ist er fertig, beginnt der Nächste. Sieger ist die Mannschaft, die als Erste fertig ist und nicht mehr Kartoffelabfälle hat als die anderen Mannschaften.

332. Kartoffelschälen 2

Innerhalb von zwei Minuten Kartoffel schälen. Gewonnen hat die Mannschaft, die die meisten Kartoffeln schält oder das meiste Gewicht auf die Waage bekommt.

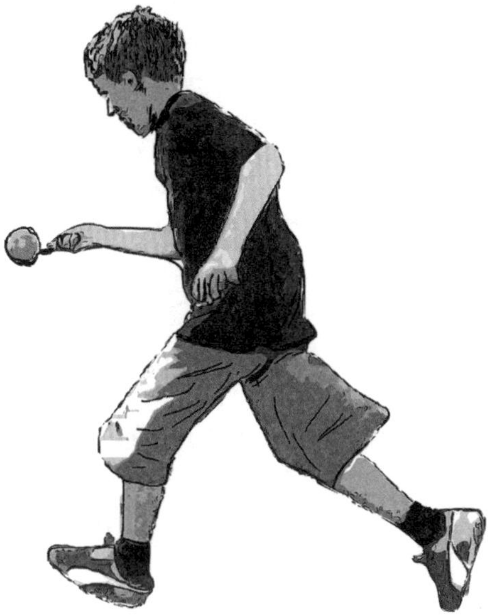

333. Kartoffelschälen 3

Wer kann die längste, zusammenhängende Schale abschälen?

334. Kartoffel-Fechten

Auf einem Löffel hält jeder eine Kartoffel, in der anderen Hand einen leeren Löffel. Wer kann die gegnerische Kartoffel herunterschlagen, ohne dass die eigene zuvor herunterfällt?

335. Kartoffeln sammeln

Viele Kartoffeln werden in einem Spielfeld verteilt. Auf Kommando müssen nun die Kartoffeln mit einem Löffel eingesammelt werden und jeweils einzeln zu einem Behälter gebracht werden. Gewonnen hat die Mannschaft, die die meisten Kartoffeln gesammelt hat, am schnellsten war oder im Gesamtgewicht der Kartoffeln die Nase vorne hatte.

336. Eierlauf

Der bekannte Eierlauf, aber diesmal mit einer Kartoffel auf dem Löffel.

337. Kartoffel-Wannen-Spiel

In einer Wanne Wasser schwimmen viele Kartoffeln. Wer kann innerhalb von zwei Minuten nur mit dem Mund die meisten Kartoffeln aus der Wanne fischen? (Die Kartoffeln sollten zuvor gewaschen werden).

338. Gewicht schätzen

Wer kann genau ein Kilogramm Kartoffeln in einen Eimer legen?

339. Präzisions-Kartoffelschälen

Wer kann genau 222 g Kartoffelschalen schälen?

11.5 Bierdeckelspiele

100–200 Bierdeckel sind schnell besorgt: Einfach im Getränkehandel oder bei einer Wirtschaft oder Brauerei nachfragen.

340. Bierdeckelstaffel

Bierdeckel müssen jeweils einzeln von A nach B gebracht werden.

VARIANTE: Bierdeckel auf dem Kopf balancieren, ohne die Hände zu benutzen. Dabei ist es egal, wie viele Bierdeckel auf einmal balanciert werden. Fallen sie unterwegs runter, dann wieder zurück zum Start.

VARIANTE: Bierdeckel zwischen die Knie klemmen und loslaufen. Dabei spielt es keine Rolle, wie viele Bierdeckel zwischen die Knie geklemmt werden.

341. Bierdeckellauf

Die Teammitglieder müssen eine bestimmte Strecke zurücklegen, wobei sie sich nur mit Hilfe von drei bis vier Bierdeckeln vorwärts bewegen dürfen. Der Boden darf nicht berührt werden.

VARIANTE: Stapel von ca. zehn Bierdeckeln verwenden (ggf. mit Tesaband zusammenhalten).

342. Körperkontakt

Immer zwei Personen laufen gemeinsam los. Die Bierdeckel werden zwischen Kopf, Füßen, Bauch, Knie, Handballen, Ferse usw. geklemmt und dürfen nicht mit den Händen gehalten werden.

343. Der Zehengang

Die Bierdeckel werden zwischen die Zehen geklemmt und so von einem Spieler zum nächsten weitergegeben.
VARIANTE: Bierdeckel zwischen Finger und Zehen klemmen und so weitergeben.

344. Zielwerfen mit Bierdeckeln

Ein Bierdeckel wird geworfen und von dem Punkt, wo der Bierdeckel gelandet ist, wieder weiter geworfen. Wenn zwei Mannschaften gegeneinander antreten, wird das ein ganz schönes Durcheinander!

345. Erbsenservice

Der Bierdeckel dient als Tablett. Darauf müssen Erbsen von A nach B transportiert werden. Die Mannschaft hat gewonnen, die die meisten Erbsen in der kürzesten Zeit ins Ziel gebracht hat. Heruntergefallene Erbsen dürfen nicht mehr aufgelesen werden.

346. Geländespiel mit Bierdeckeln

Etwa fünf bis zehn Mitarbeiter und Mitarbeiterinnen sind die Gejagten, die Teilnehmenden die Jäger. Das Spiel findet in einem begrenzten Waldgebiet statt. Jeder Jäger erhält einen Bierdeckel, der mit einem Dreieck markiert ist. Die Gejagten bekommen jeweils ca. zehn bis fünfzehn Bierdeckel, gekennzeichnet mit einem Kreis. Die Jäger müssen nun versuchen, einen Mitarbeiter abzuschießen. Ist dieser getroffen, bekommt der Jäger im Tausch gegen seinen erfolgreichen Bierdeckel (mit Dreieck) einen Bierdeckel (mit Kreis) vom Gejagten. Diesen Bierdeckel tauscht der Jäger nun in der nahe gelegenen Zentrale gegen einen neuen Schuss (Bierdeckel mit Dreieck) ein. Jeder Tausch wird notiert. Gewonnen hat die Person (bzw. die Mannschaft), die die meisten Treffer gelandet hat.

Um Missverständnissen aus dem Weg zu gehen, empfiehlt es sich, dass die Gejagten Mitarbeiter und Mitarbeiterinnen sind, denn ein paar Treffer sollten die Jäger schon landen dürfen.

347. Werfen 1

In markierte Felder mit unterschiedlicher Punktebewertung müssen Bierdeckel geworfen werden.

348. Werfen 2

Fünf auf dem Boden verteilte Geldstücke oder kleine Kreise müssen mit maximal sechs Bierdeckeln, die von einer Linie aus geworfen werden, getroffen werden.

349. Figuren legen

Aus Bierdeckeln müssen Figuren gelegt werden, z. B. ein Mensch, Pferd, Auto, Haus. Wer schafft es am schnellsten? Welche Figur ist am schönsten?

350. Schätzaufgabe

Wie viele Bierdeckel befinden sich in einer Kiste/im Stapel?

VARIANTE: Anstatt die Anzahl der Bierdeckel zu schätzen, müssen sie gezählt werden. Wer ist dabei am schnellsten? Wer kommt am nächsten an die richtige Zahl heran?

351. Umschichten

Bierdeckel müssen mit den Zehen von Kiste A nach Kiste B »umgeschichtet« werden.

352. Wie viele Bierdeckel könnt ihr gemeinsam halten?

Jeweils zwei Personen stehen auf einer Zeitung. Auf Kommando muss jeweils ein Bierdeckel aufgehoben werden und zwischen Knie, Stirn usw. geklemmt werden. Danach folgt das nächste Kommando zur Aufnahme weiterer Bierdeckel. Welches Paar kann am Schluss die meisten Deckel gemeinsam halten?

353. Match

Jede Mannschaft erhält eine Spielfeldhälfte (bei mehreren Mannschaften mehrere Spielfelder in Kuchenstückchenform) und die gleiche Anzahl an Bierdeckeln. Jede Mannschaft muss nun versuchen, das eigene Feld so sauber von Bierdeckeln wie möglich zu halten. Wer hat nach dem Abpfiff die wenigsten Bierdeckel im eigenen Feld liegen?

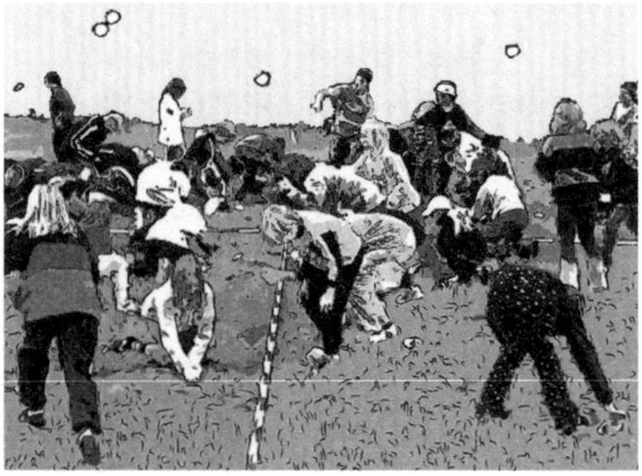

354. Stehen

Wie viele Personen können auf einem Bierdeckelstapel von zehn Bierdeckeln stehen?

355. Pyramide

Wer baut die höchste Pyramide aus Bierdeckeln?

356. Stapeln

Wer kann auf einen Flaschenkopf den höchsten Bierdeckelstapel aufstapeln?

11.6 Flaschenspiele

Ein Spielabend rund um Flaschen und Getränkedosen, die einfach zu besorgen sind und mit denen man viel anstellen kann.

357. Astronautentraining

Der zukünftige Astronaut/Astronautin rennt 20-mal um eine Flasche und hält dabei den Finger auf die Flasche, anschließend geht es zum Start zurück und der/die Nächste darf starten.

▷ **HINWEIS:** Bei diesem Spiel ist manch einer schon gegen eine Wand, Baum oder Zaun gelaufen – also vielleicht eher ein Spiel für die grüne Wiese.

358. Abgefüllt und umgefüllt

Eine Flasche muss bei einem Staffellauf x-mal umgefüllt werden (vorher ausprobieren). Wer ist am schnellsten durch und hat noch das meiste Wasser? Wenn das Spiel im Haus gespielt wird, empfiehlt es sich, ein paar Lappen zum Aufwischen des Wassers bereitzuhalten.

359. Flaschen sammeln

Im Gruppenraum oder in einem Spielfeld werden viele Flaschen verteilt aufgestellt. Ohne die Hände zu benutzen, müssen die Flaschen nun eingesammelt werden. Wer kann wie viele Flaschen in einer bestimmten Zeit einsammeln?

360. Plastikflaschentransport

Eine Plastikflasche wird gemeinsam mit jeweils nur einem Finger von A nach B transportiert. Dabei darf jeder Mitspieler nur mit einem Finger die Flasche berühren.

361. Wasser raus!

Jeweils zwei Personen bilden ein Team und erhalten eine zur Hälfte (oder ¾) mit Wasser gefüllte Plastikflasche. Die Flasche wird nicht verschlossen. Nun muss das Team sich aus zwei Metern Entfernung die Flasche so zuwerfen, dass sie möglichst schnell kein Wasser mehr enthält. Es gewinnt das Team, in dessen Flasche am wenigsten Wasser ist.

362. Pipeline

Mit zehn PET-Plastikflaschen baute jede Mannschaft eine lange Pipeline. Dazu eine Flasche in die andere stecken, indem man mit einem geeigneten Messer in den Flaschenboden eine kleine Öffnung sticht, so dass der Flaschenkopf der nächsten Flasche hineinpasst. Sind alle zehn Flaschen ineinandergesteckt, dann müssen 1–2 Liter Wasser von oben nach unten in einen Behälter fließen. Welches Team kann mit der Pipeline das meiste Wasser in dem Behälter auffangen?

363. Flaschen umsortieren

Mit den Füßen müssen Flaschen von einem Flaschenkasten in einen anderen umsortiert werden.

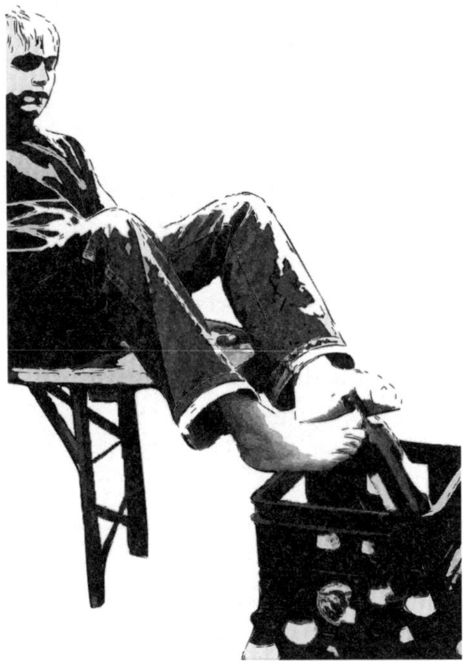

364. Schätzaufgabe 1

Wie viel Wasser (in ml) befindet sich in der Flasche?

365. Schätzaufgabe 2

Wer kann genau 555 ml Wasser in eine Flasche füllen?

366. Sprudelwassertester

Fünf deutlich unterschiedliche Sprudelsorten müssen durch Probieren erraten werden.

367. Flaschentaster

Fünf unterschiedliche Flaschenformen (Bierflasche, Sprudelflasche, Weinflasche, Schnapsflasche, Sektflasche) müssen durch Ertasten erraten werden.

368. Flaschendrehen

Eine am Boden liegende Flasche wird gedreht. Die Person, auf die die Flasche zeigt, muss eine zuvor vereinbarte Aufgabe erfüllen.

369. Flaschenmusik

Mit acht unterschiedlich gefüllten Wasserflaschen ein Lied spielen.

370. Über Flaschen steigen

Wem gelingt es, mit verbundenen Augen über einen Parcours aus Flaschen steigen zu steigen? Ggf. kann ein anderes Teammitglied entsprechend dirigieren.

371. Dosen- oder Flaschenrad

Die Aufgabe ist, sich auf Dosen oder Flaschen fortzubewegen, ohne den Boden zu berühren. Pro Mannschaft sind mindestens drei Dosen notwendig.
VARIANTE: Statt Dosen kann man auch Sprudelkisten verwenden.

372. Der Geschmacks-Experte

Verschiedene Getränkesorten raten (Orangen- oder Apfelsaft, Fanta, Cola oder Pepsi – je mehr Sorten, desto spannender die Aufgabe).

373. Das Knäuel
Wer zerdrückt eine Getränkedose in 30 Sekunden zum kleinsten Knäuel?

374. Dosen-Pusten
Wer kann mit einem Schlauch eine leere Dose am schnellsten über einen Hindernisparcours pusten?

375. Spielkarten pusten
Auf einem Flaschenkopf liegt ein Stapel Spielkarten. Jeder pustet nun eine oder mehrere Karten vorsichtig herunter. Für jede heruntergepustete Karte gibt es einen Punkt. Fällt der ganze restliche Stapel runter, gibt es dafür null Punkte.

11.7 Spiele mit Papier

Hier werden einige Spiele vorgestellt, die mit Zeitungs- oder Toilettenpapier gespielt werden. Zeitung kann aber auch als Dekoration verwendet werden: Der ganze Gruppenraum kann mit Zeitungen geschmückt, beklebt oder mit zerknülltem Zeitungspapier versehen werden.

376. Zeitungsmumie
Jede Gruppe muss eine Person vollständig in Zeitungen einwickeln. Eingepackt wird die Mumie entweder mit Tesaband oder Paketschnur. Anschließend muss die Mumie von Station A nach Station B transportiert werden. Wer ist am schnellsten? Welche Mumie ist am besten erhalten?

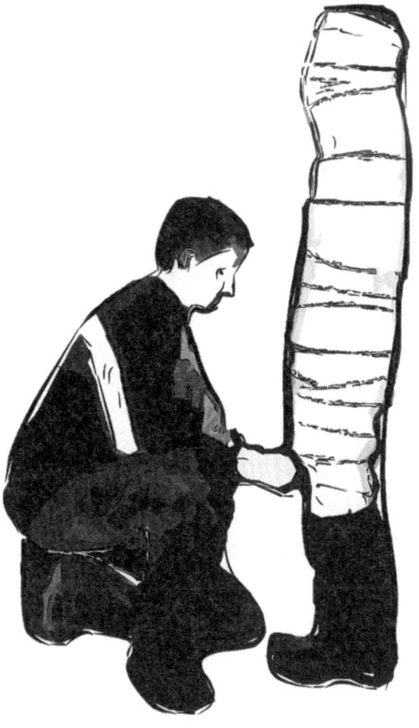

377. Kurzgeschichte aus der Zeitung
Mit Hilfe von Zeitungen muss eine Kurzgeschichte zusammengeschnipselt werden. Wer hat die tollste Geschichte, ggf. mit dem besten Bild?

378. Zeitungs-Staffellauf
Jede Gruppe bekommt zwei Zeitungsblätter. Der Erste stellt sich mit beiden Füßen auf das erste Blatt, legt das zweite

Blatt vor sich und stellt sich auf dieses, das erste Blatt wird vor das zweite gelegt und darauf getreten usw. Wer am Ziel ist, läuft mit den Zeitungsblättern zurück zur Gruppe, und die zweite Person macht dasselbe.

379. Fragen beantworten

Jede Gruppe bekommt genau die gleiche Zeitungsausgabe. Nun werden Fragen gestellt, z. B. »Wie war die Wettervorhersage?«, »Welchen Artikel hat der Journalist XY geschrieben?« usw. Die Lösungen müssen in der Zeitung gefunden werden.

380. Zeitungstanz

Jeweils zwei Personen tanzen auf einem Zeitungsblatt zur Musik, nach einer gewissen Zeit wird die Zeitung halbiert und das Paar tanzt weiter. Dann wird die Zeitung geviertelt usw., bis sie zu klein ist zum Tanzen. Welches Paar tanzt auf der kleinsten Zeitung?

381. Zeitungsschlange

Wer kann aus einer Zeitungsseite die längste Schlange an einem Stück reißen?

382. Der Liebesbrief

Aus Sätzen und Worten aus einer Zeitung muss innerhalb einer bestimmten Zeit ein origineller Liebesbrief zusammengestellt werden (Klebstoff, Papier, Schere, Zeitungen, Zeitschriften bereitstellen).

383. Zeitungspuzzle

Eine Zeitungsseite wird in Puzzleteile zerschnitten und muss zusammengesetzt werden.

384. Zeitungsbasteleien

Aufgabe ist es, einen Hut, einen Flieger oder ein Schiffchen aus einer Zeitungsseite zu basteln. Wessen Flieger fliegt am weitesten? Wessen Schiffchen schwimmt am besten?

385. Collagen

Zu einem Thema werden Collagen aus Zeitschriften geklebt, ein Bildbericht entwickelt oder ein spannender Bericht zusammengestellt.

386. Die Schlagzeile in der Zeitung

Die Teammitglieder müssen möglichst schnell eine bestimmte Schlagzeile aus einer Zeitung zusammenstellen (z. B. »DIE Jugendgruppe: Willst du was erleben – komm zu uns – wir lassen's leben!«).

387. Papiersalat

Kleine Zeitungsschnipsel werden mit einem Strohhalm angesaugt und von Schüssel A nach Schüssel B gebracht.
VARIANTE: Die Papierschnipsel mit chinesischen Stäbchen befördern.

388. Schlag mich!

Zwei Personen werden die Augen verbunden. Jede bekommt eine Zeitung als »Schläger« und muss nun versuchen, den anderen damit zu treffen. Als Spielfeld eignet sich ein Tisch, der immer mit einer Hand berührt werden muss.

389. Wache schieben

Einem Gruppenmitglied werden die Augen verbunden. Die Person setzt sich auf einen Stuhl oder Tisch und hält eine Zeitungsrolle in der Hand. Die anderen Gruppenmitglieder versuchen nacheinander, möglichst leise unter dem Stuhl/Tisch durchzukriechen, ohne abgeschlagen zu werden. Anstatt zu kriechen, kann auch ein unter dem Tisch/Stuhl liegender Schlüsselbund geholt werden. Es kann vereinbart werden, dass der Wächter/die Wächterin nur maximal drei Schläge pro Person hat. Wer übrig bleibt, übernimmt die Rolle in der nächsten Runde.

390. Der Hausbau zu Babel

Welche Mannschaft kann aus Zeitungen ein Haus bauen? Bewertet werden Stabilität, Schönheit, Größe.

391. Die Taschen-Zeitung

Welche Mannschaft kann eine Zeitung so klein wie möglich falten?

392. Toilettenpapier-Turm

Aus Klopapierrollen wird ein Turm gebaut. Wer kann den höchsten Turm bauen?

393. Toilettenpapier-Turm balancieren

Mehrere aufeinander gestapelte Toilettenpapierrollen werden balanciert. Wer kommt am weitesten, ohne dass eine Rolle herunter fällt? Wer kann die meisten Rollen tragen?

394. Vier Papierrollen schwebend tragen

Vier bis fünf Toilettenpapierrollen werden mit den Händen so aneinandergepresst, dass die mittleren Rollen durch den Druck gehalten werden. Auf diese Weise kann ein Staffel- oder Hindernislauf zurückgelegt werden. Fallen die Rollen herunter, müssen sie an Ort und Stelle wieder aufgenommen werden.

395. Zeitungsschlacht

Jede Mannschaft befindet sich in einer Spielhälfte und bekommt einen Stapel Zeitungen. Auf Kommando muss nun jede Mannschaft aus den Zeitungen Zeitungsknäuel bilden und die Knäuel in das gegnerische Lager werfen. Welche Mannschaft hat beim Abpfiff die wenigsten Knäuel und Zeitungsblätter in ihrer Hälfte? Zeitungsblätter dürfen jedoch nur als Knäuel, nicht einfach lose geworfen werden.

396. Klopapierschlange

Jede Mannschaft rollt eine Toilettenpapierrolle komplett ab. Diese Rolle wird nun von allen Mannschaftsmit-

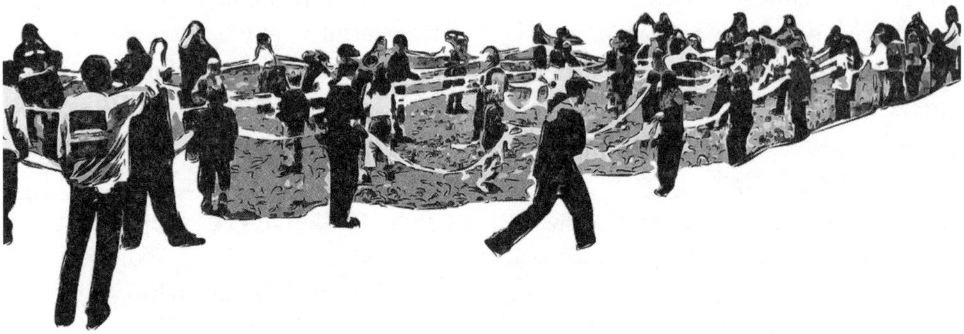

gliedern durch ein Waldstück oder um ein Gebäude herum getragen, ohne dass die Papierschlange irgendwo reißt. Welche Mannschaft hat am Ende das längste Stück ins Ziel gerettet?

Dieses Spiel kann ziemlich chaotisch werden. Es kommt darauf an, dass die ganze Mannschaft koordiniert zusammenarbeitet.

397. Klopapierfangen

Immer zwei Personen halten gemeinsam ein ca. 1 m langes Klopapierband fest. Dieses Band darf nicht losgelassen werden. Jedes Paar versucht nun, das Klopapierband der anderen Paare auseinanderzureißen. Ausgeschieden ist dasjenige Paar, das nicht mehr durch das Band verbunden ist.

398. Zeitungspapier in den Hosenbund

Ein Teammitglied über nimmt die Rolle des Fängers/der Fängerin, die anderen stecken sich jeweils eine länglich zusammengelegte Zeitung in den Hosenbund. Der Fänger versucht nun, einem Mitspieler die Zeitung aus dem Hosenbund zu ziehen. Dann wird derjenige der neue Fänger.

399. Zeitungsträger

Große, einzelne Zeitungsblätter werden jeweils über den Körper gehängt (Kopf, Arme, ggf. Beine). Ohne mit den Händen das Zeitungspapier zu halten, muss die Person die Zeitungsblätter ins Ziel tragen. Dieses Spiel kann auch als Staffelspiel gespielt werden. Fällt eine Zeitung herunter, dann muss sie an Ort und Stelle wieder aufgenommen werden. Oder es zählen die Zeitungsblätter, die ohne herunterzufallen ins Ziel gebracht wurden.

400. Zeitungspresse

Zwischen zwei Personen wird ein Zeitungsblatt geklemmt, das sie so ins Ziel bringen müssen. Die Zuhilfenahme der Hände ist nicht erlaubt. Welche Mannschaft kann in einer bestimmten Zeit die meisten Blätter transportieren?

401. Aneinander gefesselt

In ein großes Zeitungsblatt werden zwei kleine Löcher gerissen. Jeweils zwei Personen stecken eine Hand (oder einen Fuß) in jeweils eins dieser Löcher. Gemeinsam müssen beide nun durch einen Hindernisparcours oder über eine Staffelstrecke laufen. Welches Paar ist dabei am schnellsten, ohne dass das Zeitungsblatt aufreißt und abfällt?

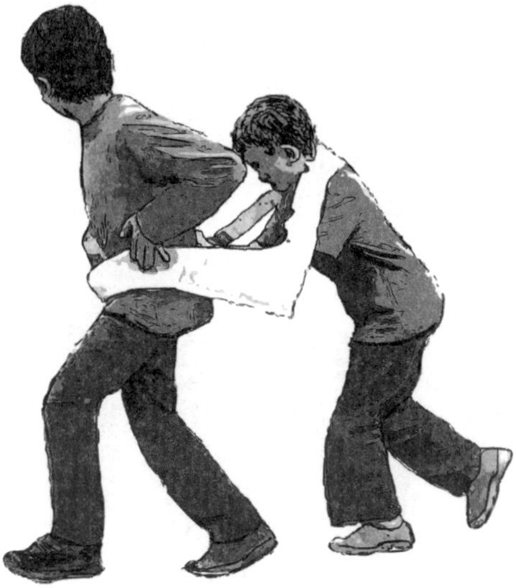

402. Menschenpyramide

Wie viele Personen können auf einem Zeitungspapier stehen?

403. Fernsicht

Wer kann innerhalb von 30 (60) Sekunden aus einem Blatt Papier das längste Fernrohr basteln?

404. Ansaugrohr

Ein Zeitungsblatt wird zu einem Röhrchen gewickelt, mit dessen Hilfe ein Wattebausch angesaugt und von einem Gefäß in ein anderes Gefäß transportiert werden muss.

VARIANTE: Durch Pusten durch das Zeitungsröllchen wird ein Wattebausch/ein Luftballon von einem Startpunkt in ein Ziel geblasen.

405. Zeitungstrichter

Aus einem Zeitungsblatt wird ein Trichter geformt. Aus einer Entfernung von 2 m wirft ein Mitspieler kleine Gegenstände (Watte, Holzkugeln, Legosteine) dem Mitspieler zu, der mit dem Trichter versucht, diese aufzufangen. Welches Team kann die meisten zugeworfenen Gegenstände einfangen?

406. Zeitungsplane

Mindestens sechs bis neun Zeitungsblätter werden mit Tesaband zu einer großen Plane zusammengeklebt. Alle Gruppenmitglieder heben nun gemeinsam diese Plane hoch und müssen darauf verschiedene Gegenstände (Watte, Luftballons) in ein Ziel transportieren. Dieses Spiel kann auch als Staffelspiel gespielt werden.

407. Das Blatt wendet sich

Zwei Personen stehen Rücken an Rücken. Dazwischen wird ein Zeitungspapier eingeklemmt. Gemeinsam und gut koordiniert versuchen die beiden, sich so zu drehen, dass sie das Zeitungspapier zwischen ihren Bäuchen einklemmen. Welches Paar schafft das, ohne dass das Zeitungsblatt zu Boden fällt?

11.8 Spiele mit Kerzen

Kerzenspiele eignen sich besonders für die Winter- und Adventszeit. Bei Kerzenspielen muss jedoch auf die Brandgefahr geachtet werden!

408. Feuerschiff

Auf einem Holzbrettchen, einem starken Karton oder einer Streichholzschachtel wird eine kurze Kerze (Kerzenstummel) mit Wachs befestigt. Mit einem 3–4 m langen Bindfaden und einem Bleistift wird das »Schiffchen« mit der brennenden Kerze durch Aufwickeln über den Bleistift über eine Ziellinie gezogen. Natürlich darf nur gewickelt werden, wenn die Kerze brennt und das Schiffchen nicht umgefallen ist. Ansonsten wieder anzünden oder nochmals von vorne beginnen.

409. Kerzen ausblasen

Etwa fünf Kerzen stehen in je 20 cm Abstand hintereinander. Aus einer Entfernung von ca. 60–100 cm zur ersten Kerze werden die Kerzen ausgeblasen. Für das erfolgreiche Ausblasen der Kerzen gibt es entsprechende Punkte.
VARIANTE: Der Spieler kann selbst festlegen, aus welchem Abstand er blasen will. Die Punkte können dann mit einem Multiplikator erhöht werden.

410. Kerzen schießen

Fünf Kerzen stehen nebeneinander. Mit einer Wasserpistole oder einer kleinen Einwegspritze wird aus einer angemessenen Entfernung versucht, mit ein bis drei Schüssen die Kerzen zu löschen.

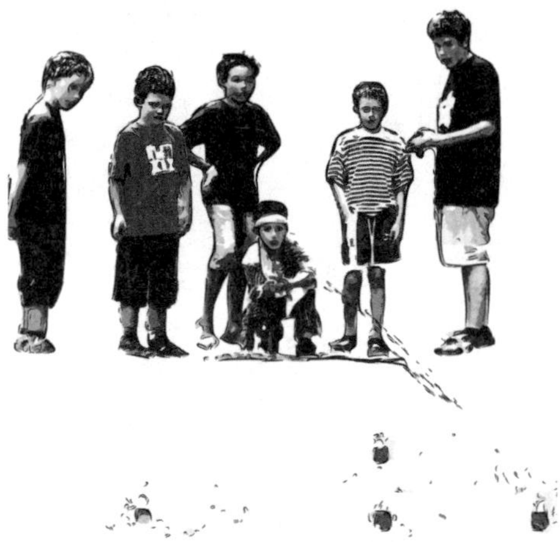

▷ **HINWEIS:** Ersatzkerzen bereithalten, da die Kerzen durch die Nässe mit der Zeit schlecht wieder anzuzünden sind.

411. Feuer löschen

Auf einem Tisch im Freien stehen zehn Kerzen im Abstand von ca. 20 cm. Aus einem Wassergefäß nimmt der erste

Spieler einen Mund voll Wasser und muss damit aus einer Entfernung von ca. 100–150 cm die Kerzen durch einen gezielten Schuss löschen. Wie lange braucht eine Gruppe, um alle Kerzen zu löschen? Oder wie viele Versuche werden benötigt?

412. Kerzenstaffel 1

Es werden zwei brennende Kerzen pro Gruppe benötigt. Der erste Spieler jeder Mannschaft bläst die eine Kerze aus, zündet sie mit der zweiten brennenden Kerze wieder an, bläst die zweite Kerze aus, zündet sie mit der ersten wieder an und gibt anschließend beide brennenden Kerzen an den nächsten Spieler weiter usw. Alles klar?

413. Kerzenstaffel 2

Jede Gruppe erhält eine Streichholzschachtel und eine Kerze. Der Erste zündet die Kerze an und gibt sie brennend an den Zweiten der Gruppe weiter. Dieser bläst sie aus, zündet sie wieder an und gibt sie an den Dritten weiter usw.

11.9 Spiele mit Streichhölzern und Streichholzschachteln

Streichhölzer sind billig, klein und passen in jeden Spielkoffer. Und mit Streichhölzern und Streichholzschachteln lässt sich eine ganze Menge anfangen. Zusammen mit den Kerzenspielen können so leicht zwei Spielnachmittage bestritten werden.

414. Brennendes Streichholz weitergeben

Ein brennendes Streichholz wird reihum gegeben. Jeder sagt: »Ich habe ein Licht, ich sehe ein Licht, ich gebe ein Licht weiter« und gibt das Streichholz an den Nächsten weiter. Derjenige, dem das Licht ausgeht, scheidet aus.

415. Streichholz-Streichholzschachtel-Stafette

In einem dunklen Raum bekommt jede Gruppe eine Streichholzschachtel. Der Erste zündet ein Streichholz an, macht es wieder aus und legt es in die Schachtel zurück. Der Nächste nimmt die Schachtel, holt ein Streichholz raus, zündet es an, bläst es aus, legt es zurück und gibt die Schachtel weiter. Welche Gruppe schafft einen/zwei Durchgänge am schnellsten? Da der Raum dunkel ist und keiner so recht sieht, ob er nicht gerade ein bereits abgebranntes Streichholz aus der Schachtel nimmt, wird die Sache mit der Zeit spannend.

416. Teelicht-Rallye

Innerhalb von 30 Sekunden müssen so viele Teelichter wie möglich angezündet werden. Pro Teelicht darf immer nur ein Streichholz verwendet werden.

417. Sparsames Streichholz

Die Aufgabe besteht darin, mit nur einem Streichholz so viele Kerzen wie möglich anzuzünden. Um Chancengleichheit zu gewährleisten, sind die Kerzen entweder alle neu oder schon mindestens einmal angezündet worden. Mit Hilfe einer bereits brennenden Kerze dürfen die anderen Kerzen jedoch nicht angezündet werden.

418. Streichhölzer wenden

Alle Streichhölzer einer Schachtel werden vom ersten Spieler der Mannschaft gewendet. Anschließend ist der Nächste dran und dreht die Streichhölzer wieder zurück usw. Gewonnen hat die schnellste Mannschaft.

419. Streichholzschachtel-Pusten

Eine leere Streichholzschachtel wird an den Tischrand gelegt. Eine Person versucht, sie mit einem Mal Pusten so weit weg wie möglich zu blasen, ohne dass sie vom Tisch fällt. Die Entfernung wird gemessen. Bei einem Gruppenwettkampf werden alle Entfernungen aufaddiert.

420. Streichholzschachtel auf der Nase

Eine Streichholzschachtel auf der Nase wird von einer zur nächsten Person weitergegeben, ohne dass die Schachtel herunterfällt und die Hände zum Halten benutzt werden.

421. Raumschiff-Training

Wer schafft es, eine ausgeleerte Streichholzschachtel mit einem dicken Fausthandschuh wieder mit den Streichhölzern zu befüllen.

422. Streichholzturm

Streichhölzer aus einer oder zwei Streichholzschachteln müssen innerhalb einer bestimmten Zeit auf einem Flaschenhals zu einem Turm gestapelt werden. Wer kann den höchsten Turm bauen?

423. Streichholz-Trick

Von 30 Streichhölzern nehmen zwei Personen abwechselnd zwischen ein und sechs Hölzchen weg. Es gewinnt, wer das letzte Hölzchen wegnimmt.

11.10 Spiele mit Wäscheklammern

Mit Wäscheklammern kann man nicht nur Wäsche aufhängen, sondern auch tolle Spiele spielen. Ein Vorrat an etwa 1000 Wäscheklammern in einer großen Plastikbox kostet nicht viel, und diese Investition zahlt sich aus.

424. Haar-Styling

In einer Kiste befinden sich circa 1000 Wäscheklammern. Von jeder Gruppe rennt immer nur eine Person zur Box und nimmt eine Klammer heraus. Diese Klammer wird einem Freiwilligen aus der Mannschaft ins Haar geklemmt. Welche Gruppe hat innerhalb von fünf Minuten die meisten Klammern geholt bzw. am schnellsten die Kiste geleert?

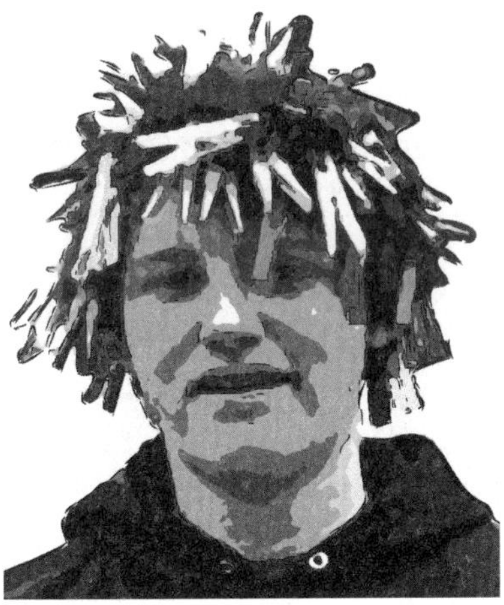

425. Zusammengeheftet

Immer zwei Personen klammern sich an der Kleidung mit 5–20 Wäscheklammern zusammen. Welches Paar verliert bei einem Hindernisparcours die wenigsten Klammern?

VARIANTE: Die Paare versuchen, sich gegenseitig zu fangen und dabei selbst möglichst wenige Klammern zu verlieren.

426. Schubkarrenlauf mit Hindernissen

Wäscheklammern werden im Gruppenraum wahllos auf dem Boden verstreut. Immer zwei Personen bilden als Team eine Schubkarre und müssen nun den Raum durchqueren, ohne Klammern zu berühren. Für jede berührte Klammer gibt es einen Minuspunkt. Welches Team ist da am schnellsten und geschicktesten?

VARIANTE: Mit verbundenen Augen bewegt sich eine Person auf Anweisungen einer anderen durch den Raum, ohne die Klammern zu berühren.

427. Klammern sammeln

Wäscheklammern werden wahllos im Raum verteilt. Mit verbundenen Augen müssen in 60 Sekunden so viele Klammern wie möglich eingesammelt werden.

428. Bagger

Mit Hilfe von ein bis zwei Wäscheklammern müssen Gegenstände aufgenommen und in ein Gefäß abgelegt werden. Der Gegenstand darf nur mit den Wäscheklammern berührt werden, nicht mit den Händen.

429. Ausdauer

Wer kann eine Wäscheklammer am längsten mit zwei Fingern und ausgestrecktem Arm zusammendrücken?

430. Jagdfieber

Jeder bekommt je fünf Wäscheklammern angesteckt. Alle laufen in einem abgegrenzten Spielfeld herum und versuchen, bei den anderen so viele Klammern wie möglich zu stehlen. Wegnehmen ist so lange erlaubt, wie man selbst noch Klammern hat. Gewonnen hat, wer am Ende die meisten Klammern hat.

431. Wäscheklammern finden

Immer zwei Personen bilden ein Team. Beiden werden die Augen verbunden. Die Gruppenleitung klemmt jedem der beiden etwa zehn Wäscheklammern an Kleidung und Haare. Auf Kommando muss jeweils die eine Person die Klammern der anderen Person entfernen. Welches Team braucht am wenigsten Zeit?

11.11 Klamottenspiele

Spiele mit Kleidungsstücken sind für den Spieleabend in der Gruppe oder auf dem Ferienlager einfach zu organisieren und machen viel Spaß.

432. Klamottenberg ●●●

Viele Kleidungsstücke liegen auf einem Berg. In einem Staffellauf startet der Erste, holt sich eine Klammer, rennt zum Haufen, schnappt sich ein Kleidungsstück, rennt zur Wäscheleine und hängt dieses Kleidungsstück dort auf. Wenn er wieder zurück ist, startet der Nächste.

433. Sortieren ●●●

Mit verbundenen Augen müssen aus einem Schuhberg möglichst viele Schuhpaare in einer bestimmten Zeit zugeordnet werden.

434. Sockenkampf ●●●

Dem Gegner oder der gegnerischen Mannschaft werden die Socken ausgezogen. Wer keine Socken mehr anhat, darf den anderen auch keine mehr ausziehen. Gewonnen hat die Mannschaft oder die Personen, die ihre Socken noch mehrheitlich anhaben. ! Vorsicht: Die Socken sollten hinterher noch ganz sein, also nicht reißen!

435. Sockenweitwurf ●●●

Der Sockenweitwurf kann entweder wie Teebeutelweitwerfen (vgl. Nr. 593) oder als normaler Weitwurf gespielt werden.

436. Klamotten-Trocken-Schwimmstaffel ●●●

Je zwei Hosen, Pullover, Jacken und Hüte müssen übereinander angezogen werden, erst dann darf gestartet und ein Hindernisparcours absolviert werden. Am Ziel werden die Kleider dem Nächsten übergeben.

11.12 Spiele mit Decken und Tüchern

Mit ein paar alten Decken, Badetüchern oder Handtüchern können einige gute Spiele gespielt werden. Manche lassen sich bei der Geburtstagsfeier im Wohnzimmer spielen, manch andere nur im Freien.

437. Insel

Jede Gruppe steht auf einer Decke. Diese stellt die Insel dar. Das Meer reißt immer mehr Teile von der Insel weg. Dies wird nachgespielt, indem die Decke jeweils gefaltet wird. Welcher Mannschaft gelingt es, die Decke am häufigsten zu falten, ohne dabei im Meer zu ertrinken?

438. Einmal wenden und zurück

Die Gruppe steht auf einer Decke. Die Decke muss nun einmal komplett gewendet werden, d. h. die Unterseite nach oben gedreht werden, ohne dass eine Person aus der Gruppe die Decke verlässt. Anschließend das Ganze wieder retour. Gewonnen hat die Mannschaft, die die Aufgabe am schnellsten löst. Wenn jemand daneben tritt, muss die Mannschaft neu beginnen.

439. Bootsrennen

Jede Gruppe steht auf einer Decke. Die Decke stellt diesmal ein Boot dar. Auf ein Signal hin starten die Gruppen mit der Decke ein heißes Bootsrennen. Natürlich darf niemand die Decke verlassen. Welche Mannschaft erreicht zuerst die Ziellinie?

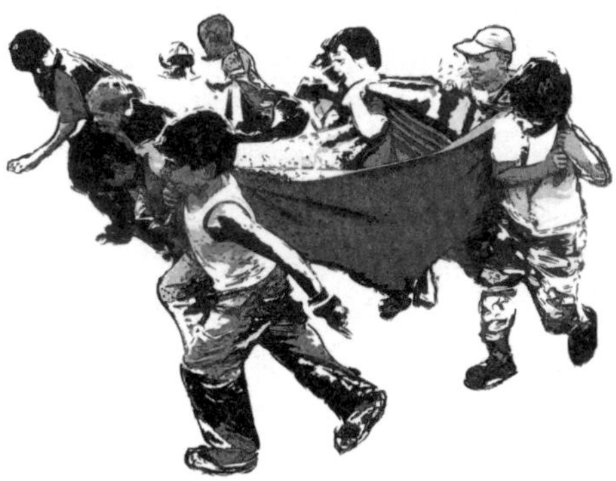

440. Das Rennen der Decken

Vier bis sechs Gruppenmitglieder halten eine Decke fest. Ein Gruppenmitglied legt oder setzt sich auf die Decke. Auf Kommando heben die Gruppen ihre Decken an und rasen mit dem Gruppenmitglied auf der Decke über die Ziellinie. Die Decken dürfen nicht über den Boden schleifen. Gewonnen hat die Mannschaft, die als Erste ins Ziel einläuft.

441. Schlangenrennen

Vier bis fünf Personen knien sich hintereinander auf den Boden. Jede fasst die Füße der vor ihr sitzenden Person. Über die Gruppe werden ein bis zwei Decken gelegt, so dass diese nichts mehr sehen können. Die Gruppe muss nun in ein Ziel krabbeln, ohne die Füße loszulassen. Ggf. kann ein Gruppenmitglied die Schlange dirigieren.

442. Wer ist unter der Decke?

Ein Spiel für größere Gruppen: Eine Person geht freiwillig vor die Tür. Mehrere Gruppenmitglieder verstecken sich nun unter einer Decke. Werden die Personen erraten, die sich unter der Decke befinden? Wenn sich nur eine Person darunter verstecken soll, dann müssen sich einige andere hinter einer Wand verstecken. Sonst wäre es zu leicht herauszufinden, wer sich unter der Decke versteckt.

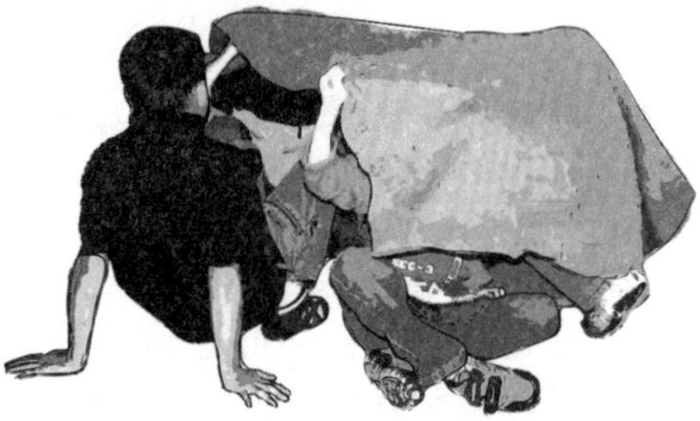

443. Alle unter einer Decke

Wie viele Personen können sich unter einer Decke verstecken, ohne dass noch eine Hand oder ein Fuß zu sehen ist?

444. Was gehört wem?

Drei bis vier Freiwillige strecken unter einer Decke nur die Beine und Arme raus. Wer kann erraten, was zu wem gehört?

445. Die Verhüllung

Ein bis zwei Personen stellen sich unter einer Decke als verhüllte Statue auf. Zwei bis drei Freiwillige müssen nun versuchen, sich in der gleichen Stellung aufzustellen. Wem gelingt die Aufgabe am besten?

11.13 Spielideen mit Spielsteinen

Hier sind ein paar Spielideen zu einem Abend rund um und mit Mühle- und Damesteinen zusammengestellt. Für die Mannschaftsspiele können zwei oder mehr Gruppen gebildet werden, je nachdem wie viele verschieden markierte Spielsteine zur Verfügung stehen.

446. Mühle- und Dameturnier

Mit einer Gruppe von 20 Personen lässt sich sehr gut ein Mühle- oder Dameturnier durchführen. Hierzu werden ca. zehn Spielfelder benötigt (genügend oft kopieren) und natürlich eine Menge Spielsteine. Entweder bringt jeder einen Satz von zu Hause mit, oder die Spielsteine werden im Spielwarenladen eingekauft. Für jedes gewonnene Spiel wird ein Punkt vergeben. Wer hat nach 90 Minuten die meisten Punkte?

447. Fuchsen

Jeder versucht, aus einer Entfernung von 3–4 m seine Spielsteine so nah wie möglich an eine Wand zu werfen. Für die drei Spielsteine, die am nächsten an der Wand liegen, gibt es drei, zwei oder einen Punkt. Welche Mannschaft hat nach fünf Durchgängen die meisten Punkte?

VARIANTE: Jede Mannschaft versucht, ihre Steine von der einen Seite eines Tisches aus zur gegenüberliegenden Seite zu schießen, ohne dass sie herunterfallen. Bewertung wie oben. Man kann auch die gegnerischen Steine wegzuschießen versuchen.

448. Tisch-Finger-Fußball

Auf einem Tisch werden mit Klebeband oder Holzklötzchen zwei Tore markiert. Jede Partei bekommt drei Spielsteine. Diese werden zunächst vor das eigene Tor im Dreieck platziert. Die eine Mannschaft beginnt, indem ein Spielstein mit dem Finger bzw. einem vierten Spielstein durch die anderen beiden Spielsteine durchgeschubst wird. Berührt dabei der Spielstein einen der beiden anderen Spielsteine oder einen gegnerischen Spielstein, ist die andere Mannschaft am Zug. Die andere Mannschaft ist auch am Zug, wenn es nicht gelingt, den Spielstein durch die anderen beiden Spielsteine zu schießen. Fällt

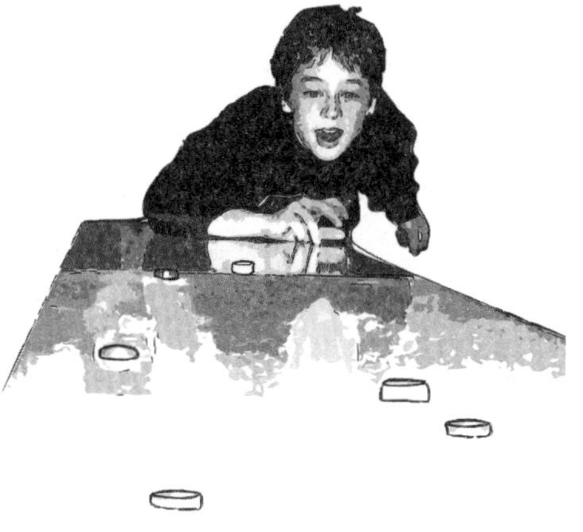

ein Spielstein vom Tisch, wird der Stein dort aufgelegt, wo er heruntergefallen ist, und die andere Mannschaft ist am Zug.

VARIANTE: Einfacher ist es mit nur einer Mannschaft: Es gibt ein Tor am anderen Ende des Tisches. Mit drei Spielsteinen versucht der Spieler, ins Tor zu treffen. Die Anzahl der Züge, die er dazu braucht, wird gezählt. Es können noch ein paar Hindernisse eingebaut werden.

449. Mühlsteinrollen

Steht schon mal der Tisch schräg, schließt sich das nächste Spiel direkt an. Der Mühlestein soll den Tisch abwärts rollen und in eins von drei Toren aus Bauklötzchen treffen. Es ist dabei egal, ob der Stein rollend oder rutschend ins Ziel trifft, Hauptsache, er landet im Ziel. Bleibt er davor liegen oder verfehlt das Ziel, gibt es keine Punkte.

450. Zielwerfen

Aus 2–4 m Entfernung werden Mühlesteine in einen oder mehrere Eimer geworfen. Jeder Eimer steht für eine andere Punktzahl. Etwas schwieriger wird es, wenn das Ziel ein Teller ist, der in einer Wasserwanne schwimmt. Dafür kann es besonders viele Punkte geben.

451. Balancieren

Eine Flasche mit auf dem Flaschenhals gestapelten Mühlesteinen muss über eine Strecke von 4 m balanciert werden.

452. Gummi-Balance

Ein normaler, etwas längerer Gummiring wird von zwei Personen jeweils mit dem kleinen Finger gehalten. Wie viele Mühlesteine können auf das Gummiband gelegt werden, ohne dass sie herunterfallen? Wie lange können die beiden das Gummi ruhig halten, ohne dass die Mühlesteine herunterfallen? Wie weit können die beiden mit dem gespannten Gummi gehen, ohne dass ein Stein herunterfällt?

453. Hindernisparcours

Auf dem Tisch wird ein Hindernisparcours aufgebaut (verschiedene Holzklötzchen). Ein Mühlestein muss nun durch den Parcours geschnippt werden. Wie viel Zeit wird benötigt? Wie oft muss geschnippt werden?

VARIANTE: Der Mühlestein wird mit einem Röhrchen geblasen.

454. Weitschuss

Ein Mühlestein wird an den Start gelegt. Mit einem Röhrchen, einem Luftballon oder einfach durch starkes Pusten muss der Mühlestein so weit wie möglich gepustet werden. Jeder Spieler darf nur einmal pusten.

455. Zielschießen

Mühlesteine werden hochkant an einer Tischkante aufgestellt. Aus 2–3 m Entfernung wird mit einem Gummiband und einer bestimmten Anzahl Papierkügelchen auf die Mühlesteine geschossen. Wie viele Mühlesteine werden getroffen? Wie viele Mühlesteine fallen vom Tisch?

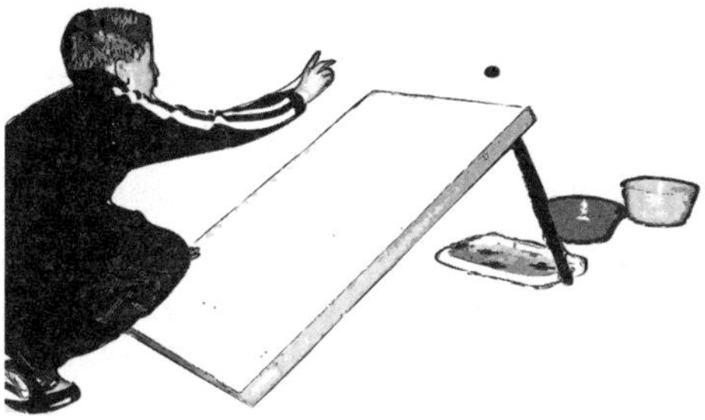

456. Schanzen

Ein langer Klapptisch (Biertisch) wird schräg gestellt. Eine Person muss nun ihren Spielstein so die Schanze hochschießen, dass er über die Schanzenkante hinausschießt und in einen der dahinter stehenden Zielbehälter trifft. Für das Treffen der unterschiedlichen Behälter gibt es verschiedene Punktezahlen. Auf dem Tisch sollte noch markiert sein, bis zu welcher Höhe der Stein geführt werden darf (maximal unteres Tischdrittel).

457. Werfen – Greifen – Fangen

Eine Person hat sechs Spielsteine nebeneinander vor sich liegen. Einen Spielstein wirft sie nun in die Luft und versucht, so viele Spielsteine wie möglich mit der Hand aufzunehmen und anschließend den hochgeworfenen Spielstein wieder aufzufangen, bevor dieser zu Boden fällt.

11.14 Spiele mit Dominosteinen

Ein kleiner Beutel mit Dominosteinen macht sich in jedem Spielekoffer gut, zumal die Steine nicht nur für das klassische Dominospiel verwendet werden können, sondern auch für vielfältige andere Spiele.

458. Dominos legen

Beim klassischen Spiel versucht jeder Mitspieler seine circa 6 erhaltenen Dominosteine anzulegen. Gewonnen hat derjenige, dem das als Erstem gelingt. Wer keinen Stein anlegen kann nimmt einen Stein vom Reservestapel. Solange noch Reservesteine übrig sind, wird ein abgelegter Stein durch einen Reservestein ersetzt.

459. Turm bauen

Wenn alle Gruppenmitglieder von zu Hause Dominosteine mitbringen, dann kann daraus ein großer Turm gebaut werden. Wer baut innerhalb von 1–2 Minuten den höchsten Turm? Höher aber riskanter wird es, wenn die Dominosteine hochkant aufeinandergestapelt werden. Hier sind Technik und eine ruhige Hand gefragt.

460. Jenga-Domino

Das bekannte Jengaspiel – nur halt mit Dominosteinen gespielt. Da diese nicht so einheitlich glatt an der Oberfläche sind, ist diese Variante etwas schwieriger. Aber probieren geht über studieren.

461. Gebäude bauen

Mit einer Vielzahl an Dominosteinen werden Häuser, Brücken und Straßen gebaut. Wer kann innerhalb von 1–2 Minuten ein Haus mit Vorgarten bauen?

462. Labyrinth & Watte pusten

Mit Dominosteinen wird ein Labyrinth aufgebaut. Ein Wattebausch wird mit einem Strohhalm durch das Labyrinth gepustet.

463. Rennstrecke

Mit Dominosteinen wird eine Rennstrecke aufgebaut. Die Dominosteine bilden die Seitenbegrenzungen. Mit einem kleinen ferngesteuerten Auto wird nun diese Strecke (Hindernisse, Slalomparcour etc.) durchfahren. Es wird die Zeit gemessen, die Berührungen der Hindernisse bringt Abzüge.

464. Tasten

In einem schwarzen Säckchen befinden sich fünf Dominosteine mit unterschiedlicher Augenzahl. Durch Tasten müssen alle Augenzahlen zusammengezählt und die Summe genannt werden.

465. Augenzahl merken

Zehn Dominosteine liegen verdeckt auf dem Tisch. Die Gruppenleitung dreht nun schnell einen Stein nach dem anderen um. Sind alle Steine umgedreht, bleiben diese noch 5 Sekunden liegen und werden anschließend in eine bereitgestellte Schachtel vom Tisch geschoben. Die Mitspieler versuchen nun, die jeweiligen Dominosteine zu nennen.

Zum Beispiel: 2 Steine trugen die Augenzahl 1 und 3, 1 Stein trug die Augenzahl 4 und 5 usw. Für jeden richtig genannten Stein gibt es einen Punkt.

466. Schnellrechner

Zehn Dominosteine liegen verdeckt auf dem Tisch. Die Gruppenleitung dreht nun schnell einen Stein nach dem anderen um. Die Mitspieler versuchen, die Augenzahlen der Dominosteine zu addieren und die Summe zu nennen. Gewonnen hat der schnellste Rechner.

467. Dominostaffel

Es wird versucht – wie beim Dominoday zu sehen –, die Steine hochkant so aufzubauen, dass eine Kettenreaktion ausgelöst wird, wenn der erste Stein umgeworfen wird. Welche Gruppe schafft die längste Strecke?

468. Zielwerfen

Dominosteine werden in einen auf dem Boden markierten Kreis mit verschiedenen Punktzahlen geworfen. Dabei wird die Punktzahl mit der Augenzahl des Dominosteines multipliziert. Welche Mannschaft erreicht die höchste Punktzahl?

11.15 Korkenspiele

Korken sind einfach zu besorgen, sie sind leicht und nehmen nicht viel Platz weg: Ideal für jeden Spielekoffer und schnell herausgeholt für ein paar Spiele.

469. Korken mit den Zehen weitergeben

Die Mitspieler jeder Mannschaft sitzen in ca. 50 cm Abstand nebeneinander und haben Schuhe und Socken ausgezogen. Mit den Zehen werden nun Korken von Person zu Person weitergegeben. Gewonnen hat die Mannschaft, die die meisten Korken innerhalb einer bestimmten Zeit von der Startlinie in ein Zielgefäß am Ende der Mannschaft befördern konnte. Es darf kein Gruppenmitglied übersprungen werden.

470. Korkenturm bauen

Die Gruppe versucht, so viele Korken wie möglich als Turm übereinander zu stapeln. Der Turm muss fünf Sekunden stehen bleiben. Für jeden verwendeten Korken gibt es einen Punkt.

471. Korken umkegeln

In 150 cm Entfernung werden zehn Korken auf dem Boden nebeneinander gestellt. Mit einem TT-Ball oder mit Mühlesteinen müssen diese Korken umgekegelt werden (insgesamt fünf bis zehn Schüsse). Für jeden umgeworfenen Korken gibt es einen Punkt.

472. Korken abschießen

In 150 cm Entfernung werden zehn Korken nebeneinander aufgestellt. Mit einem Gummiband und zehn Papierkügelchen muss der Mitspieler (die Gruppe) alle Korken abschießen. Für jeden umgeworfenen Korken gibt es einen Punkt.

473. Korken im Wasser einsammeln

100 Korken werden in einen kleinen Wasserpool oder ins Nichtschwimmerbecken geworfen. Die Gruppe muss nun versuchen, in 60 Sekunden so viele Korken wie möglich wieder einzusammeln und in ein Gefäß zu werfen. Steht kein Wasser zur Verfügung, können die Korken auch im Gruppenraum verteilt werden.

474. Korken in Schüsseln werfen

Drei Schüsseln stehen in 1, 2 bzw. 3 m Entfernung. Die Gruppe hat nun die Aufgabe, zehn oder mehr Korken in diese Schüsseln zu werfen. Es gibt einen

Punkt für jeden Korken in der ersten Schüssel, zwei Punkte für die Korken in der zweiten und drei Punkte für die in der dritten Schüssel.

475. Korkenschiffchen-Wettrennen

Aus zehn Korken, Streichhölzern, Schaschlikspießen und einem Blatt Papier baut jeder (die Gruppe) ein Schiffchen. Anschließend wird ein Schwimm- und Segelwettbewerb gestartet. Das schnellste Schiffchen oder das, das am weitesten gesegelt ist, gewinnt.

476. Korken-Rollbrett

Eine Person bewegt sich auf einem Brett vorwärts. Als Rollen werden Korken verwendet, die immer wieder vorne unter das Brett gelegt werden, so dass er darauf vorwärts rollen kann.

11.16 Spiele mit Kisten, Eimern oder Dosen

Für diese Spiele werden eine größere Anzahl Bier- oder Getränkekisten, (leere) Konservendosen oder stabile Eimer benötigt. Als Ersatz könnten aber auch große Rundhölzer verwendet werden.

477. Kisten-Rennen

Mit Hilfe von vier Getränkekisten müssen drei bis vier Personen gleichzeitig eine Strecke von 5–10 m zurücklegen, ohne mit den Füßen den Boden zu berühren.

VARIANTE: Wenn das zu schwer ist, dann versucht eine Person mit drei bis vier Kisten die Strecke so schnell wie möglich zurückzulegen.

478. Bierkisten-Hopping

Jeder setzt sich auf eine Bierkiste. Auf Kommando hüpfen (nicht rennen!) alle los.

479. Bierkisten-Treppe

Bierkisten werden treppenförmig (maximal drei bis vier Etagen) aufgebaut. Diese Treppe kann in einen Hindernisparcours eingebaut werden.

480. Wie viele Personen passen auf eine Kiste?

Wie viele Personen können gleichzeitig auf einem Bierkasten 15 Sekunden lang stehen?

481. Konservendosen balancieren

Wie viele Konservendosen können übereinander balanciert werden? Wie viele Konservendosen fallen herunter?

482. Konservendosen-Lauf

Fünf Konservendosen stehen zur Verfügung. Wer kann eine Wegstrecke von 10 m damit am schnellsten zurücklegen, ohne mit den Füßen den Boden zu berühren?

483. Schräge Dosen

Auf einer glatten, ebenen Unterfläche werden leere Getränkedosen schräg aufgestellt. Dies erfordert eine ruhe Hand und etwas Geschicklichkeit.

484. Schwimmender Dosenstapel

Benötigt wird eine Wanne mit Wasser, ein Plastikteller, der schwimmt, sowie 3–4 leere Getränkedosen. Den Teller vorsichtig auf das Wasser legen. Aufgabe ist es nun, auf den Teller 3–4 leere Dosen übereinander zu stapeln, ohne dass der Stapel umstürzt oder der Teller im Wasser versinkt.

485. Spagetti-Dosentransport

Eine lange Spagetti Nudel wird durch die Öffnungsbügelöse einer leeren Aluminiumdose gesteckt. Auf Kommando müssen nun zwei Spieler das jeweilige Ende des Spagettis in den Mund nehmen, um die Dose von A nach B zu transportieren und diese dort abzustellen, ohne dass diese umfällt. Das Spiel benötigt etwas Koordination der beiden.

486. Dosenkicker

Anstatt einen Ball auf eine Torwand zu kicken, müssen leere Getränkedosen in einen aufgestellten Korb gekickt werden. Es wird die Anzahl der Dosen gezählt, die innerhalb einer Minute im Korb landeten.

VARIANTE 1: Mit einem Golfschläger oder Holzstock muss die Dose über einen Parcours in ein Ziel gelangen.

VARIANTE 2: Die Dose so weit wie möglich kicken, oder wegschlagen.

487. Dosen abschießen

Das klassische Dosenwerfen darf natürlich nicht unerwähnt bleiben. Auf einem Tisch werden 6 bis 15 Dosen zu einer Pyramide aufgebaut (oder sie stehen nebeneinander). Nun werden sie aus 2–5 Metern Entfernung mit einem Tennisball abgeschossen. Wie viele Dosen werden vom Tisch geschossen?

VARIANTE: Es wird versucht, die Dosen mit einem Gummi und Papierkrampen zu treffen.

488. Füße und Hände im Eimer

Auf allen vieren über den Boden krabbeln, wobei die Füße und Hände jeweils in einem Eimer stecken. Wer ist der/die Schnellste?

489. Eimer-Stock-Staffel

Bei diesem Staffelspiel wird ein Eimer über einen Stock gestülpt. Dem gegenüberstehenden Mitspieler wird der Eimer übergeben, indem dieser ihn mit seinem Stock aufnimmt. Das Ganze kann auch in einen Hindernisparcours eingebaut werden (z. B. unter einem Tisch durchkriechen, über eine Hürde springen usw.). Wichtig ist, dass der Eimer nie mit den Händen berührt werden darf, sondern nur mit dem Stock aufgenommen bzw. weitergegeben wird.

490. Eimer-Turm

Aus Eimern wird ein Turm gebaut. Entweder werden die Eimer jeweils Unterseite auf Unterseite, Oberseite auf Oberseite abwechselnd aufeinander gestapelt, oder zwischen die Eimer wird jeweils ein Brett oder Karton gelegt.

11.17 Spiele mit Schrauben & Muttern

Schrauben sammeln sich in jedem Haushalt an, aber es gibt auch große Packungen preiswert im einschlägigen Baumarkt, so dass das benötigte Material für wenig Geld und Aufwand zu besorgen ist. In einer geeigneten Blechbüchse oder verschiedenen Plastikboxen lassen sich diese Spielmaterialien gut in einer Spielekiste unterbringen.

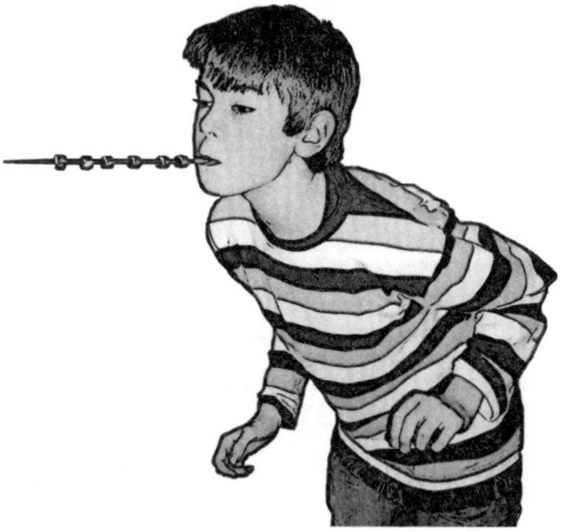

491. Muttern-Schaschlik

Es werden zehn Muttern nebeneinander an der Tischkante platziert. Der Mitspieler bekommt einen langen Schaschlikspieß. Diesen nimmt er in den Mund und versucht, eine Mutter nach der anderen mit seinem Schaschlikspieß aufzunehmen.

492. Schraubentransport

Eine große lange Schraube muss von A nach B transportiert werden. Die Schraube liegt auf dem Ausgangspunkt quer über einem Holzklotz. Zwei Mitspieler halten gemeinsam zwei Schnüre. Mit Hilfe der Schnüre müssen sie nun die Schraube vom Klotz aufnehmen und die Schraube in ein Glas befördern, das ca. 2–3 Meter entfernt steht. Natürlich dürfen die Hände nur die Enden der Schnüre berühren. Ein tolles Geschicklichkeits- und Kooperationsspiel!

493. Holzschrauben reindrehen

Bei diesem Spiel werden nicht Nägel eingeschlagen, sondern Schrauben unterschiedlicher Länge und Größe mit Schraubenziehern in einen Holzbalken reingedreht.

Der Schwierigkeitsgrad kann durch Anzahl und Länge der Schrauben erhöht werden sowie ggf. durch die Härte des Holzes.

494. Holzschrauben rausdrehen

Ist das vorherige Spiel beendet, dann kann man das Spiel rückwärts spielen. Nun müssen alle unterschiedlichen Schrauben mit den jeweils geeigneten Schraubenziehern wieder herausgedreht werden.

495. Schrauben & Muttern

Für dieses Spiel werden verschiedene Schrauben und die dazu passenden Muttern benötigt. Die Aufgabe besteht darin auf Kommando so schnell wie möglich zu jeder Schraube die passende Mutter zu finden und bis zum Anschlag reinzudrehen. Wem gelingt dies am schnellsten?

496. Schrauber vom Dienst

Mit einem Akkuschrauber sollen innerhalb von einer Minute so viele Schrauben wie möglich in einem Stück Holz versenkt werden.

VARIANTE: Aufgabe ist es, mit dem Schrauber so viele Dinge wie möglich (Holzstücke, Pappstücke) mit Hilfe von Schrauben an einem Stück Holz zu befestigen.

497. Schrauben sortieren

Für dieses Spiel werden ca. 10–15 verschiedene Schraubentypen bzw. unterschiedliche Schraubenlängen benötigt. Von jeder Sorte ca. 10 bis 20 Stück. Alle Schrauben kommen in einen Eimer. Auf Kommando müssen nun alle Schrauben passend zueinander sortiert werden. Am besten in einen Sortierkasten. Wem gelingt diese Aufgabe am schnellsten?

498. Schrauben-Muttern-Staffel

Der erste Spieler dreht eine Mutter in die Gewindestange einer Schraube bis zum Anschlag. Anschließend wird die Schraube an den zweiten Spieler übergeben, der die Mutter nun wieder rausdreht, um Schraube und Mutter an den nächsten Spieler zu übergeben.

Welches Team ist am schnellsten? Die Spielleitung muss darauf achten, dass die Mutter jeweils bis zum Anschlag gedreht wird.

499. Mutternkette

Für dieses Spiel werden sehr viele Muttern benötigt (ca. 100). Auf Kommando müssen diese Muttern auf eine Schnur gefädelt werden. Wem gelingt dies am schnellsten?

500. Mutternturmbau

Aus einer großen Anzahl an identischen (oder auch unterschiedlichen) Muttern sollen so viel wie möglich Muttern übereinandergestapelt werden.

Wer kann die meisten Muttern übereinanderstapeln? Wem gelingt der höchste Turm (falls unterschiedliche Muttern verwendet werden)?

501. Muttern-Pyramide

Es werden viele Muttern derselben Größe benötigt. Auf Kommando sollen nun viele Muttern (hochkant) zu einer Pyramide aufgestapelt werden.

502. Schraubenturm

Anstatt Muttern müssen Schrauben übereinandergestapelt werden. Wem gelingt es innerhalb von 60 Sekunden so viele Schrauben wie möglich übereinander zu stapeln?

503. Etagenbau

Für dieses Spiel werden viele Schrauben gleicher Länge und Bierdeckel oder CDs benötigt. Die Aufgabe besteht darin vier Schrauben hochkant aufzustellen, um darauf einen Bierdeckel zu legen. Nun erfolgt die nächste Etage. Auf den Bierdeckel werden wieder vier Schrauben hochkant gestellt, um den nächsten Bierdeckel zu legen.

Wem gelingt es innerhalb von 5 Minuten, den höchsten Turm mit den meisten Etagen zu bauen?

504. Schrauben abschießen

Auf einem Brett werden zehn Schrauben platziert. Aus zwei Meter Entfernung müssen die Schrauben nun mit Hilfe eines Gummis und Papierkrampen vom Brett geschossen werden.

505. Schrauben schnipsen

Auf einem glatten Tisch werden zehn Schrauben mit gewissem Abstand platziert. Aus zwei Meter Entfernung werden die Schrauben nun mit Hilfe von mit den Fingern angeschnipsten Mühle-Dame-Spielsteinen vom Brett geschossen. Statt mit Spielsteinen funktioniert das Spiel auch mit Münzen.

506. Muttern-Seilbahn

Zwei Mitspieler halten eine Schnur von 2–3 Meter Länge. Der eine Spieler fädelt eine Mutter auf das Seil und lässt die Mutter nun zum anderen Spieler herunterrutschen. Dieser nimmt die Schraube und legt sie in einen Becher.

VARIANTE: Statt sie in einen Becher zu legen müssen die Schrauben bei Ankunft gestapelt werden.

Wie viele Schrauben können über die »Seilbahn« befördert werden?

11.18 Spiele mit Radschläuchen und Autoreifen

Die nachfolgenden Spiele werden mit Ringen, Reifen oder Radschläuchen gespielt. Radschläuche oder alte Reifen gibt es fast auf jedem Autoschrottplatz oder beim Reifenhändler. Mit Flickzeug kann auch ein kaputter Radschlauch wieder verwendbar gemacht werden.

507. Radschlauchrolle durchkriechen

Circa sechs bis zehn Radschläuche werden mit Schnur oder starkem Klebeband zu einer langen Radschlauchrolle fixiert. Durch diese Radschlauchrolle müssen die Mitspielenden durchkriechen. Die Radschlauchrolle kann auch bei einem Hindernisparcours eingebaut werden.

508. Ein Radschlauch tut's auch ...

Wer keinen Ball hat, um »Ball über die Schnur« zu spielen, der probiert dies einmal mit einem Radschlauch aus. Das gilt auch für Rugby. Ob der Schlauch das aushält?

509. Reifenschuhe

Bei diesem Staffelspiel steht eine Person mit jedem Fuß in einem Reifen und muss nun die beiden Reifen mit den Füßen über die Strecke zum in einiger Entfernung stehenden Teammitglied schleifen. Die Füße müssen in den Reifen bleiben, sie dürfen nicht gekickt werden.

510. Traktorschlauch-Hüpfen

Ein großer Traktorschlauch wird senkrecht aufgestellt, und eine Personsetzt sich in den Schlauch und hüpft in dieser Haltung vorwärts. Das ist gar nicht so einfach, da der Schlauch immer senkrecht stehen sollte und außer mit den Füßen kein Bodenkontakt stattfindet. Lustig kann's werden, wenn die Hindernisstrecke bergauf oder bergab führt.

511. Ein Ring – ein Paar

Jedes Paar wird von einem Fahrradschlauch zusammengehalten. Welches Paar ist beim Wettlauf am schnellsten?

512. Durch den Reifen

Jedes Team stellt sich in einer Linie auf. Beginnend bei der ersten Person steigen alle durch einen Ring (Hulahoop-Ring, Radschlauch oder alter Autoreifen). Welche Gruppe ist am schnellsten durch?

VARIANTE: Der Reifen hängt in etwa 70 cm Höhe.

12. Spiele für Partys, Feste und Feiern

12.1 Spiele zum Kindergeburtstag

Diese Spiele für einen Kindergeburtstag sind nur einige Vorschläge, die aus den anderen Rubriken – vor allem den Luftballonspielen oder den Zeitungsspielen – ergänzt werden können. Wer Spiele für einen Kindergeburtstag sucht, findet in diesem Buch leicht über 200 geeignete Ideen.

513. Nimm alles

Aus einer Entfernung von 2–3 m müssen Bonbons in einen Eimer, der auf einer ausgebreiteten Decke steht, geworfen werden. Nur wer diesen Eimer trifft, darf alle Bonbons, die auf der Decke liegen, nehmen. Die Entfernung sollte so bemessen sein, dass nicht jeder Treffer in den Eimer geht, aber dass es auch nicht unmöglich ist. Mit etwas Glück kann man so einige Süßigkeiten abräumen.

514. Fisch dir was Süßes!

An Bonbons wird jeweils eine Büroklammer befestigt. Die Bonbons mit der Büroklammer werden in ein Gefäß gelegt. Mit einer Angel, an der sich ein Magnet befindet, darf nun jedes Kind mit drei Versuchen Bonbons aus dem Gefäß angeln.

515. Süßigkeiten-Transport

In 10 m Entfernung steht eine Schüssel mit Bonbons. Jedes Kind bekommt einen Löffel. Mit dem Löffel darf sich jedes Kind innerhalb einer Minute so viele Bonbons wie möglich holen und ins Ziel bringen. Heruntergefallene Bonbons dürfen nicht wieder aufgenommen werden. Es zählen nur Bonbons, die ins Ziel gebracht werden.

516. Wirrwarr

Ein schönes Spiel für einen Geburtstag oder eine Feier, wenn jedes Kind einen Preis bekommen soll. Jeder Preis wird mit einer langen, bunten Schnur (Wollfaden) versehen, irgendwo im Raum versteckt und die lange Schnur kreuz und quer durch den Raum gespannt. Dadurch entsteht ein richtiges Wirrwarr. Jedes Kind bekommt nun jeweils einen Schnuranfang in die Hand und muss die Schnur auf einem Bleistift oder einer Toilettenpapierrolle aufrollen bis zum Ende des Fadens, wo sich das Geschenk befindet.

517. Konfetti-Spaß

Jedes Kind bekommt einen Luftballon. In jedem Ballon befindet sich eine ordentliche Portion Konfetti. Der Luftballon wird nun aufgeblasen, bis er platzt (oder er wird zum Platzen gebracht – das kann gerade bei jüngeren

Kindern notwendig sein). Wenn alle gleichzeitig zum Platzen gebracht werden, regnet es Konfetti.

518. Lose, Lose, Lose!

In jeden Luftballon wird ein Zettel mit einer Aufgabe oder einem kleinen Gewinn gesteckt. Der Luftballon wird aufgeblasen. Jedes Kind nimmt sich einen Luftballon, setzt sich auf den Luftballon, bis er platzt, und erfüllt die Aufgabe oder bekommt den entsprechenden Preis. Dieses Spiel eignet sich z. B. als »Losentscheid«, um zu entscheiden, wer als Freiwilliger für das nächste Spiel an der Reihe ist. Und jeder kommt somit auch mal an die Reihe.

519. Eier schlagen

Vier bis fünf Freiwillige werden gesucht. Auf dem Tisch liegen vier bis fünf Eier. Den Freiwilligen wird nun gesagt, das ein Ei darunter ist, welches roh ist, die anderen sind alle hart gekocht. Jeder muss nun der Reihe nach ein Ei nehmen und es dem anderen auf die Stirn klopfen, so dass es zerbricht. Derjenige, der ein rohes Ei bekommt, ist der Mutigste. Da alle Eier hart gekocht sind, bekommt der letzte Spieler, bevor das Ei zerbrochen wird, den Preis. Das Spiel eignet sich gut als Einlage kurz vor dem Abendessen, wenn es für jeden Teilnehmer sowieso ein Ei gibt.

12.2 Spiele für Partys

Die folgenden Spiele lassen sich gut auf einer Party spielen. Sie können natürlich auch bei einen ganz normalen Spieleabend zum Einsatz kommen.

520. Halstuch binden

Wer kann einer zweiten Person ein Halstuch mit nur einer Hand umbinden und zuknoten?

521. Eier absetzen

Zwei Personen stehen Rücken an Rücken. Zwischen ihren Hinterteilen halten beide ein Ei (oder einen Softball) eingeklemmt. Dieses Ei muss nun auf den Boden abgesetzt werden, ohne dass es zerbricht.

522. Sing es noch einmal

Ein Spiel für eine etwas ältere Gruppe. Die ganze Gruppe bekommt 10–20 Minuten Zeit für die Vorbereitung. Jede Gruppe muss ein Lied dichten, das die folgenden Situationen beschreibt: Das Gefühl nach dem ersten Kuss, das Gefühl nach der ersten Nacht, die Erinnerungen an die Hochzeitsnacht, die Jahre danach, 50 Jahre später.

523. Was? Wann? Wo?

Dieses Spiel wird auch gerne als Hochzeitsspiel verwendet. Verschiedene Fragen zu dem Paar werden erst dem einen, dann dem anderen Partner, der vor der Tür warten musste, gestellt, z. B. »Was für Wetter war, als ihr euch das erste Mal geküsst habt? Welcher Tag in der Woche war das? Wann hast du deinem Partner das letzte Mal Blumen geschenkt?« usw.

524. Wer bist denn du?

Es werden Paare gebildet. Dann werden allen die Augen verbunden. Der Partner muss an den Handflächen (oder den Waden) erkannt werden.

525. Apfel halten

Jedes Tanzpaar hält einen Apfel zwischen der Stirn und muss tanzen, ohne den Apfel fallen zu lassen.

VARIANTE: Auf Kommando der Spielleitung hin zwei Schritte nach vorn, drei zurück, zwei seitwärts usw.

526. Inselspiel

Immer zwei Personen bilden ein Paar. Jedes Paar erhält ein Zeitungsblatt, stellt sich darauf (auf seine kleine Insel) und tanzt zu Musik. Nach jedem Lied wird die Insel kleiner und kleiner (das Zeitungsblatt jeweils halbieren). Wer tanzt am längsten zusammen auf der Zeitung, ohne danebenzutreten?

527. Der letzte Schrei

Jedes Team bekommt eine Zeitung, Schere, Nadel und Faden oder Klebeband. Daraus wird nun innerhalb von ein paar Minuten ein cooles Abendkleid oder ein schicker Abendanzug geschneidert, der selbst die Modeschöpfer von Paris und New York in den Schatten stellt!

528. Bauchtanz

Jeder, der meint, er beherrscht diesen Bauchtanz, darf mitmachen. Ein Stab wird zwischen zwei Stühle oder Tische gelegt. Der Stab muss nun mit dem Bauch aufgenommen werden, ohne dass er zu Boden fällt. Anschließend muss der Bauchtänzer eine Drehung vollführen und den Stab wieder auf den Stühlen/Tischen ablegen.

529. Haben oder nicht haben

Die Gruppe sich in zwei Kreisen auf; einem inneren und einem äußeren. Beide Kreise bewegen sich gegenläufig. Die Musik stoppt und die Spielleitung fragt: »Hat dein Gegenüber eine Nase?« Alle antworten: »Ja«. Daraufhin halten sich die jeweiligen Partner an den Nasen und tanzen so weiter bis zum nächsten Stopp. Dann wieder kurz gegenläufig weitertanzen bis zu einem weiteren Stopp. Diesmal lautet die Frage: »Hat dein Gegenüber ein Knie (Hüfte, Ferse, Hintern, Ohren usw.)?«

530. Und Action!

Zuvor muss ein kreisförmiges Spielfeld mit etwa 32 nummerierten oder beschriebenen Feldern erstellt werden. Es werden ein paar »Ereignisfelder« definiert, ein paar »Actionfelder« usw., auf denen dann Fragen oder Aufgaben, die von den entsprechenden Kärtchen abgelesen werden, gestellt werden, z. B. »Dein Nachbar muss dir eine Rückenmassage geben«, »Erzähl, was dir an deinem/r Partner/in gefällt«, »Sing ein Lied für …« usw.

Jeder Mitspieler startet mit seiner Spielfigur. Reihum wird gewürfelt und die entsprechenden Felder vorgerückt.

531. Herzenstanz

Auf den Boden werden ausgeschnittene Herzen innerhalb eines Kreises gelegt, ein Herz weniger als Personen im Raum. Sobald die Musik stoppt, muss sich jeder auf ein Herz stellen. Die letzte Person, die ein Herz findet, gewinnt.

532. Lippen

An eine Wand wird ein Bild von einer Person gehängt. Ein Mitspieler bekommt die Augen verbunden und muss nun versuchen, mit einer Nadel einen ausgeschnittenen Kussmund an das Poster zu pinnen. Diejenige Person hat gewonnen, der es gelingt, den Mund auf dem Bild am besten zu treffen.

533. Finde deinen Partner

Für jede Person wird ein Bild oder Symbol vorbereitet und in zwei Hälften geschnitten. Die eine Hälfte behält jede Person selbst, die andere Hälfte wird in ein Gefäß geworfen. Jedes Gruppenmitglied nimmt sich daraus eine Hälfte. Aufgabe ist es nun, die passende zweite Hälfte zu finden. Daraus ergeben sich nun die jeweiligen Paare für das nächste Spiel oder den nächsten Tanz.

13. Darstellende Spiele

13.1 Stegreiftheater

Die hier aufgeführten Spielszenen sind Spielanregungen und können nach Belieben abgewandelt werden. Ebenso können eigene Szenen als Stegreifspiel entwickelt werden, die Anekdoten aus der Gruppe oder dem Lagerleben pointiert wiedergeben.

534. Tierbändiger und Löwe oder: Im Zirkus

Mitspieler: Zirkusdirektor/-direktorin, drei Tierbändiger/innen, die zunächst unter den Zuschauern sitzen. Ein »Löwe«, der hinter einem Vorhang brüllt. Außer dem Brüllen des Löwen und dem Geschrei der Tierbändiger ist das Spiel stumm.

1. Szene: Die Direktorin tritt vor den Vorhang und heftet an die Decke ein Schild: »Löwenbändiger gesucht!« Ein Mitspieler meldet sich. Die Direktorin entfernt glücklich das Schild und stellt den Neuen vor. Der neue Löwenbändiger verbeugt sich und geht hinter den Vorhang. Dort brüllt der Löwe und der Löwenbändiger schreit ein paar Mal auf. Über die Decke fliegen in den Zuschauerraum hintereinander etwa ein Schuh, eine Jacke, ein Pullover, ein paar Strümpfe usw.

2. Szene: Die Direktorin erscheint wieder mit hängendem Kopf und hängt das Schild abermals auf. Darauf wiederholt sich alles wie bei Szene 1.

3. Szene: Zunächst alles wie bei 1 und 2. Der dritte Löwenbändiger – eine ganz kleine Person – geht hinter den Vorhang. Dort ertönt plötzlich wildes Gebrüll des Löwen. Schließlich fliegt der Schwanz des Löwen über den Vorhang (den Schwanz kann man aus einem dicken Strick drehen).

4. Szene: Es erscheint die Direktorin und hängt ein Schild auf: »Ich suche einen neuen Löwen!«

535. Seiltanz

Personen: Seiltänzer/-tänzerin, dazu vier bis fünf Gehilfen/Gehilfinnen. Außerdem braucht man 2–3 m lange, glatte und nicht zu dünne Stangen, eine Anlegleiter, ein dickes Seil (evtl. Wäscheleine) und einen Regenschirm.

Der Seiltänzer erscheint dick angezogen (Turnzeug, Pullover, Hose und Jacke, Mantel). Er macht die üblichen Verbeugungen zum Publikum und geht auf das Seil zu. Das Seil ist zwischen den zwei langen Stangen gespannt und in etwa 2–3 m Höhe angebracht. Die Stangen werden von den Gehilfen gehalten. Ein Gehilfe legt eine Leiter an eine der Stangen. Der Seiltänzer steigt langsam hinauf, probiert das Seil mit dem Fuß, schüttelt mit dem Kopf und steigt die Leiter wieder hinunter. Die Gehilfen legen die Stangen um und ziehen das Seil einen halben Meter tiefer. Der Seiltänzer legt inzwischen den Mantel ab. Darauf wiederholt sich das Spiel: Leiter rauf, Seil probieren, Leiter runter, einen halben Meter tiefer, Seiltänzer zieht die Jacke aus usw., bis er in seiner Sportbekleidung dasteht. Das Seil liegt auf dem Boden. Er spannt den Regenschirm auf und geht stolz über das Seil, vorsichtig und mit stelzenden Schritten, wie ein Storch. – Beifall!

Die Szene könnte mit ein paar Musikinstrumenten begleitet werden. Bei jedem Versuch wird ein Tusch gespielt.

536. Biblische Geschichten spielen

Biblische Geschichten lassen sich sehr gut mit Gruppen spielen, egal ob die Geschichte von Zachäus, vom guten Vater, von den Jüngern im Sturm oder die Verleugnung von Jesus durch Petrus. Bei allen Geschichten setzen sich die Gruppenmitglieder mit der jeweiligen Geschichte auseinander und versuchen, diese nachzuspielen. Ob eine Sprecherrolle die gespielte Geschichte erläutert oder die Schauspieler selbst die Texte sprechen, bleibt der Gruppe bzw. der Spielleitung überlassen.

537. Playback-Show

Je drei bis vier Gruppenmitglieder bilden eine Band und suchen sich ein Musikstück aus. Ggf. kann eine entsprechende Verkleidung für das passende und coole Outfit sorgen. Gewonnen hat die Band, der es gelingt, die beste, originellste und passendste Show zum abgespielten Musiktitel darzubieten.

538. Märchen nachspielen

Bekannte Märchen werden von der Gruppe gespielt. Dabei kann die Gruppe das Märchen auch in die heutige Zeit übertragen oder verschiedene Märchen miteinander kombinieren.

13.2 Sketche

Sketche eignen sich hervorragend für einen abwechslungsreichen Showabend auf einem Ferienlager. So gut wie alle Teilnehmer und Teilnehmerinnen der Freizeit sind involviert und können bei dem einen oder anderen Sketch mitmachen. Hier sind Vorschläge für ein paar bewährte, schnell geprobte Sketche zusammengestellt. Je nach Talent in Mimik, Komik und sprachlichem Witz kommen die Sketche unterschiedlich gut an.

539. Die Riesenschlange

In einem langen Tuch (Bettlaken, Decke oder Plane) stecken zwei Personen, die eine große Schlange darstellen. Der Dompteur stellt die Schlange vor. Diese wird immer unruhiger und hat einen Riesenhunger. Ein Zuschauer wird starr vor Schreck verschlungen. Doch nach kurzer Zeit wird der Mitspieler völlig zersaust wieder ausgespuckt – er war zu zäh und ungenießbar. Die Schlange findet einen neuen Zuschauer. Nach kurzer Zeit fliegen Hose, Schuhe, Hemd usw. aus dem Mund. Die Schlange ist nun satt und schlängelt sich zufrieden von dannen.

540. Der Flohzirkus

Es wird eine einzigartige Flohdressur angekündigt. Der Flohdompteur betritt die Bühne und stellt seine Lieblinge vor. Es folgen die tollsten Darbietungen. Aber plötzlich will sein Lieblingsfloh Gustav nicht mehr und entschwindet. Voll Verzweiflung sucht der Flohdompteur nun seinen Floh und wird letztendlich im Publikum fündig. Er stellt beim näheren Betrachten jedoch fest: »Das ist nicht mein Gustav!«

541. Die Lügenmumie

Beim Bunten Abend kündigt die Spielleitung dem Publikum einen altägyptischen Lügendetektor an, die Lügenmumie. Sie wird, gestützt von zwei Helfern, hereingeführt. Die Spielleitung stellt dem Publikum Fragen (z. B. »Hast du schon heimlich geraucht? Wie oft putzt du dir die Zähne?«) Bei jeder Antwort, die – nach Meinung der Lügenmumie – nicht ganz der Wahrheit entspricht, wackelt sie mehr oder weniger bedenklich. Als ein prominenter Zuschauer auf eine halbwegs heikle Frage antwortet, fällt sie gänzlich um.

VARIANTE: Der Sohn/die Tochter kommt nach Hause. Die Mutter befragt ihn/sie nach dem Ergebnis der Mathe-Arbeit. Nach langem Hin und Her kommt immer noch keine Note heraus. Da lässt die Mutter die Lügenmumie hereinführen. Sie wackelt so lange, bis der Sohn/die Tochter die Fünf zugibt. Alsbald kommt der Vater hinzu, der wegen der Fünf ein großes Lamento macht. Schließlich stellt er fest: »Ich habe früher in Mathe niemals eine Arbeit schlechter als Zwei geschrieben.« Da fällt die Mumie um.

542. Falschgeld

Zwei Knastbrüder in gestreiften Jacken (evtl. Schlafanzüge) unterhalten sich, warum sie einsitzen. Der erste wegen Beamtenbestechung (leider mit Messer), der zweite hat Falschgeld gedruckt: Zuerst 10-Euro-Scheine, dann 20er, schließlich 30-Euro-Scheine – als Geschäftsvergrößerung!

543. Der »Penner« – Pantomime

Eine Oma sitzt zufrieden auf der Parkbank und strickt. Dann setzt sich ein junges Paar dazu und tauscht ungeniert Zärtlichkeiten aus. Die Oma ist davon nicht begeistert und schüttelt den Kopf. Dann macht sich ein »Penner« breit und kratzt sich am Kopf, am Körper, sucht seine Haare ab usw. Die Oma reißt aus, schließlich auch das Pärchen. Der »Penner« breitet sich auf der Bank aus, legt die Beine hoch und hört auf, sich zu kratzen. Sein Schlusskommentar: »Läuse hab' ich keine – doch 'ne Bank für mich alleine!«

544. Fliege

Eine Fliege summt umher (summendes Geräusch). Die Person versucht die Fliege zu fangen, was aber nicht einfach ist. Letztendlich gelingt es mit Hilfe eines Glases. Die Person schluckt dann die Fliege hinunter in der Hoffnung, dass mit dem Rumgesumme endlich Schluss ist. Pech gehabt! Die Fliege summt im Bauch weiter (wieder summende Geräusch, nur etwas gedämpfter).

545. Gewichtheben

Verschiedene Gewichte (Kartons, große Wasserkanister, große Bleikugel aus schwarzem Pappmaschee) stehen zur Auswahl. Nun wird großartig der stärkste Mann im Ort verkündet, der einen Weltrekord im Gewichtheben versuchen möchte. Der Meister versucht sich umständlich an den Gewichten. Erst nach mehrmaligem Versuchen und stärkster Kraftanstrengung gelingt es endlich, die Gewichte zu stemmen. Das Publikum spendet heftigen Applaus. Danach Abgang des neuen Weltrekordhalters. Es betritt ein sehr kleiner Gehilfe die Bühne und trägt die Gewichte mühelos alle auf einmal weg.

13.3 Pantomimen

Mit Pantomimen kann man verschiedene Spiele gestalten. Einige Begriffe, die sich besonders gut für eine pantomimische Darstellung eignen, sind im Folgenden aufgelistet:

546. Pantomime-Themen

Achselschweiß, Affentheater, am Computer arbeiten, angeln, Armdrücken, Arzt, aufstehen, ausziehen, Auto fahren, Autoreparatur, Baby, Bär, betrunkene Ballerina, Bierfass, Bild malen, Blaumeise, Bleifuß, Brief schreiben, Brustschwimmen, Burgturm, Burgfräulein, den Tisch decken, der erste Kuss, Detektiv, Dickkopf, Dirigent, Dompteur, Drehwurm, Eisbär, Elefantenwäsche, Eskimo, Essen kochen, Fahrrad fahren, Federball spielen, Federhalter, Fee, fernsehen, Fernseher, Flaschenhals, Fliegenfänger, Flohzirkus, Flügelschlag, Folterkammer, Fotomodell, Friseuse, fröhlich, Frosch, Fußball spielen, Fußball, Fußballer, Fußpilz, Gabelstapler, gelangweilt, Geld wechseln, Gitarre spielen, Handschuh, Handstock, Haarföhn, Herzensbrecher, Hexe, Hosenträger, Indianer, ins Kino gehen, ins Museum gehen, joggen, Kaffee kochen, Kameltreiber, Känguru, Karten spielen, Käsefüße, Kellnerin, Klavier spielen, Kleid nähen, Klobrille, Kniebank, Knopf, Kommissar X verfolgt und stellt einen Gangster, Kopfschmerzen, Kreissäge, Krimi lesen, Kuchenbacken, Kuhglocke, Kurschatten, Lachsack, Landung einer Flugente auf einem gefrorenen See, Löwenkampf, Lehrerin, Leichengruft, Mantel anziehen, Masseur, Marilyn Monroe, Matrose, Maus, Messerwerfer, Mönch, Morgengymnastik machen, Motorrad starten, Müllmann, Muskelzucken, Nagelkopf, Nasenbohrer, Obstmesser, Otto, Old Shatterhand und Winnetou, Papas Liebling, Pferd, Pistolenduell, Politiker, Putzfrau, Rambo, Reifenpanne, Reißverschluss, Reiterin, Rennfahrer, Riese, Rittermahl, rudern, Säufer, Schach spielen, Schaffner, Scheibenwischer, Schlittschuh laufen, Schmetterlingsjäger, Schneider fertigt einen Maßanzug an, Schornsteinfeger, Schweißfüße, schwimmen, Schuster, sich abtrocknen, sich anziehen, sich duschen, sich frisieren, sich parfümieren, sich rasieren, sich schminken, sich sonnen, sich waschen, sich wiegen, Sockenhalter, Sonnenblume, Sphinx, Springmaus, Spion, Stammhalter, Statue, Strümpfe stopfen, Surfer, tanzen gehen, Taube, Tänzerin, telefonieren, Testesser, Tierwärter wäscht einen Elefanten, Tischtennis spielen, Toilette, traurig, Vater legt ein Baby trocken, Verkehrspolizist, Volleyball spielen, Wagenheber, wandern, Wandervogel, sich waschen, Wrestler, Zähne putzen, Zitronenfalter, zum ersten Mal verliebt, Zugbrücke, Zuschauer bei einem Fußballspiel (vor dem Fernseher) usw.

547. Einfache Begriffe darstellen

Es werden einfache Begriffe auf einem Zettel der jeweiligen Person gezeigt, die diese dem Publikum vorspielen muss. Welche Gruppe bzw. Person aus dem Publikum errät zuerst, welcher Begriff gespielt wurde?

548. Zusammengesetzte Wörter darstellen

In dieser Runde werden zusammengesetzte Wörter als Begriffe gewählt, ggf. wird der jeweilige Begriff von zwei Personen gespielt.

549. Pantomimen-Kette

Vier Freiwillige gehen vor die Tür. Für die erste Person wird eine pantomimische Szene dargestellt, diese stellt sie dem Nächsten dar usw. Weiß der Letzte, was dargestellt wurde?

550. Koffer-Pantomime

Das bekannte Kofferpacken, jedoch mit dem Unterschied, dass nicht gesagt wird, was eingepackt wird, sondern der Begriff pantomimisch dargestellt wird. Es müssen jeweils alle Begriffe wiederholt werden, bevor etwas Neues eingepackt wird.

551. Spiegelbild-Pantomime

Eine Pantomime wird von einem Gegenüber genau spiegelbildlich und zeitgleich dargestellt. Der Rest darf raten, um welchen Begriff es geht, oder bewerten, bei welchem Paar es am besten klappt.

552. Märchen-Pantomime

Verschiedene Märchen pantomimisch darstellen und raten lassen.

13.4 Schattenspiele

Mit Schattenspielen können lustige Effekte erzielt werden. Kindern, die sich nicht trauen, »öffentlich« aufzutreten, fällt es vielleicht leichter, die eine oder andere Rolle hinter einer weißen Leinwand darzubieten.

Zur Vorbereitung wird ein weißer Leinenvorhang gespannt. Ein starker Halogenstrahler bestrahlt die Leinwand von hinten. Gespielt wird hinter der Leinwand und vor dem Strahler. Je nach Abstand zum Strahler sind die Schatten mal größer, mal kleiner auf der Leinwand zu sehen. Etwas Übung gehört dazu, um den besten Effekt zu erzielen.

553. Schau-Schatten-Boxen

Es wird ein Boxkampf (Schaukampf) gezeigt.

554. Heiße Tänze, starke Rhythmen

Es wird ein toller Tanz mit entsprechender Musik als Schattenspiel gezeigt.

555. Der Hordentopf

Eine Gruppe sitzt um einen Hordentopf und löffelt daraus Suppe. Hält man die Löffel nahe an den Halogenstrahler heran und führt sie am Gesicht vorbei, werden aus den kleinen Löffeln für den Betrachter plötzlich Riesenlöffel.

556. Die Bauchoperation

Es wird eine Bauchoperation gezeigt und so allerlei aus dem Bauch herausgeholt. Als Werkzeug dienen Bohrer, Besenstiel, Seil usw.

557. Beim Zahnarzt

Mit Hammer, Meißel und Besenstiel wird der Patient untersucht. Patient und Zahnarzt zeigen wild gestikulierend Bewegungen, der Patient windet sich vor Schmerzen, beißt dem Zahnarzt einen Finger ab und spuckt den Finger aus. Anschließend kommen die Holzhammer-Narkose und das Ziehen eines Riesenzahnes.

558. Wer bin ich?

Jeweils eine Mannschaft muss die Schatten der Personen der anderen Mannschaft erraten, danach erfolgt ein Wechsel.

14. Schreib- und Zeichenspiele

Schreibspiele sind seit jeher beliebt. Egal ob in der Schule, zu Hause oder in der Jugendgruppe – Schreibspiele können sogar etwas schreibfaulere Kinder zu Höchstleistungen animieren. Daneben haben sie verschiedene pädagogische Zwecke: Lehrer können sie verwenden, um Textarbeit zu fördern, Eltern können damit die Lust an Sprache und das Sprachgefühl stärken, in der Jugendarbeit werden Geselligkeit und die Kommunikation untereinander gefördert.

Die folgenden Schreib- und Zeichenspiele eignen sich auch für einen etwas ruhigeren Abend, vielleicht wenn es draußen kalt und regnerisch ist. Es werden Papier, Zeitschriften oder Zeitung und ein paar Stifte benötigt.

14.1 Schreibspiele

559. Der Zeitungsbericht

Die ganze Gruppe muss einen Zeitungsbericht schreiben. Jeder schreibt nur einen Teil auf, faltet das Blatt und gibt es an den nächsten weiter. Es kann vorgegeben werden, was in dem Bericht vorkommen muss: Wer tut was mit wem, bei welcher Witterung, wo, wer war dabei, was geschah dabei, wann, sonstige Umstände usw.

560. Das Inserat

Die ganze Gruppe muss ein Inserat schreiben. Jeder schreibt nur einen Teil auf, faltet das Blatt und gibt es an den nächsten weiter. Anhaltspunkte könnten sein: Wer oder was, zu welchem Preis, Angebot an wen, genauere Beschreibung, Bedingungen usw.

561. Ferngesteuertes Schreiben

Die eine Person hält den Stift in unbewegter Haltung. Die andere Person führt das Blatt und versucht, ein Wort zu schreiben. Das leserlichste Ergebnis zählt.

562. Schreiben mit den Füßen

Mit den Füßen einen Text schreiben. Wer ist schneller? Welcher Text ist leserlicher?

563. Scrabble-Variation 1

Aus einem langen Wort werden mit den vorhandenen Buchstaben so viele weitere Wörter wie möglich gebildet (z. B. Jugendarbeit: Jugend, Arbeit, Tier, Bande, Teig, bei, Garten usw.).

564. Scrabble-Variation 2

Jemand denkt sich einen Satz (z. B. einen Bibelvers, ein Lebensmotto, einen Werbeslogan) aus. Alle darin vorkommenden Buchstaben werden durcheinander aufgeschrieben. Die Gruppen müssen nun versuchen, anhand der Buchstaben den Satz herauszufinden. Dies wird kaum gelingen, aber es können lustige Satzkombinationen herauskommen. Etwas einfacher wird es, wenn es zum einen nicht so viele Buchstaben sind und zum anderen das Thema bzw. ein kleiner Hinweis gegeben wird.

VARIANTE: Aus dem Satz werden nur die Selbstlaute entfernt. Welche Gruppe kann den ursprünglichen Satz am schnellsten wiederherstellen?

565. Scrabble-Variation 3

Aus zwei oder drei Konsonanten (z. B. H,S) werden durch Hinzufügen von beliebigen Vokalen, Umlauten und Doppellauten (aber keine weiteren Konsonanten!) weitere Wörter gebildet (z. B. Hose, Hase, usw.). Gewonnen hat die kreativste Mannschaft.

566. Scrabble-Variation 4

Jeder der Mitspieler nennt einen oder zwei Buchstaben. Von der ganzen Gruppe werden z. B. a, c, b, s, t, h, r genannt. Die Gruppe muss nun daraus so viele Wörter wie möglich bilden, jedoch ohne weitere Buchstaben zu verwenden. Herauskommen könnte z. B. Ast, Bach, Stab, Rast.

567. Der Fortsetzungsroman

Jede Person schreibt eine Geschichte mit fünf bis sechs Sätzen auf. Der letzte Satz bleibt stehen, der Text davor wird umgeknickt. Der Text wird jeweils an den rechten Nachbarn weitergegeben. Dieser schreibt die Geschichte weiter. Zum Schluss wird die gesamte Geschichte vorgelesen. Ein Thema oder eine Situation kann vorgegeben werden.

568. Galgenmännchen

Eine Person überlegt sich ein Wort. Auf eine Tafel wird für jeden Buchstaben ein Strich gemacht. Die anderen raten nun reihum, ob z. B. ein »E« in dem Wort vorkommt. Sofern das stimmt, wird ein »E« dort eingesetzt, wo es im Wort vorkommt (z. B. Jugendarbeit: _ _ _ E _ _ _ _ _ E _ _) und es darf weiter geraten werden. Kommt der Buchstabe nicht im Wort vor, so fängt die Person an, das Galgenmännchen zu malen. (Galgenstamm, Querbalken, Strick, Kopf, Körper, linker Arm, rechter Arm, linkes Bein, rechtes Bein). Spätestens nach neun Runden ist das Galgenmännchen fertig. Wurde bis dahin das Wort noch nicht komplett erraten, hat die Person gewonnen, die sich das Wort überlegt hat.

Dieses Spiel eignet sich auch gut für den Sprachunterricht, um englische oder französische Wörter zu lernen.

569. Frage und Antwort

Alle sitzen im Kreis. Jeder Zweite erhält ein Blatt. Jede Person mit Blatt schreibt eine beliebige Frage auf, knickt das Blatt um, gibt das Blatt an den rechten Nachbarn weiter. Dieser schreibt nun eine Antwort auf das Blatt. Das Blatt wird wieder so geknickt, dass nichts zu sehen ist, und weitergegeben. Zum Schluss werden die Sätze (Fragen und Antworten) vorgelesen. In einer neuen Runde können die Rollen getauscht werden und die Antwortschreiber werden zu Fragestellern.

570. Telegrammstil

Die Gruppe ruft fünf bis sechs beliebige Wörter heraus. Diese Wörter werden aufgeschrieben. Die Gruppe muss nun ein Telegramm aus diesen Wörtern erstellen und darf maximal die gleiche Anzahl an zusätzlichen Wörtern zur Satzvervollständigung verwenden.

571. Setzen und Ersetzen

Jede Gruppe bekommt ein Blatt Papier und ein Anfangswort (z.B. Baum). Unter das Wort »Baum« wird ein weiteres Wort geschrieben, das durch Ändern von maximal zwei Buchstaben entstanden ist. Darunter wird wieder ein Wort geschrieben, das aus zwei Änderungen am vorhergehenden Wort entstand. Welche Gruppe schafft die meisten Wortverwandlungen?

VARIANTE: Etwas leichter wird es, wenn ein Buchstabe neu hinzukommen oder entfallen darf.

572. Schreiben mit Verlängerung

Mit Klebeband einen Filzstift an einen langen Stab (Zeltstab ca. 1 m Länge) kleben und auf dem Stab einen Bereich markieren, wo er gehalten werden darf. Mit diesem Stab müssen die Spieler einen Text schreiben.

573. Das längste Wort

Die Gruppe muss in 60 Sekunden das längste Wort erfinden und aufschreiben.

574. Zum Diktat bitte!

Zwei Personen sitzen sich etwa zwei Meter voneinander entfernt gegenüber. Die eine diktiert der anderen innerhalb von zwei Minuten einen Text, den diese aufschreibt. Dazwischen befindet sich die gegnerische Mannschaft die durch lautes Brüllen versucht, dass der Schreiber nichts versteht. Anschließend Wechsel. Welche Mannschaft hat die meisten Wörter richtig aufgeschrieben?

14.2 Zeichenspiele

575. Zeichnen

Eine Person legt sich ein Buch auf den Kopf und hält es mit einer Hand fest. Dann ein Blatt nehmen, auf das Buch legen und beginnen, ein vorgegebenes Thema (Haus, Hund, Landschaft usw.) zu zeichnen.

576. Die Kuh

Mit verbundenen Augen eine bunt gescheckte Kuh malen.

577. Papiertiger

Das Spiel geht so ähnlich wie Montagsmaler. Anstatt etwas zu malen, bekommt der Kandidat ein Blatt Papier und eine Schere und muss einen vorgegebenen Begriff (Hund, Haus, Baum, Sonne usw.) aus dem Papier ausschneiden und hochhalten. Kann die Gruppe erraten, um welchen Begriff es sich handelt?

578. Papierflieger

Aus einem Blatt Papier bastelt jede Mannschaft einen Papierflieger. Welcher Flieger fliegt am weitesten? Wie lange braucht die Mannschaft, um den Flieger eine bestimmte Strecke fliegen zu lassen? Dabei muss die Mannschaft den Flieger immer von dem Punkt aus starten lassen, wo er zuvor gelandet ist. Die Flugstrecke muss nicht unbedingt eine Wiese sein, sondern kann auch um ein Gebäude herum oder durch das Haus führen.

579. Portraits

Portraits von Gruppenmitgliedern malen. Die anderen müssen erraten, um wen es sich handelt. Wie oft müssen sie raten?

580. Vier gewinnt

Auf einem karierten Blatt Papier wird ein Strich gemalt. Der Nächste schließt einen weiteren Strich an usw. Die Striche müssen immer an einen vorher gezeichneten angehängt werden. Wem es gelingt, ein Viereck zu schließen, der darf in dieses Viereck sein Zeichen (Kreuz, gefüllter Kreis, Buchstabe usw.) einsetzen. Gewonnen hat derjenige, der die meisten Vierecke schließen konnte.

581. Knickbild 1

Jedes Gruppenmitglied überlegt sich einen Gegenstand und malt diesen in den oberen Bereich des Blattes. Der Zettel wird nach rechts weitergegeben. Diese Person schaut sich den Gegenstand an, knickt das Papier so um, dass der Gegenstand nicht mehr zu sehen ist und schreibt hin, was gesehen wurde. Der Zettel wird wieder eine Person weiter nach rechts gegeben. Diese nächste Person malt nun ein Bild aufgrund des zuvor aufgeschriebenen Textes oder Begriffs. Nach zwei bis drei weiteren

Runden wird das erste Bild mit dem letzten Bild verglichen.

582. Knickbild 2

In der ersten Runde malt jeder einen Kopf bis zum Hals. Das Bild wird nun so geknickt, dass nur noch ein Stückchen vom Halsansatz zu sehen ist. Das Papier wird nach rechts weitergegeben. In der nächsten Runde malt nun jeder auf das Papier einen Oberkörper bis zum Bauchnabel. Das Papier wird wieder so geknickt, dass der Nebenmann anschließend den Unterkörper bis zum Knie malen kann. Zum Abschluss geht's dann vom Knie bis zu den Füßen. Am Schluss wird das Bild komplett aufgeklappt. Garantiert entstehen lustige Personenzeichnungen!

583. Stille Bilder-Post

Mit dem Finger wird auf den Rücken einer Person eine Zahl, ein Buchstabe oder ein Begriff gemalt. Die Person muss ihn erraten.

VARIANTE: Immer fünf bis sechs Personen sitzen hintereinander. Der ersten Person jeder Gruppe wird eine Zahl, ein Motiv oder ein Wort gezeigt. Dieses malt die Person nun mit dem Finger auf den Rücken des vor ihm sitzenden Mitspielers. Sobald dieser zu wissen meint, was gemalt wurde, malt er es auf den Rücken des vor ihm sitzenden Mitspielers. Bei der vordersten Person angekommen, muss diese die Botschaft auf ein Blatt Papier aufmalen. Anschließend rücken alle Personen um eine Person weiter, der vorderste Spieler wird zum letzten Spieler. Gewonnen hat die Gruppe mit den besten Ergebnissen.

15. Wettkampfspiele (für draußen)

15.1 Stationenspiele

Die Stationenspiele können bei einem Geländelauf, einer einfachen Schnitzeljagd oder einem Tagesgeländespiel eingebaut werden. Auch für Schulfeste oder Spielstraßen lassen sich die Stationenspiele verwenden. In der Regel können alle Gruppenmitglieder einer Mannschaft am jeweiligen Stationenspiel teilnehmen, manchmal jedoch auch nur ein oder zwei freiwillige Kandidaten. Mit etwas Vorsicht lassen sich einige dieser Spiele auch drinnen spielen. Weitere Anregungen finden sich auch in den anderen Kapiteln dieses Buches, z. B. in Kapitel 7, Spiele zum bunten Abend.

584. Rutschpartie

Eine ca. 8 m lange und 3 m breite Plane wird mit Schmierseife eingeseift. Über diese Wegstrecke müssen nun alle so schnell wie möglich Gegenstände hin und her transportieren. Befindet sich die Plane an einem leicht abschüssigen Hang, wird es etwas schwerer. Alternativ zum Rennen kann auch auf allen vieren gekrabbelt oder auf dem Bauch gerobbt werden.

585. Stäbchen-Transport

Ein Bleistift muss auf zwei weiteren Bleistiften liegend weitergegeben werden. Bei der Weitergabe der zwei Bleistifte darf er nicht herunterfallen.

586. Ball schieben

Zwei Personen bilden eine »Schubkarre«. Mit dem Kopf muss ein Ball etwa 20 m vorangetrieben werden. Die Zeit wird gestoppt.

587. Oberlippen-Nasen-Staffel

Ein Bleistift oder eine Spielkarte wird zwischen Nase und Oberlippe geklemmt und muss so von einer Person zur nächsten weitergegeben werden. Welche Mannschaft ist schneller?

588. Sackhüpfen

In einem Sack hüpfend muss ein Parcours oder eine Staffelstrecke durchhüpft werden. Anschließend wird der Sack an den nächsten Mitspieler übergeben. Die Zeit, die die Gesamtgruppe benötigt, wird gestoppt.

589. Dosenstelzenlauf

An zwei Konservendosen werden Schnüre durch Löcher gezogen, so dass mit Hilfe der Schnüre die Dosen wie Stelzen an den Füßen festgehalten werden können. Mit den Dosen unter den Füßen muss der Kandidat nun eine Strecke von 5–10 m laufen. Die Zeit wird gestoppt.

VARIANTE: Es können auch Bierkisten als Stelzen verwendet werden.

590. Bogenschießen

Mit Pfeil und Bogen wird auf ein Ziel geschossen. ! Wichtig beim Bogenschießen: Alle Zuschauer und auch der Stationsbetreuer stehen hinter dem Schützen. Erst wenn alle Pfeile verschossen sind, darf die Schussbahn betreten werden. Aufpassen, dass sich hinter dem Ziel keine Fensterscheibe, Straße oder Gehweg befinden.

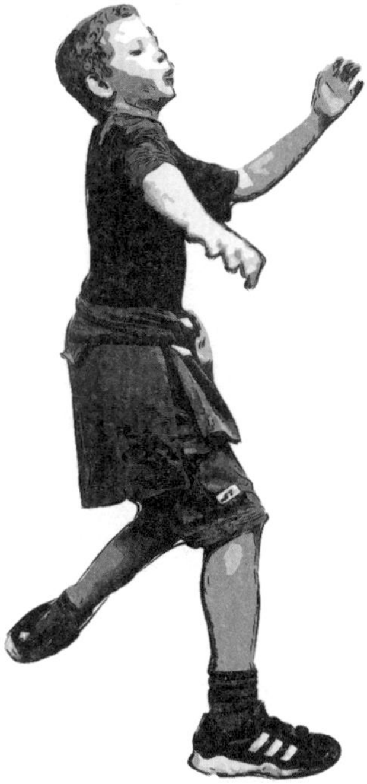

591. Kirschkern-Weitspucken

Jeder aus der Gruppe nimmt sich eine Kirsche. Der Kirschkern wird nun so weit wie möglich von einer Markierung aus gespuckt. Alle Entfernungen werden addiert und notiert. Die Gruppe mit der größten Entfernung hat gewonnen.

VARIANTE: Kirschkern-Zielspucken: Die Kirsche muss in unterschiedlich weit entfernte und verschieden große Feldmarkierungen mit unterschiedlichen Wertungspunkten gespuckt werden.

592. Kirschenessen

In eine Schüssel mit Wasser kommen jeweils ca. 30–40 Kirschen. Aufgabe ist es nun, die Kirschen aus dem Wasser zu fischen, ohne die Hände zu Hilfe zu nehmen. Erschwerend kann hinzukommen, die Kirschen zu essen und den Kirschkern für die Punktwertung in einen Teller zu legen.

593. Turmbau zu Babel mit Eierkartons

Aus Eierkartons wird ein so hoher Turm wie möglich gebaut, ohne dass er umfällt. Das Spiel kann als Staffelspiel oder als Gruppenaufgabe mit einem Zeitlimit von zwei Minuten gespielt werden.

▷ **HINWEIS:** Die Eierkartons können im Wertstoffhof oder Großmarkt besorgt oder unter den Gruppenmitgliedern gesammelt werden.

VARIANTE: Mit fünf bis sechs übereinander gestapelten Eierkartons wird ein Hindernisparcours oder eine Staffelstrecke durchlaufen. Fällt ein Eierkarton herunter, muss er an Ort und

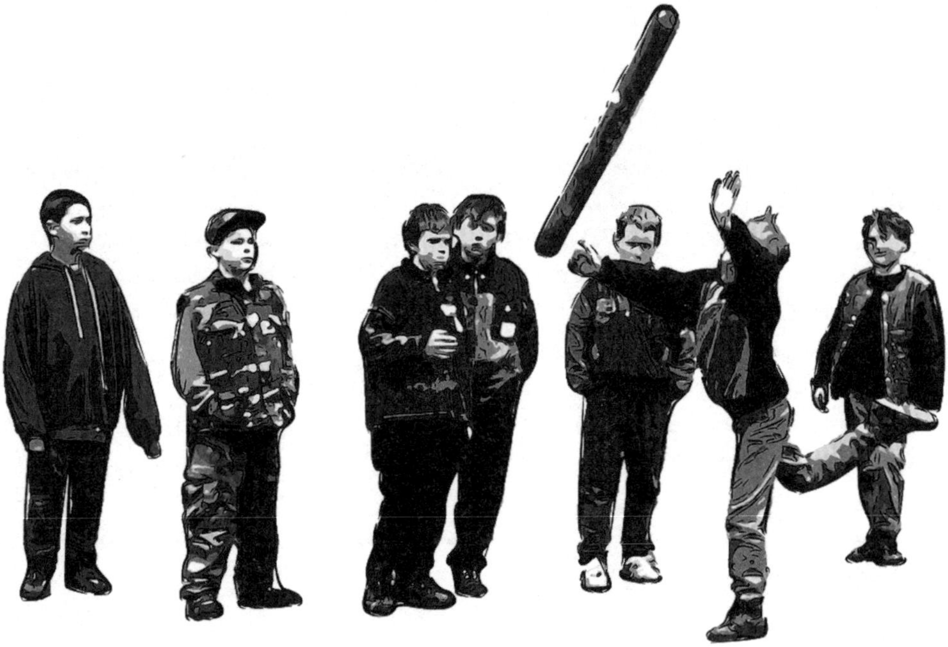

Stelle wieder aufgenommen werden, bevor der Lauf fortgesetzt werden kann.

594. Skilaufen

Zwei Holzbretter mit Schlaufen für jeweils drei bis vier Personen dienen als Skier. Gemeinsam muss die Gruppe nun auf den Skiern eine Strecke von ca. 5–15 m hin und wieder zurück laufen. Die Zeit wird gestoppt.

595. Kleider wechseln

Es steht ein Fundus aus alten Kleidungsstücken zur Verfügung. Der Erste zieht sich Hemd, Jacke, Hose, Socken, Hut und Handschuhe an. Ist er damit fertig, zieht er alles wieder aus und übergibt es an den Nächsten. Wie lange braucht die Gruppe, bis alle einmal durch sind?

596. Stammweitwurf

Ein ca. 1,80 m langer Baumstamm wird von einer markierten Stelle aus geworfen. Alle Werte werden addiert. Welche Gruppe hat am weitesten geworfen?

597. Geräusche raten

Mit einem Aufnahmegerät wurden zuvor Geräusche aufgenommen (Toilettenspülung, Verkehrsfunkpiepser, Vogelgezwitscher, laufender Motor eines Autos usw.). Welche Gruppe erkennt die meisten Geräusche?

598. Dinge erriechen

In zehn Joghurtbechern oder leeren Filmdosen werden zehn verschiedene Gewürze oder Flüssigkeiten (Pfeffer, Kümmel, Nelke, Senf, Ketchup, Paprika, Essig, Wein, Bier usw.) gefüllt und mit Alufolie gut verschlossen. Die Becher werden nummeriert. Durch kleine Löcher in der Alufolie muss die Gruppe nun herausfinden, was darin enthalten ist.

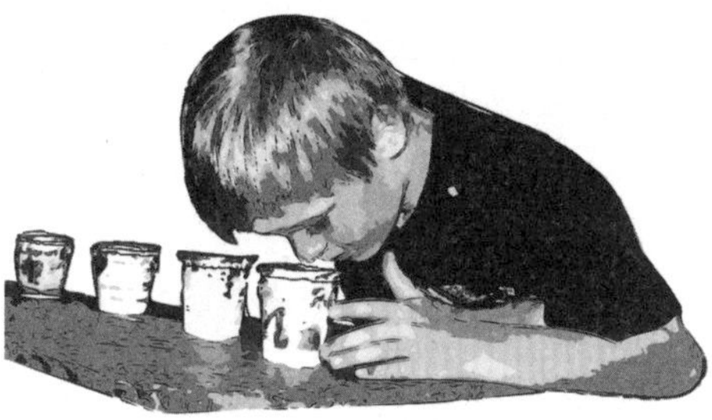

599. Baumstamm zersägen

Ein Baumstamm muss zersägt werden. Wie lange braucht die Gruppe, um den Baumstamm durchzusägen?

600. Schätzaufgaben

Es können diverse Schätzaufgaben gestellt werden, z. B. »Wie weit ist es von Baum A nach Baum B? Was wiegt dieser Stein? Wie viele Erbsen befinden sich in diesem Glas?«

601. Lassowerfen

Ein Lasso wird über einen ca. 4 m entfernten Pfosten geworfen. Jede Mannschaft hat zehn Versuche.

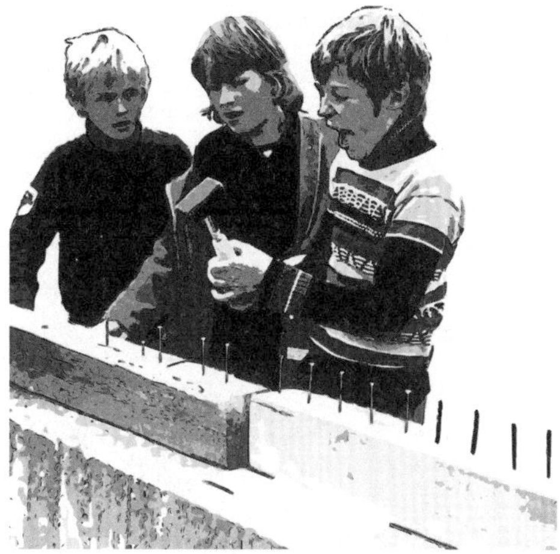

602. Nägel in Holz schlagen

Wie viele Schläge braucht ein Spieler, um fünf oder zehn Nägel in ein Stück Holz zu schlagen?

603. Gegenstände fühlen

In einem Sack befinden sich mehrere Gegenstände. Jeder darf einmal hineingreifen und die Gegenstände fühlen. Anschließend hat die Gruppe 60 Sekunden Zeit, alle Gegenstände zu nennen.

604. Ziel-Krabbeln

Mit verbundenen Augen muss eine Person innerhalb von ein bis zwei Minuten in ein zuvor genau eingeprägtes Ziel krabbeln. Anweisungen von Mitspielenden sind (nicht) erlaubt.

605. Knopf annähen

Es müssen fünf bis zehn Knöpfe auf ein Stück Stoff genäht werden. Jeder Knopf muss halten.

606. Teebeutelweitwurf

Ein nasser Teebeutel wird zwischen die Zähne genommen und mit einer schwungvollen Bewegung so weit wie möglich geworfen. Die Entfernungen werden addiert. Die Mannschaft mit der weitesten Gesamtentfernung hat gewonnen.

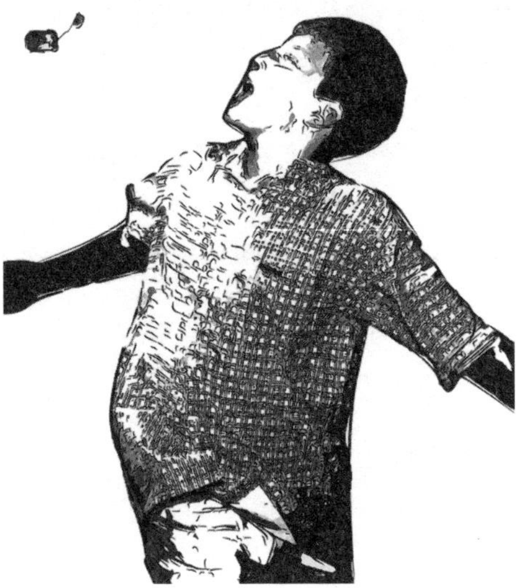

607. Schubkarrenrennen

Eine Person sitzt in einer Schubkarre und wird über eine längere Hindernis- oder Slalomstrecke geschoben. Die Zeit wird gestoppt.

608. Rapunzel, lass dein Haar herunter!

Aus mehreren Schnüren muss ein Zopf geflochten werden. Wie lang ist der Zopf nach zwei Minuten?

609. Perlen auffädeln

Wie viele Perlen kann die Gruppe innerhalb von zwei Minuten auf einen Faden auffädeln?

610. Slackline

Die Gruppe muss über eine zwischen zwei Bäumen aufgespannte Slackline balancieren (etwa 40 cm hoch). Auf weichen Untergrund achten! Ggf. Hilfestellung geben.

611. Nägel aufhängen

Umgebogene Nägel hängen auf einer gespannten Schnur. Mit einem Stab mit Haken müssen die Nägel auf eine darunter gespannte zweite Schnur umgehängt werden. Der Kandidat steht ca. 150 cm entfernt zur Schnur.

612. Schachteltransport

Schachteln müssen transportiert werden. Dazu sitzt eine Person auf einer Plane und hält die Schachtel. Die Plane wird von vier Teammitgliedern ins Ziel getragen.

VARIANTE: Die Schachteln werden von Plane zu Plane geschleudert. Dabei bewegen sich die Teams abwechselnd nach vorn. Fällt eine Schachtel herunter, geht es wieder zum Start zurück und die nächste Schachtel wird transportiert. Welche Mannschaft hat die meisten Schachteln ins Ziel gebracht?

613. Wassereimer-Golf

Fünf bis sieben Wassereimer werden fast randvoll mit Wasser gefüllt. Die Wassereimer stehen im Abstand von 2–3 m. Von der Startlinie muss nun ein Golfball in den ersten Eimer geworfen werden. Anschließend dient der erste Eimer als Markierungslinie für den Wurf in den zweiten Eimer usw. Gezählt werden die Treffer. Nach dem letzten Eimer kommt der nächste Spieler an die Reihe.

VARIANTE: Wenn nicht getroffen wird, scheidet die Person aus. Gewonnen hat, wer alle Eimer in der richtigen Reihenfolge getroffen hat.

614. Pool mit Wasser füllen

Ein kleiner Plastikpool muss mit Wasser gefüllt werden. Das Wasser wird mit Eimern im nahe gelegenen Bach oder Brunnen geholt. Die Gruppe, die die wenigste Zeit benötigt, hat gewonnen.

VARIANTE: Die gegnerische Mannschaft darf eine oder mehrere Personen bestimmen, die die Wasserträger daran hindert, Wasser in den Pool zu befördern. Um den Pool wird eine Zone von 10 m festgelegt, in der sich die abwehrenden Personen nicht aufhalten dürfen. Das Spiel eignet sich gut für heiße Tage und könnte zu einer handfesten Wasserschlacht ausarten.

615. Das Abflussrohr

Durch ein ca. 5 m langes, zusammengestecktes Abflussrohr (Baumarkt) müssen ca. zehn TT- oder Tennisbälle gerollt werden, die durch Schwenken des Rohres verschiedene Ziele treffen müssen.

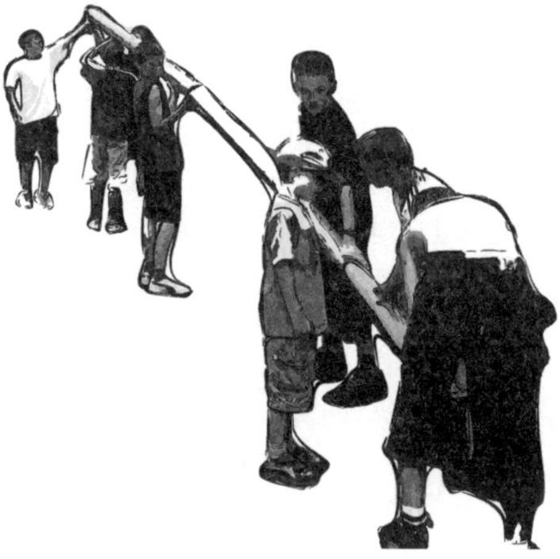

VARIANTE: Mit dem Rohr müssen fünf nebeneinander stehende Messbecher (jeweils ein Liter) gefüllt werden, indem Wasser aus einem großen Eimer eingefüllt wird. Die Person am unteren Rohrende muss durch Schwenken des Rohres den Wasserstrahl jeweils in die Messbecher lenken. Das Wassereinfüllen darf nicht unterbrochen werden und muss in einem Zug erfolgen.

616. Wassereimer-Transport

Ein leerer Wassereimer wird mit einem Haken an einem Gürtel oder einer um die Hüfte gebundenen Schnur befestigt. Der Eimer sollte etwa 10 cm über dem Boden hängen und darf nicht mit den Händen gehalten werden. Aus einem nahe gelegenen Bach (oder Pool) wird das Wasser geholt, um es im Ziel in einem Behälter auszuleeren. Der Eimer darf nicht mit den Händen gehalten werden, außer am Ziel, um den Inhalt umzufüllen. Wie viel Zeit wird benötigt, um den Behälter mit Wasser zu befüllen?

617. Ozeanüberquerung

Für dieses Spiel braucht man einen See und ein Kanu mit Schwimmwesten. Die Gruppe paddelt mit dem Kanu ans andere Ufer, holt dort etwas ab und bringt es zurück. Wie lange ist die Gruppe unterwegs?

618. Sekretariat

Ein vorgegebener Text wird von der Gruppe mit einer Schreibmaschine abgeschrieben. Wie viele Wörter können in zwei Minuten fehlerfrei getippt werden?

619. Baumstamm-Transport

Bei diesem Spiel sind Gemeinschaftsgefühl, Teamwork und Koordinationsgeschick gefragt. Im Wald wird mit Absperrband eine Zick-Zack-Strecke um Bäume herum (oder ein Labyrinth) markiert und mit Hindernissen versehen. Mit einem ca. 10 m langen Baumstamm muss die gesamte Gruppe versuchen, den Baumstamm so schnell wie möglich über den Parcours zu transportieren. Dabei darf sie den markierten Weg nicht übertreten.

620. Spritzenwasser

Mit einem Wasserschlauch oder einer Spritze muss ein (TT-)Ball durch eine schräg stehende Rinne geschossen werden.

621. Hindernislauf mit Handicap

Eine gefüllte Wasserflasche oder ein Wasserballon wird zwischen die Oberschenkel geklemmt. Ohne die Hände zu benutzen, muss das Teammitglied einen Hindernisparcours (z. B. über einen Stuhl, unter einem Tisch durch, auf dem Bauch robben, auf dem Rücken liegend eine Strecke zurücklegen usw.) zurücklegen.

622. Starker Fuß

Ein Wassereimer wird nur mit dem Fuß am Bügel über eine Strecke getragen.

623. Schubkarrentransport

In einer Schubkarre sitzt ein Teammitglied und hält einen gefüllten Wassereimer. Die Schubkarre muss so schnell wie möglich über eine Hindernisstrecke gefahren werden, ohne dass der Eimer überschwappt. Die Zeit und übrig gebliebene Wassermenge werden gemessen.

624. Fahrradtransporter mit Beifahrer

Ein Wassereimer wird auf dem Fahrrad befördert, wobei eine Person fährt, die andere auf dem Gepäckträger oder der Stange sitzt und den Eimer festhält.

625. Schau genau!

Mit Hilfe eines Fernglases müssen kleine Figuren (Playmobilfiguren, Spielzeugautos, Legosteine) aus einer Entfernung von ca. 15–20 m erkannt werden. Welche Gruppe kann alle Gegenstände richtig erkennen und beschreiben?

626. Roter Faden

In einem Baum werden viele rote Bänder aufgehängt. Die Gruppe hat nun 30 Sekunden Zeit, die Bänder zu zählen. Anschließend muss die Gruppe sich wieder umdrehen und die Anzahl nennen. Damit die Gruppe nicht zu früh anfängt, die Bänder zu zählen, sollte sie in einiger Entfernung warten, bis die Mannschaft zuvor fertig ist.

627. Schubkarrenrennen

Zwei Personen bilden eine Schubkarre, rennen zu einem Eimer, versuchen, mit dem Mund einen Apfel aus dem Eimer zu fischen, und laufen dann zum Anfang zurück. Dann ist das nächste Team der Mannschaft dran.

628. Drei-Bein-Lauf mit Hindernissen

Zwei Personen werden die Füße zusammengebunden. Diese müssen nun einen Hindernisparcours so schnell wie möglich durchlaufen. Zum Zusammenbinden eignen sich schmale Stofffetzen.

629. Schwimmflossenlauf

Mit Schwimmflossen an den Füßen muss ein Hindernisparcours durchlaufen werden.

630. Erbsenbahn

In einen dicken, durchsichtigen Waschmaschinenschlauch werden oben nacheinander 20 Erbsen gerollt. Diese werden von einer zweiten Person am Schlauchausgang mit einem großen Holzhammer zerschlagen. Wer trifft alle 20 Erbsen?

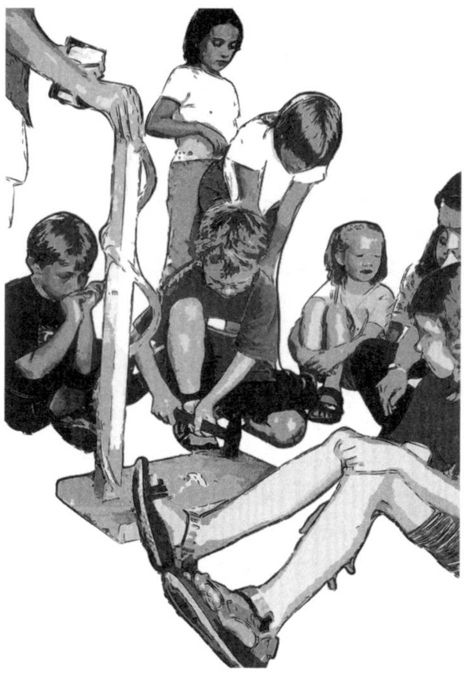

631. Der schwingende Eimer

Ein Eimer wird an einer Schnur an einen Baum gehängt und zum Schwingen gebracht. Solange der Eimer noch schwingt, hat die Gruppe Zeit, so viele Steine, Kastanien oder Eicheln wie möglich in den Eimer zu werfen.

632. Erbsensauger

Aus einem Glas mit Erbsen werden mit einem Strohhalm so viele Erbsen wie möglich angesaugt und in ein zweites Glas befördert. Wer schafft wie viele Erbsen in 60 Sekunden?

633. Das Schwungtuch

Zwei oder vier Personen aus einer Mannschaft halten eine Decke gespannt, mit der ein Ball in ein Ziel (markierte Felder oder Kisten in unterschiedlicher Entfernung) geschleudert wird. Je nach Ziel gibt es unterschiedliche Punkte.

634. Buchstabensalat

In einem ca. 20 × 20 m großen Waldstück werden Buchstaben versteckt, die von der Gruppe gefunden und zu einem Wort oder Satz zusammengesetzt werden müssen.

635. Zahnpasta

Verschiedene Zahnpastasorten am Geschmack erkennen.

636. Barfuß-Park

Mit nackten Füßen und verbundenen Augen wird eine Wegstrecke gegangen (die zuvor nicht einsehbar sein darf). Auf diesem Weg befinden sich verschiedene, mit den Füßen zu ertastende Dinge: Korken, Wolle, Fell, Heu, Tannenzapfen, Drahtgitter usw. und am Schluss Wasser, Gelatine o. Ä.

637. Schlossvergnügen

Ca. 15–20 verschiedene Schlösser hängen verschlossen auf einer Stange. Die passenden Schlüssel befinden sich in einer Kiste. Auf Zeit müssen die Teammitglieder versuchen, alle Schlösser zu öffnen und anschließend geschlossen wieder an die Stange zu hängen.

638. Kopfball

Ein Ball wird nur mit dem Kopf auf allen vieren durch einen Parcours bugsiert. Die Zeit wird gestoppt.

639. Inselpost

Für dieses Gruppenspiel benötigt man mehrere Tonnen oder Podeste. Auf jeder Insel steht eine Person. Verschiedene Gegenstände (Kisten, Bälle) müssen von einer Insel (Tonne) zur anderen befördert werden. Das Verlassen der Insel ist nicht erlaubt.

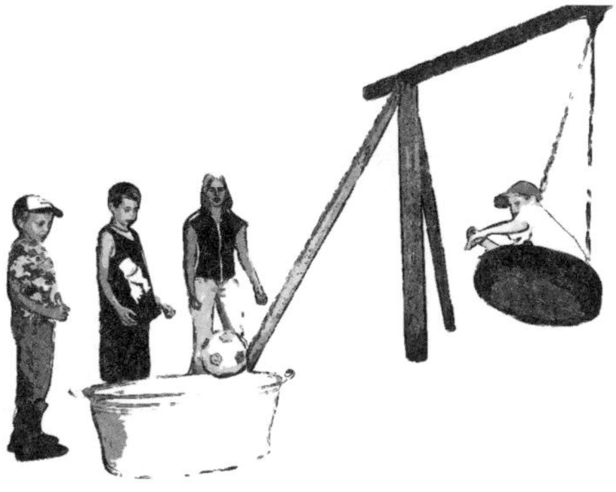

640. Schaukeln

Eine Person sitzt auf einer Schaukel und muss Gegenstände, die ihr zugeworfen werden, in ein Ziel (Wanne) werfen.

641. Pflanzen bestimmen

Ca. zehn verschiedene Pflanzen müssen bestimmt werden.

642. Fische in einem Aquarium zählen

Ca. 50–100 Fische in einem Aquarium müssen gezählt werden. Das ist gar nicht so einfach!

643. Kugelstoßen

Eine Kugel oder ein schwerer Stein muss so weit wie möglich gestoßen oder geworfen werden.

644. Baumringe zählen

Die Gruppe zählt die Baumringe eines abgesägten Baumes und bestimmt so sein Alter.

645. Reifenwechsel

Die Gruppe wechselt einen Reifen an einem Fahrrad oder Auto. Wie lange wird dafür benötigt?

646. Leiter mit zu wenig Sprossen

Die Teammitglieder müssen der Reihe nach eine Leiter hochklettern. Allerdings gibt es nur drei bis fünf Sprossen, die immer wieder neu aufgelegt werden müssen. Für eine solche Leiter benötigt man zwei Balken mit entsprechenden Einkerbungen, in die die Sprossenelemente eingelegt werden können. Die beiden Balken sind oben, unten und in der Mitte zumindest mit Querstreben miteinander verbunden.

647. Musiktitel erkennen

Verschiedene Lieder werden zusammengestellt und nur wenige Sekunden angespielt. Kann die Gruppe alle Titel erkennen?

648. Reifen wenden

Ein Reifen wird über eine ca. 4 m hohe, senkrecht im Boden stehende Stange gestülpt. Die Gruppe muss versuchen, den Reifen umzudrehen.

649. Murmelspiel

Mehrere Murmeln müssen in ein Ziel gerollt werden. Als Ziel dient ein Brett mit verschieden großen Öffnungen, die unterschiedlich bewertet werden.

650. Ferngesteuert

Ein ferngesteuertes Auto mit Reißzwecken an der Spitze muss einen Luftballon zum Platzen bringen. Das Spielfeld ist durch Bretter o. Ä. begrenzt.

651. Rechtschreibschwächen

Wer findet die meisten Rechtschreibfehler in einem Text, der ca. eine Seite lang ist?

652. Mit verbundenen Augen Lanze ins Ziel stoßen

Mit einer Lanze (Besenstiel) in der Hand und verbundenen Augen soll ein Ziel getroffen werden. Ein Teammitglied dirigiert. Das Spiel funktioniert auch im Huckepack. Die Person obenauf bekommt die Augen verbunden und muss mit der Lanze einen Ballon oder einen am Baum hängenden Ring treffen. Das Pferd unter dem Reiter gibt Anweisungen. Wie lange braucht das Gespann, um die Aufgabe zu erfüllen?

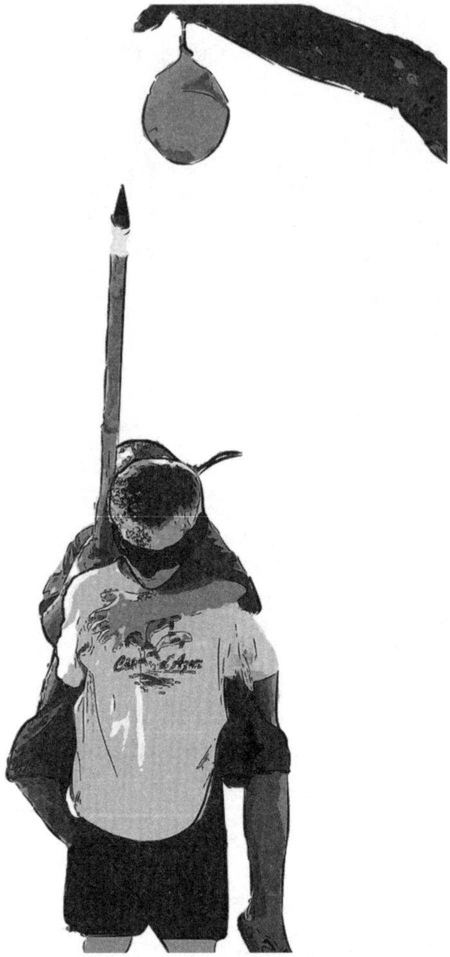

15.2 Staffelspiele und Staffelläufe

Die folgenden Staffelspiele lassen sich bei Stationenspielen oder Spielstraßen einsetzen, sind aber auch als Rasenspiele geeignet. Der Vorteil beim Stationenspiel ist, dass die notwenigen Utensilien nur in einfacher Ausfertigung vorhanden sein müssen. Wenn mit allen Mannschaften gleichzeitig gespielt wird, müssen die Materialien in bis zu zehnfacher Ausfertigung vorliegen, je nach Gruppengröße und Anzahl der Mannschaften.

653. Hosen-Rallye

Für jede Mannschaft wird eine alte, weite Hose (Jogging-, Trainingshose) benötigt. Zwei Teammitglieder schlüpfen zusammen in die Hose (mit jedem Bein in ein Hosenbein) und legen so die Strecke zurück. Am Ziel wird die Hose an das nächste Paar übergeben. Welches Team ist am schnellsten?

654. Stab weitergeben

Unter die linke Achsel wird ein Stab geklemmt. Dieser Stab wird an den nächsten Spieler auf der gegenüberliegenden Seite weitergegeben, ebenfalls unter die linke Achsel. Hände dürfen nicht benutzt werden.

VARIANTE: Der Stab wird in die Kniekehle, zwischen die Zehen, zwischen die Füße eingeklemmt.

655. Römisches Wagenrennen

Zwei Personen stehen vorne als Pferdeköpfe, zwei weitere bücken sich und bilden den Rücken. Mit den Händen halten sie sich an den Hüften der zwei Vorderen. Eine fünfte Person setzt sich auf ihre Rücken und hält sich an den Schultern der zwei vorderen Personen fest. Beim Startpfiff startet das Gespann und versucht über die Ziellinie zu gelangen, ohne auseinanderzubrechen.

656. Insel-Hüpfer

Das erste Teammitglied erhält zwei gefüllte Wasserbecher. Etwa fünf bis zehn Pappkartoninseln liegen in einer Distanz von ca. 120–150 cm voneinander entfernt. Ziel ist es nun, von Insel zu Insel zu springen und dabei so wenig Wasser wie möglich zu verlieren. Am Schluss wird gemessen, wie viel Wasser noch übrig ist. Wenn eine Insel verfehlt wird, gibt es Punkteabzug, oder der Sprung muss wiederholt werden.

657. Skateboard

Ein Mitglied des Teams sitzt auf einem Skateboard. Auf Kommando versucht es, so schnell wie möglich ins Ziel zu kommen, dabei darf man sich entweder nur mit den Händen oder nur mit den Füßen abstoßen.

VARIANTE: Das Teammitglied steht auf dem Skateboard und darf sich nur mit (Ski-) Stöcken vorwärts bewegen.

658. Schwieriger Transport

Zwei Personen bilden ein Team. Mit zwei ca. 60 cm langen Stöcken müssen

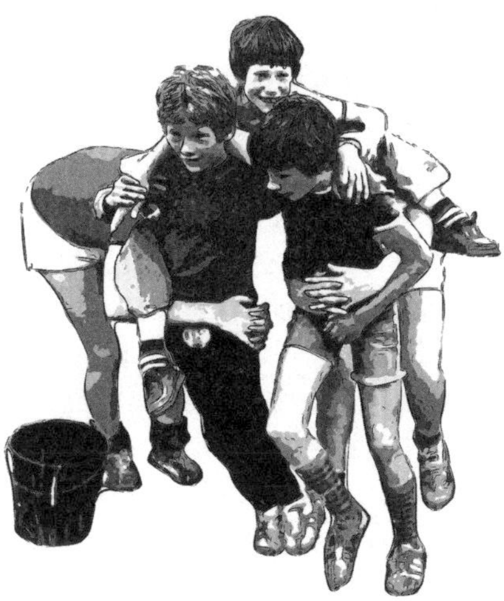

sie ein Tablett (ggf. mit einem gefüllten Wasserglas) transportieren. Das Tablett darf nicht mit der Hand gehalten werden. Fällt das Tablett herunter, dann muss es an Ort und Stelle wieder aufgenommen werden, oder sie müssen nochmals zurückrennen, um neues Wasser zu holen.

659. Taucherstaffel

Für dieses Spiel benötigt man einen Taucheranzug (Trainingsjacke, Hose, Taucherbrille, Schnorchel, Schwimmflossen) sowie eine Wasserschüssel mit Wasser, einen Löffel und eine Flasche. Auf Kommando startet das erste Mitglied des Teams, zieht den Taucheranzug an und läuft mit dem Löffel zur Wasserschüssel, nimmt dort Wasser auf und füllt es in eine ca. 5–10 m entfernte Wasserflasche. Anschließend rennt es wieder zum Ausgangspunkt zurück und übergibt die komplette Ausrüstung an die nächste Person. Es wird gemessen, wie viel Wasser eine Mannschaft in einer bestimmten Zeit in die Flasche füllen kann.

660. Schubkarren-Rallye

An einer Schubkarre wird an jeden Haltegriff ein langes Seil gebunden. Auf die Schubkarre wird eine gefüllte Wasserschüssel gestellt. Die Schubkarre wird nun mit den Seilen zum Ziel gezogen und das Wasser in eine Wanne entleert. Die leere Schubkarre wird von einem Helfer wieder zurückgefahren und wieder mit einer gefüllten Wasserschüssel beladen. Welche Gruppe hat am schnellsten ihre Wanne voll?

661. Hockey-Staffel

Für dieses Spiel benötigt man pro Mannschaft fünf (ggf. unterschiedliche) Bälle und einen Hockeyschläger. Das erste Mitglied der Mannschaft startet mit einem Ball und muss diesen um einen Stuhl oder Pfosten in ca. 10 m Entfernung herum spielen und dann den Schläger an die zweite Person übergeben. Diese startet nun mit zwei Bällen, das dritte Teammitglied mit drei Bällen usw. Der Schwierigkeitsgrad wird also pro Lauf erhöht. Welche Mannschaft ist am schnellsten?

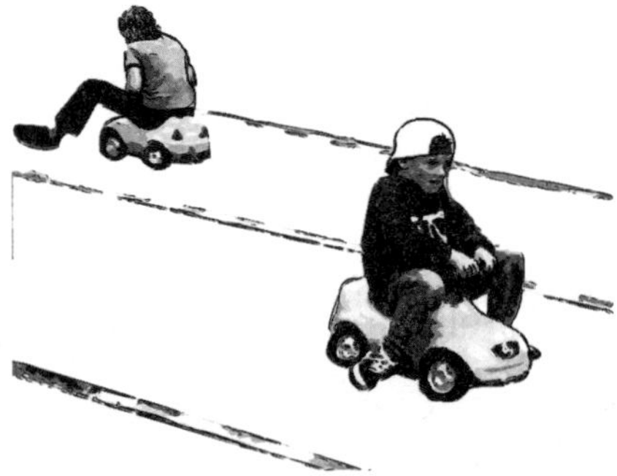

662. Bobby-Car-Rennen

Bei diesem Spiel haben einmal die kleineren Teammitglieder einen Vorteil. Mit einem Bobby-Car wird ein Staffellauf oder ein Hindernisrennen veranstaltet. Fahrer und Fahrerinnen mit langen Beinen haben die größten Probleme.

16. Fallschirmspiele

Die Anschaffung eines Fallschirms lohnt sich auf jeden Fall. Mit wenig Aufwand lassen sich mit der ganzen Gruppe tolle Spiele machen.

663. Wellenbewegung

Alle halten ringsherum den Rand fest und machen kleine und große Wellen.

664. Fallschirmbewegungen

Alle knien sich hin und halten den Fallschirm am Boden. Auf Kommando stehen alle auf und halten den Fallschirm über den Kopf. Wenn der Fallschirm sich wieder senkt, nehmen alle die Arme herunter, damit er ganz zu Boden sinken kann.

VARIANTE: Beim Absenken ein bis zwei Schritte nach vorn gehen.

VARIANTE: Die Arme hinter dem Körper zum Boden führen und sich hinsetzen.

VARIANTE: Wenn sich der Fallschirm wieder senkt, mit dem Kopf in Richtung Kreismitte legen.

665. Der Fliegenpilz

Bei dem Bilden des Pilzes (alle halten den Fallschirm über den Kopf) einen Schritt nach vorn und bei Absenken einen Schritt zurückgehen, schön gleichmäßig.

VARIANTE: Einige dürfen unter dem Schirm durchrennen.

666. Katz und Maus

Wellen machen. Ein Fänger (Katze) auf dem Schirm versucht eine Maus, die unter dem Schirm herumhuscht, zu fangen.

667. Kreisel

Die Gruppe steht im Kreis und hält den Fallschirm gut gespannt. Nun versucht die Gruppe, den Fallschirm wie einen Kreisel in eine Richtung zu drehen.

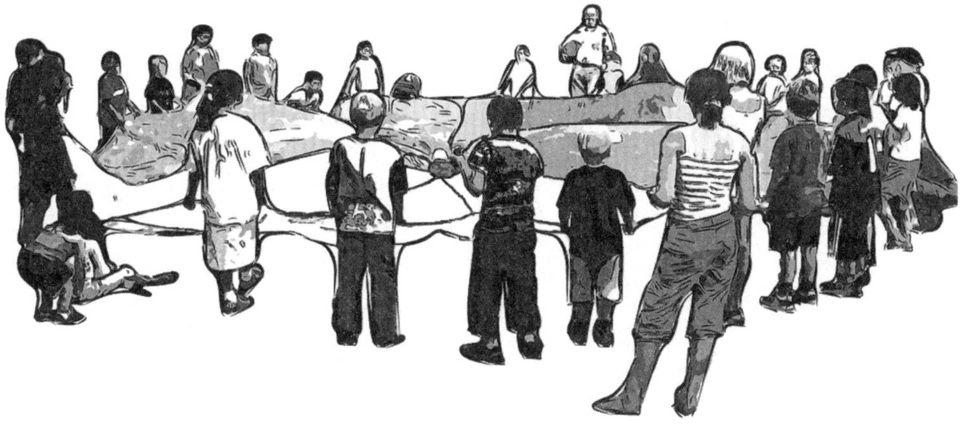

668. Der Fallschirm, der hält

Alle halten sich am Rand fest und lehnen sich nach hinten.

669. Ebbe und Flut

Alle sitzen auf dem Boden und halten sich am Fallschirmrand fest. Die Spieler auf der einen Seite lehnen sich zurück und ziehen so die Spieler gegenüber nach oben.

670. Karussell

Alle halten den Fallschirmrand fest und laufen, rennen, hüpfen im Kreis.

671. Meereswogen

Eine Welle wird von einer Seite auf die andere Seite geschickt.

672. Hochheben

Eine Person liegt in der Mitte des Schirms und wird vorsichtig hochgehoben und genauso vorsichtig wieder abgelassen. Die Spieler am Rand müssen den Schirm gut eingerollt halten, damit das Tuch nicht reißt.

673. Fallschirm-Ballspiel

Ein Ball wird auf den Schirm gelegt. Die Spieler auf einer Seite versuchen, ihn über die gegenüberliegende Seite hinauszuschießen.

674. Fallschirm-Golf

Sollte der Schirm ein Loch haben, dann wird versucht, den Ball ins Loch zu »putten«.

675. Hund und Hase

Zwei unterschiedliche Bälle werden in den Schirm gelegt. Die eine Mannschaft versucht, den Ball der anderen Mannschaft zu fangen.

676. Kreisball

Einen Ball auf dem Schirm im Kreis rollen.

677. Ballspiel

Eine Person ist unter dem Schirm und muss versuchen, einen Ball darunter hervorzuschießen. Die Person, die den Ball rausgelassen hat, muss als Nächste unter den Schirm.

678. Platztauschen

Der Schirm wird nach oben geschwungen, dann werden die Plätze getauscht, entweder alle oder nur von einigen.

679. Richtungswechsel

Alle rennen mit dem Schirm im Kreis. Auf Kommando wird die Richtung gewechselt.

680. Vorsicht, bissiges Krokodil!

Alle sitzen am Boden und halten den Fallschirm am Rand fest. Die Füße werden unter den Fallschirm ausgestreckt. Ein Gruppenmitglied spielt Krokodil und ist unter dem Schirm. Das Krokodil zieht nun eine Person an den Füßen zu sich herein. Danach gehen die beiden als Krokodile weiter auf Jagd.

17. Schneespiele

Spiele im Schnee sind zwar wetterabhängig, aber wenn es genug Schnee hat, kann man mit Schlitten, Snowboard oder Ski viel Spaß erleben.

681. Snowboard-Schlitten

Je zwei Personen bilden ein Paar. Eine sitzt auf einem Board, die andere schiebt oder zieht sie über eine bestimmte Strecke.

682. Schlepplift

Es wird für jede Mannschaft ein langes Seile hangaufwärts gespannt. Jede Gruppe startet mit einem Schlitten an der »Talstation« und versucht, sich am gespannten Seil hochzuziehen. Alternativ kann auch die Gruppe am Seil ziehen und den Schlitten mit dem Mitspieler den Berg hochziehen.

683. Baseball

Schneebälle werden in ein Tor geworfen. Eine Person im Tor wehrt die Treffer mit dem Board ab. Oder die Teammitglieder versuchen, der Person mit dem Board die Schneebälle so geschickt zuzuspielen, dass sie möglichst viele davon trifft.

684. Board schießen

Mit Schneebällen wird auf im Schnee senkrecht stehende Boards geschossen.

685. Schneeballschlacht ●●●

Eine Schneeballschlacht ist im Winter fast schon obligatorisch. ! Vorsicht: Wenn der Schnee zu pappig ist, können die Schneebälle zu hart werden. Die Spielleitung sollte also unbedingt darauf achten, dass fair geworfen wird, und notfalls die Schlacht abbrechen, wenn die Bälle zu hart sind.

686. Luftballonspiele im Schnee

Jeder versucht, mit Schneebällen Luftballons im gegnerischen Spielfeld zu treffen.

VARIANTE: Ein Luftballon muss in das gegnerische Feld getrieben werden. Die andere Mannschaft versucht natürlich das Gegenteil.

VARIANTE: Ein Luftballon hängt an einem Ast und muss mit Schneebällen zum Platzen gebracht werden. Jeder hat drei Würfe frei. Wie viele Luftballons trifft die Mannschaft?

687. Schlittenrennen und Geländefahrt

Jeder muss mit dem Schlitten einen Abhang runterfahren. Dabei werden Hindernisse (Stangen, Schanzen) bewältigt und Stationen im »Vorbeifahren« angefahren, z. B. Wassereimer oder Gegenstände unterwegs aufsammeln und ins Ziel bringen. Gewertet wird die Zeit. Für jede erfüllte Aufgabe gibt es entsprechende Zusatzpunkte.

688. Ski-Wettlauf

Auf zwei langen, gut eingewachsten Holzbrettern mit mehreren Schlaufen stehen drei bis vier Personen. Es geht nun bergab (kommt auf die Form der Bretter an), über einen Hindernisparcours oder bergauf.

689. Schlitten-Staffel

Bei diesem Staffellauf bewegen sich die Teammitglieder auf Schlitten (Ski, Snowboard) vorwärts. Weitere Varianten können nach den Vorschlägen im Kapitel 14.2 Staffelspiele und Staffelläufe eingebaut werden.

690. Schlittenabfahrtsstaffel

Die Schlittenfahrer werden am Abhang an verschiedenen Stellen postiert. Der erste Fahrer startet ganz oben und übergibt den Staffelstab weiter unten, innerhalb einer bestimmten Markierung, an den nächsten Fahrer der Mannschaft. Selbstverständlich darf kein Mitspieler ausgelassen werden.

691. Schneekugelbahn

Ein Schneehaufen wird aufgeworfen. Dann wird eine Kugelbahn gebaut. Als Kugel dient ein Golfball. Damit die Bahn stabil und hart wird, kann sie mit Wasser vereist werden. Welcher Ball rollt am längsten und kommt trotzdem ins Ziel? Oder sofern die Bahnen gleich lang sind: Welcher Ball ist schneller im Ziel?

18. Spiele im Wasser

Wasserspiele im Hallenbad, Freibad, am See oder am Strand sind im wahrsten Sinne des Wortes immer cool. Bei Spielen im Wasser ist darauf zu achten, dass das Wasser nicht zu tief ist, dass fair gespielt wird und dass im Falle eines Falles eine Aufsichtsperson schnell zur Stelle ist. Hier ein paar Anregungen für Spiele im Wasser.

692. Wassermann ●●●

Dieses Wasserspiel geht wie »Wer hat Angst vorm schwarzen Mann«, nur heißt es heute: »Wer hat Angst vorm Wassermann?«. Der jeweilige Wassermann muss so viele Schwimmer wie möglich abfangen. Die Abgeschlagenen werden auch zu Fängern. Wer übrig bleibt, darf der nächste Wassermann sein. Abgeschlagen werden kann man durch einfaches Berühren, Herunterziehen der Badekappe usw.

693. Seepferdchenreiterkampf im Wasser ●●●

Dieses Wasserspiel geht wie der Reiterkampf, nur dass hier im flachen Wasser gekämpft wird. Die Person, die Huckepack oben sitzt, muss versuchen, den gegnerischen Reiter herunterzuwerfen, ihm die Badekappe abzuziehen oder ein Plastikband aus Schwimmbekleidung zu ziehen. Im Hallen- oder Freibad wegen der Unfallgefahr darauf achten, dass die Paare weit genug vom Beckenrand entfernt sind.

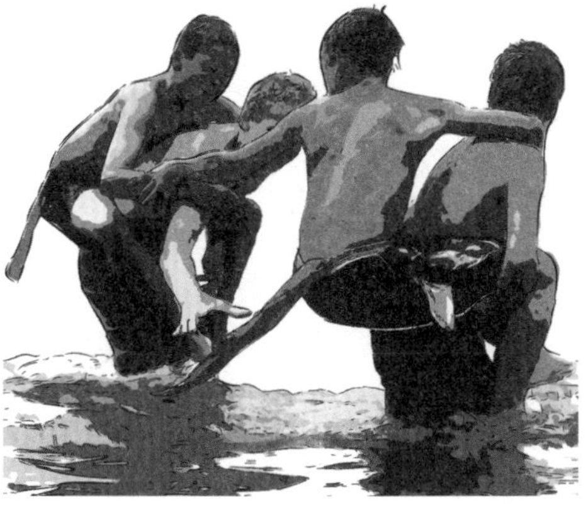

694. Wasserschlangen

Das Spiel geht wie das einfache Tauziehen, nur muss versucht werden, das Tau schwimmend über eine bestimmte Markierung zu bringen.

695. Inselwettkampf

Auf jeder Luftmatratze steht eine Person. Ziel ist es, den Gegner mit einer Schaumstoffnudel herunterzustoßen.

696. Piranhas

Immer zwei Piranhas kämpfen gegeneinander. Jedem stecken zwei bis drei Bänder (Stofffetzen, leichte Plastikfolie) in der Schwimmbekleidung, die mindestens 30 cm heraushängen müssen. Verloren hat, wer als Erster keine Bänder mehr hat.

697. Wasserballrallye

Ein Ball oder Luftballon muss jeweils hin und zurück über eine bestimmte Strecke transportiert werden. Dabei dürfen die Hände – oder nur der Kopf – benutzt werden.

698. Fährmann

Ein Seil wird pro Gruppe über den Fluss oder quer zum Schwimmbecken gespannt oder gehalten. Auf einer Luftmatratze sitzend und sich am Seil vorwärts ziehend muss nun jedes Teammitglied einmal hin und her. Wenn kein Seil vorhanden ist, wird die Luftmatratze mit dem Passagier von Mitgliedern der Mannschaft schwimmend hin und her transportiert.

699. Luftmatratzen-Hopping

Pro Mannschaft müssen mehrere Luftmatratzen vorhanden sein, da immer von einer Luftmatratze auf die andere gesprungen werden muss. Wer herunterfällt, muss nochmals von vorne beginnen, oder der Nächste kommt gleich dran. Welche Mannschaft bringt die meisten Personen in einer bestimmten Zeit ans Ziel?

700. Inselpost

Pro Mannschaft müssen mehrere Luftmatratzen vorhanden sein, da mit Wasser gefüllte Luftballons von einer Insel zur nächsten ins Ziel geworfen werden müssen. Welche Mannschaft bringt die meisten Luftballons in Ziel?

701. Bockspringen verkehrt ●●●

Zwei Mannschaften mit je maximal vier Mitgliedern stehen sich gegenüber. Im brusthohen Wasser stellen sie sich mit gespreizten Beinen je in einer Reihe hintereinander auf. Auf Kommando muss nun die letzte Person zwischen den Beinen der anderen durchtauchen und sich am Anfang der Reihe mit gespreizten Beinen aufstellen. Dann ist der nächste dran und taucht ebenfalls unter allen hindurch. Gewonnen hat die Mannschaft, die als Erste am gegenüberliegenden Beckenrand angekommen ist.

702. Weitsprung

Die Teammitglieder versuchen, so weit wie möglich vom Beckenrand ins Wasser zu springen. Dabei wird von einer Betreuungsperson eine Schaumstoffnudel als Markierung im Wasser festgehalten. Ausgeschieden sind diejenigen, die nicht über die Nudel springen konnten oder diese berührt haben. In der nächsten Runde wird die Nudel etwas weiter entfernt vom Beckenrand gehalten.

703. Versteinert ●●●

Eine Person ist der Jäger/die Jägerin. Jeder, der im Wasser abgeschlagen wird, muss versteinern (sich bewegungslos mit gespreizten Beinen hinstellen). Der Jäger hat gewonnen, wenn alle versteinert sind. Zum Leben erweckt werden kann ein Versteinerter nur, wenn ein noch nicht versteinertes Teammitglied durch die gespreizten Beine taucht.

704. Tauchen ●●●

Wer kann die weiteste Strecke unter Wasser tauchen? An dem Punkt, wo der jeweilige Taucher aufgetaucht ist, setzt er sich an den Beckenrand, so dass anschließend festgestellt werden kann, wer am weitesten getaucht ist.

705. Jagen und Fangen ●●●

Zwei Mannschaften stehen sich in der Mitte des Beckens in einer Linie in einer Entfernung von 2–3 m gegenüber. Die Betreuungsperson ruft nun eine Mannschaft, die Fänger sein soll. Sofort versucht die andere Mannschaft, an den Rand zu flüchten. In der nächsten Runde kann es umgekehrt sein (muss aber nicht).

706. Lautlos wie ein Fisch ●●●

Einer Person in der Mitte des Beckens werden die Augen verbunden. Die anderen müssen nun versuchen, von einem Beckenrand zum anderen zu kommen, ohne abgeschlagen zu werden.

707. Sammelleidenschaft 1

Eine bestimmte Anzahl an schwimmfähigen Gegenständen wird in den Pool geworfen (z. B. Bälle, Korken, Schwimmnudeln, Luftmatratzen). Auf Kommando muss nun die Mannschaft versuchen, alle Gegenstände aus dem Wasser zu fischen. Wie viel Zeit wird benötigt, oder wie viele Gegenstände können in einer bestimmten Zeit gesammelt werden?

708. Sammelleidenschaft 2

Die Gegenstände befinden sich in etwa in der Beckenmitte. Von gegenüberliegenden Beckenseiten springen die zwei gegnerischen Mannschaften auf Kommando ins Wasser und versuchen, so viele Gegenstände wie möglich an den eigenen Beckenrand zu bringen.

VARIANTE: Die Gegenstände dürfen nur durch Wasserbewegung und Planschen in die eigene Beckenhälfte getrieben werden.

709. Wasser-Limbo-Tanz

Es muss versucht werden, unter einem Stab durchzuschwimmen oder zu tauchen. Wenn der Stab berührt wird oder aus der Halterung fällt, scheidet das Teammitglied aus. Der Stab wird von Runde zu Runde niedriger gehängt.

710. Durch den Ring

Innerhalb von ein bis zwei Minuten muss so oft wie möglich durch einen großen Radschlauch oder Plastikreifen eingetaucht und herausgetaucht werden. Ggf. muss der Radschlauch von zwei Betreuungspersonen festgehalten werden. Im tiefen Wasser dürfte es gar nicht so einfach sein, den Ring jeweils immer ganz nach unten zu drücken, auszusteigen und ihn anschließend wieder über den Kopf zu stülpen.

19. Spiele am Strand

Hier werden nur Spiele aufgelistet, die sich im weichen Sand am Strand spielen lassen. Die Wasserspiele wurden im vorherigen Kapitel separat aufgeführt, da sie sowohl am Strand als teilweise auch im Hallenbad gespielt werden können. Natürlich können am Strand auch alle möglichen Staffelspiele, Rasenspiele oder Frisbeespiele (siehe die jeweiligen Kapitel) gespielt werden. Welche Spiele ausgewählt werden können, hängt auch vom Strand ab: Es gibt Strände mit weißem, feinem Sand, andere mit Steinen, manche Strände sind überfüllt, andere menschenleer. Nicht jedes Spiel ist also an jedem Strand möglich.

19.1 Mannschaftsspiele für größere Gruppen

711. Fußball am Strand

712. Beachvolleyball

713. Beachball

714. Rugby

715. Frisbeespiele (siehe dort)

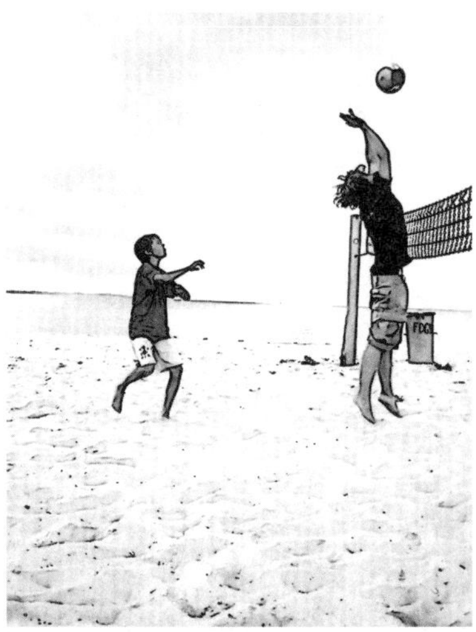

19.2 Spiele zum Zeitvertreib für kleinere Gruppen

716. Strand-Boccia oder Boule

717. Softball mit Softballschläger

718. Strandtennis auf härterem Sandstrand

719. Krocket

720. Drachensteigen

721. Muscheln und andere schöne Dinge suchen

19.3 Kampf- und Raufspiele

722. Burgeroberung

Es werden zwei Gruppen gebildet. Jede Gruppe baut sich eine Sandburg von ca. 5–10 m Durchmesser. Die Burgen sind ca. 20 m voneinander entfernt. In jeder Burg wird eine Fahne (Handtuch) gehisst. Welcher Mannschaft gelingt es zuerst, die fremde Fahne in die eigene Burg zu schaffen?

VARIANTE: Es können Gefangene gemacht werden, indem ein Lebensfaden (Plastikband) aus der Badebekleidung gezogen wird. Befreit werden können die Gefangenen, indem ihnen ein neuer Lebensfaden gebracht wird. Die befreite Person darf dann zunächst unbehelligt in die eigene Burg zurückkehren, dann kann sie wieder aktiv am Spiel teilnehmen.

723. Piranhas auf dem Trockenen

Jedes Teammitglied steckt sich ein Tuch oder Plastikband hinten in die Badekleidung. In einem abgegrenzten Areal versuchen die Mitspielenden, so lang wie möglich zu überleben und gleichzeitig so viele Bänder wie möglich von den anderen zu klauen.

VARIANTE: Dieses Spiel kann auch als Reiterkampf gespielt werden. Dabei aber darauf achten, dass im Sand keine Steine liegen.

724. Tauziehen

Beim Tauziehen im Sand muss darauf geachtet werden, dass das Seil stark genug ist, um die Belastung auszuhalten.

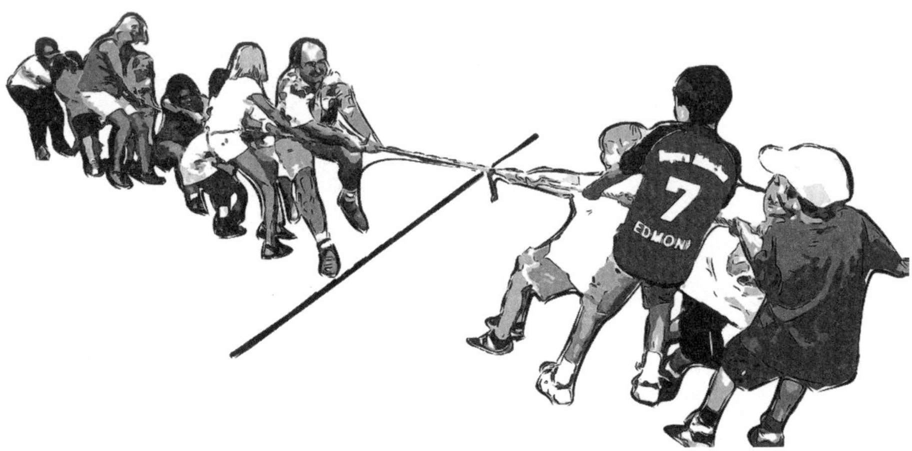

19.4 Kreative Spiele mit Sand

725. Sandburgenbau ●●●

Wer oder welche Mannschaft baut die schönste oder größte Sandburg?

726. Murmelbahnrennen

Welche Mannschaft kann eine Murmelbahn aus Sand bauen und die Murmel am längsten am Rollen halten?

727. Sandfiguren bauen ●●●

Welche Mannschaft kann die schönste Sandfigur bauen?

728. Personen eingraben ●●●

Wie viel Zeit wird benötigt, um eine Person bis auf den Kopf in liegender Stellung einzugraben?

VARIANTE: Wie lange braucht die Gruppe, um einen Zelt- oder Meterstab von ca. 1 m Länge senkrecht einzugraben?

729. Strandmaler ●●●

Wie Montagsmaler, nur wird der Begriff mit den Fingern auf den Sand gemalt. Wer kann erraten, um was es sich handelt?

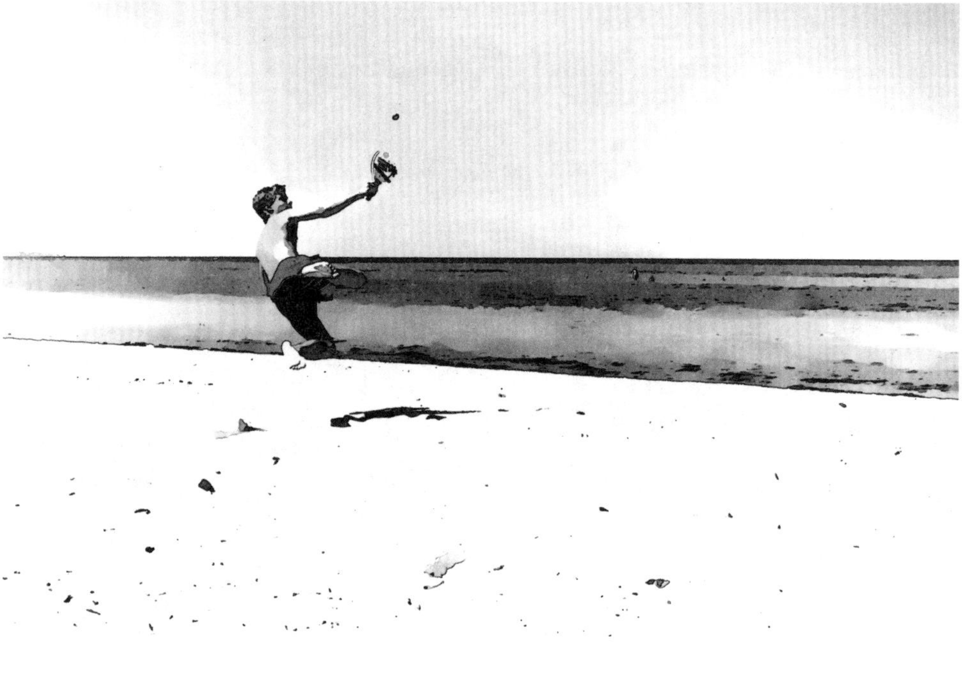

19.5 Strandolympiade

730. Kugelschieben

Nur mit dem Kopf oder der Nase muss ein Tennisball oder ein rohes Ei über eine Distanz von ca. 7 m geschoben werden.

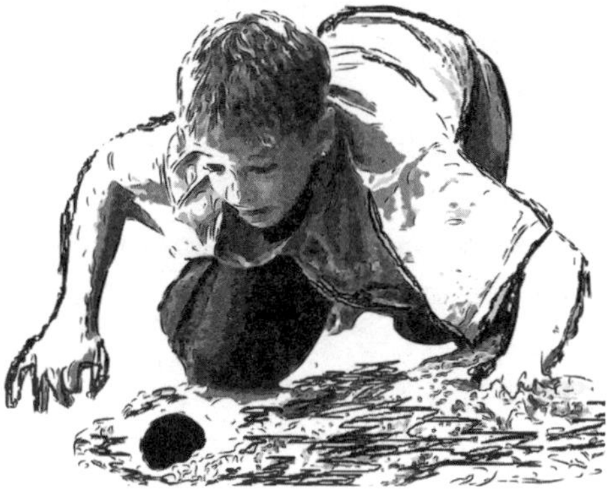

731. Wettlauf ●●●

Klassischer Wettlauf in tiefem Sand.

732. Hüpfende Steine ●●●

Jeder sucht sich einen Stein und lässt diesen übers Wasser hüpfen. Gezählt wird, wie oft der Stein hüpft.

733. Weitsprung ●●●

Klassischer Weitsprung im Sand.

734. Stein- oder Ballweitwurf ●●●

Klassische Weitwurf-Disziplin.

735. Frisbee-Zielwerfen

Aufgabe ist es, mit dem Frisbee in ein ca. 7–10 m entferntes Ziel zu treffen. Das Ziel kann aus einem oder mehreren Kreisen mit unterschiedlicher Bewertung bestehen.

736. Ölbohrung ●●●

Wer kann in fünf Minuten mit den Händen und ohne Hilfsmittel das tiefste Loch graben?

19.6 Staffelspiele am Strand

737. Muschel balancieren

Auf die Stirn wird eine Muschel gelegt. Mit dieser Muschel muss das Gruppenmitglied zum Gegenüber laufen und ihm/ihr die Muschel übergeben.

738. Wasser holen und Flasche füllen

Mit den bloßen Händen wird Wasser geholt, das in eine Flasche eingefüllt wird, die ca. 30 m vom Wasser entfernt steht.

20. Rasenspiele

Verschiedene Lauf-, Rauf-, Ball- und Wettspiele auf dem Rasen, einem Feld oder der Wiese bieten sich an, wenn es wärmer wird oder die Räumlichkeiten zu beengt sind.

739. Der Fuchs geht um ●●●

Gerade bei jüngeren Gruppen ist dieses altbekannte Spiel immer noch sehr beliebt. Bei den älteren Gruppen können ggf. Varianten eingebaut werden. Zum Beispiel könnten immer Paare gebildet werden, die dann zu zweit die Verfolgung aufnehmen.

740. Blinde Kuh

Auch Blinde Kuh ist ein Spiel, das die Jüngsten schon aus dem Kindergarten kennen, das aber seinen Reiz nicht verliert. Einer Person werden die Augen verbunden. Die anderen Gruppenmitglieder laufen auf der abgegrenzten Spielfläche herum. Die Blinde Kuh versucht, eine Person zu fangen. Wer von ihr berührt wurde, wird in der nächsten Runde die Blinde Kuh.

VARIANTE: Etwas weniger bewegungsintensiv ist das Spiel, wenn alle Mitspieler m Kreis stehen und die Blinde Kuh in der Mitte. Zwei Personen müssen nun die Plätze tauschen und die Person in der Mitte muss versuchen, sie zu erwischen.

741. Jakob wo bist du?

Ebenfalls ein altes Kinderspiel, das draußen zum Laufen und Fangen einlädt. Hierbei bilden alle Mitspieler einen großen Kreis. Zwei Personen werden die Augen verbunden. Sie stehen einander in der Kreismitte gegenüber. Die eine Person fragt: »Jakob wo bist du?« Die andere antwortet: »Hier bin ich!« Nun ist die Jagd auf Jakob eröffnet, der versucht, auszuweichen.

742. Fangspiel ●●●

Eine Person ist Fänger. Wenn jemand abgeschlagen wird, wird er ebenfalls zum Fänger, muss sich allerdings mit der einen Hand an der Stelle halten, an der er getroffen wurde.

743. Komm mit – renn weg ●●●

Alle stehen im Kreis und halten sich an den Händen. Zwei Personen rennen außerhalb des Kreises herum und schlagen irgendwo die Hände auseinander und rufen »Komm mit!« oder »Renn weg!«. Die beiden Personen, bei denen »eingeschlagen« wurde, müssen nun bei »Komm mit!« die Verfolgung aufnehmen oder bei »Renn weg!« in die entgegengesetzte Richtung laufen und versuchen, nach einer Umrundung ihren alten Platz wieder einzunehmen.

744. Kreuzweg

Wenn ein Fänger versucht einen anderen Mitspieler zu fangen, kann ein dritter Mitspieler versuchen, den Weg zwischen den beiden zu kreuzen. Dann darf der Fänger diese Person nicht mehr weiterverfolgen. Geschickterweise versucht der Fänger dann, den kreuzenden Mitspieler zu fangen oder sucht sich ein neues Opfer.

745. Rugby

Entweder nach den offiziellen Regeln oder Freestyle spielen – Hauptsache, das Rugby-Ei landet hinter der gegnerischen Auslinie.

746. Radschlauchstaffel

Jede Mannschaft bekommt einen aufgepumpten Radschlauch. Über eine Distanz von ca. 30–50 m wird dieser Radschlauch nun als Staffellauf hin und her gerollt.

747. Reiterkampf ●●●

Immer zwei Personen bilden ein Paar. Eine Person setzt sich auf Rücken oder Schultern der anderen. Nun wird versucht, die anderen Reiterpaare umzuwerfen. Es sollte darauf geachtet werden, dass es fair zugeht, nicht mit den Füßen getreten, geschlagen oder an den T-Shirts gerissen wird.

▷ **HINWEIS:** Dieses Spiel ist etwas rau und nicht für alle Gruppen geeignet.

748. Felderkämpfe

Nebeneinander werden drei bis vier Felder (jeweils 3 × 3 m) mit Sägemehl markiert. Die ganze Gruppe stellt sich ins oberste Feld. Nun versucht jeder, den anderen ins nächste Feld zu stoßen. Wer aus einem Feld rausgeworfen wird, d. h. die Linie übertritt, muss ins nächst niedrigere Feld. Wer im obersten Feld übrig bleibt, hat gewonnen. Wer im zweiten Feld übrig bleibt, ist zweiter Sieger usw.

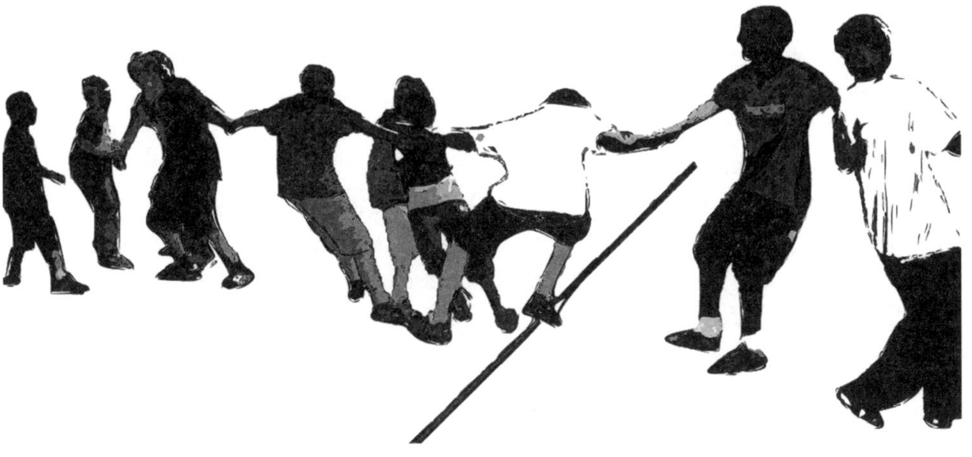

▷ **HINWEIS:** Dieses Spiel ist unter Umständen auch sehr rau und nicht für alle Gruppenmitglieder geeignet. Vielleicht können auch bestimmte Zusatzregeln vereinbart werden, damit es nicht gar so wild wird. Interessant ist auch zu beobachten, wie manche Gruppenmitglieder sich zunächst zusammentun, und wenn diese dann übrig geblieben sind, sich gegenseitig bekämpfen.

749. Verbindungskette ●●●

Zwei Spielfelder sind durch eine Grenze geteilt. Jede Gruppe versucht nun, die gegnerischen Mannschaftsmitglieder ins eigene Feld herüberzuziehen. Das gegnerische Feld darf betreten werden, sofern noch eine Verbindung ins eigene Feld besteht, also entweder noch ein Fuß im eigenen Feld ist oder man von jemandem im Feld festgehalten wird. Reißt die Kette jedoch, dann müssen die Gruppenmitglieder im gegnerischen Feld bleiben.

750. Tauziehen ohne Tau ●●●

Jeder hält sich an der Hüfte des Vordermanns fest.

751. Kopf oder Zahl ●●●

Zwei Mannschaften (oder auch nur jeweils ein Partner) stehen sich entlang einer Linie etwa 2 m voneinander entfernt gegenüber. Den Mannschaften wird Kopf oder Zahl zugeordnet. Es wird eine Münze geworfen. Wenn Kopf oben ist, dann muss die »Kopf-Mannschaft« die »Zahl-Mannschaft« fangen. Gefangen ist derjenige, dem es nicht gelingt, hinter die eigene Linie zu rennen.

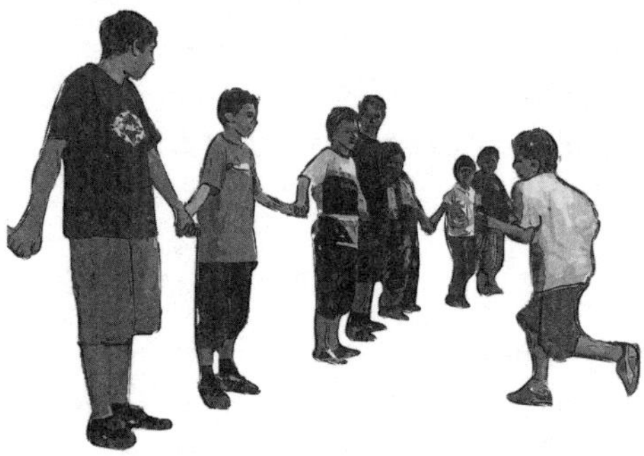

752. Ketten sprengen ●●●

Zwei Mannschaften stehen sich gegenüber und bilden jeweils eine lange Kette. Immer abwechselnd versucht ein Gruppenmitglied zu starten und die gegnerische Kette zu durchbrechen. Gelingt ihm das, dann muss der eine Gegner, der losgelassen hat (im Zweifelsfall der Rechte), als »Gefangener« mitkommen und sich in die gegenüberliegende Kette eingliedern. Gelingt es nicht, dann muss sich das Gruppenmitglied bei der gegnerischen Mannschaft eingliedern.

753. King-Spiel ●●●

Das Spielfeld wird in zwei Hälften geteilt. Jede Partei hat einen König oder eine Königin. Jede Partei versucht nun, Gruppenmitglieder der gegnerischen Partei ins eigene Feld zu zerren oder zu tragen. Wer von der Königin abgeschlagen wurde, gilt als Gefangener und muss in der gegnerischen Mannschaft mitspielen. Man kann festlegen, ob die Königin nur im eigenen Spielfeld bleiben darf oder auch Ausflüge ins gegnerische Feld unternehmen kann. Wird sie dort allerdings von der gegnerischen Königin abgeschlagen, hat die gesamte Mannschaft verloren.

754. Chaos-Rugby

Statt nur einem Rugby-Ei werden viele Bälle oder Rugby-Eier benötigt. Alle Bälle werden an einer Mittellinie ausgelegt. Beide Mannschaften stehen sich jeweils auf ihren Linien gegenüber. Auf Kommando versucht nun jeder, sich einen Ball zu schnappen und diesen in die gegenüberliegende Linie zu bringen. Gelingt ihm dies, dann darf er sich einen neuen Ball holen. Wenn genügend Bälle vorhanden sind, dann kann das ein ganz schönes Chaos werden. Damit es fair zugeht, sind zwei bis drei Schiedsrichter nötig.

755. Spar-Fußball

Hier der ultimative Sparvorschlag für hoch verschuldete Fußballvereine oder kleine Fußballfelder: Mit zwei Kegeln wird in der Mitte des Feldes ein Tor aufgebaut. Jede Mannschaft muss nun versuchen, aus einer Richtung in das Tor zu schießen. Die beiden Torhüter stehen Rücken an Rücken. Durch das Tor darf nicht gelaufen werden. Um es etwas schwieriger zu machen, kann ein kleiner Kreis um das Tor gezogen werden, aus dem nicht auf das Tor geschossen werden darf (wie der Freiraum vor dem Tor beim Handball).

756. Ballwurf-Rallye

Zwei Mannschaften bilden jeweils einen gleich großen Kreis. Der Ball muss auf Kommando von einer Person zur nächsten weiter geworfen werden. Welche Mannschaft hat nach drei Runden die Nase vorne?

VARIANTE: Der Ball muss sternförmig geworfen werden oder immer vier Personen vor, drei zurück, vier vor usw. und dies ebenfalls drei Runden lang.

757. Brennball

Dieses Spiel (ähnlich wie Baseball) kennt jeder vom Sportunterricht aus der Schule. Wer einen Home-Run vollbringt, bekommt drei Punkte. Ansonsten gibt es für jeden Zieleinlauf einen Punkt. Verbrannt ist derjenige, der es nicht bis zum nächsten Base geschafft hat. Je nach Spielfeldgröße und Mannschaftsgröße können auch gleichzeitig zwei bis drei Bälle geworfen werden und zwei bis drei Läufer starten.

758. Tierischer Brennball

Wie Brennball, nur müssen Fänger und Läufer sich wie ein Tier vorwärts bewegen, z. B. hüpfend wie ein Frosch oder Känguru, auf allen vieren als Hund usw. Die jeweiligen Zwischenstationen sind ggf. in kürzeren Abständen zu wählen.

759. Abschuss aus dem Lauf

Ähnlich wie Brennball: Eine Person, der Läufer, wirft einen Ball ins Spielfeld und versucht, eine zuvor markierte Strecke zu laufen. Die andere Mannschaft im Spielfeld versucht, den Ball zu fangen und den Läufer abzuschießen, bevor dieser sein Ziel erreicht. Dabei dürfen die Mannschaftsmitglieder im Spielfeld mit dem Ball nicht mehr als drei Schritte laufen.

760. Laufball

Ähnlich wie Brennball: Eine Person wirft einen Ball ins Spielfeld und versucht, ums ganze Spielfeld zu rennen. Ein zweites Teammitglied startet gleichzeitig und versucht, sich innerhalb des Spielfeldes zu bewegen, ohne getroffen zu werden. Wenn der erste Läufer einmal das Spielfeld umrunden kann, bevor der zweite Läufer von der gegnerischen Mannschaft, die sich innerhalb des Spielfeldes befindet, abgeschossen wird, so erhält die Mannschaft der Läufer einen Punkt.

761. Beweglichkeit ist Trumpf

Ein Spielfeld wird in drei gleiche Teile geteilt. Im mittleren Teil ist eine Mannschaft, die von den beiden Mannschaften in den jeweils rechts und links angrenzenden Feldern mit ein bis zwei Bällen abgeschossen werden muss. Nach fünf Minuten wird gewechselt. Welche Mannschaft bewegt sich am geschicktesten und hält am längsten mit den meisten Spielern durch?

762. Durchhalten und Fangen

Ein Gruppenmitglied stellt zur Verfügung und geht in die Mitte. Alle anderen stehen in einem großen Kreis und versuchen, die Person mit dem Ball abzuschießen. Die darf den Ball fangen. Wie lange gelingt es ihr, sich zu behaupten?

763. Ball fangen

Zwei Mannschaften werden gebildet. Die Mitglieder einer Mannschaft werfen sich jeweils einen Ball zu. Die andere Mannschaft versucht, den Ball zu fangen und dann untereinander zuzuspielen. Gezählt werden die erfolgreichen Zuwürfe. Mit dem Ball darf nicht gelaufen werden, und er darf einem Gegner nicht entrissen werden, wenn der ihn gefangen hat.

764. Baseball

Dieses Spiel kann nach den offiziellen Regeln gespielt werden oder in abgewandelter Form. Wer keinen Schläger hat, bastelt sich einen aus einem starken Kiefernbrett, das ggf. mit Klebeband umwickelt wird. Ein breiteres Brett ist geeigneter, um den Ball zu treffen. Als Ball können auch Tennisbälle oder ein Softball (wenn in der Halle oder auf kleinerem Feld mit wenigen Personen gespielt wird) verwendet werden.

765. Völkerball

Dieses Spiel kennt jeder vom Sportunterricht aus der Schule. Vor dem Spiel die Spielregeln und Anzahl der »Leben« abklären.

766. Jägerball

Der Jäger (oder mehrere Jäger) versucht, die anderen Teammitglieder mit einem Ball abzuschießen. Wer abgeschossen wurde, scheidet aus. Wenn allerdings der Gejagte den Ball fangen kann, ohne dass der Ball anschließend auf den Boden fällt, gilt er nicht als abgeschossen. Der Gejagte kann den Ball irgendwohin werfen.

VARIANTE: Als Mannschaftsspiel: Wie lange benötigt jede Mannschaft, um die gegnerische Mannschaft abzuschießen?

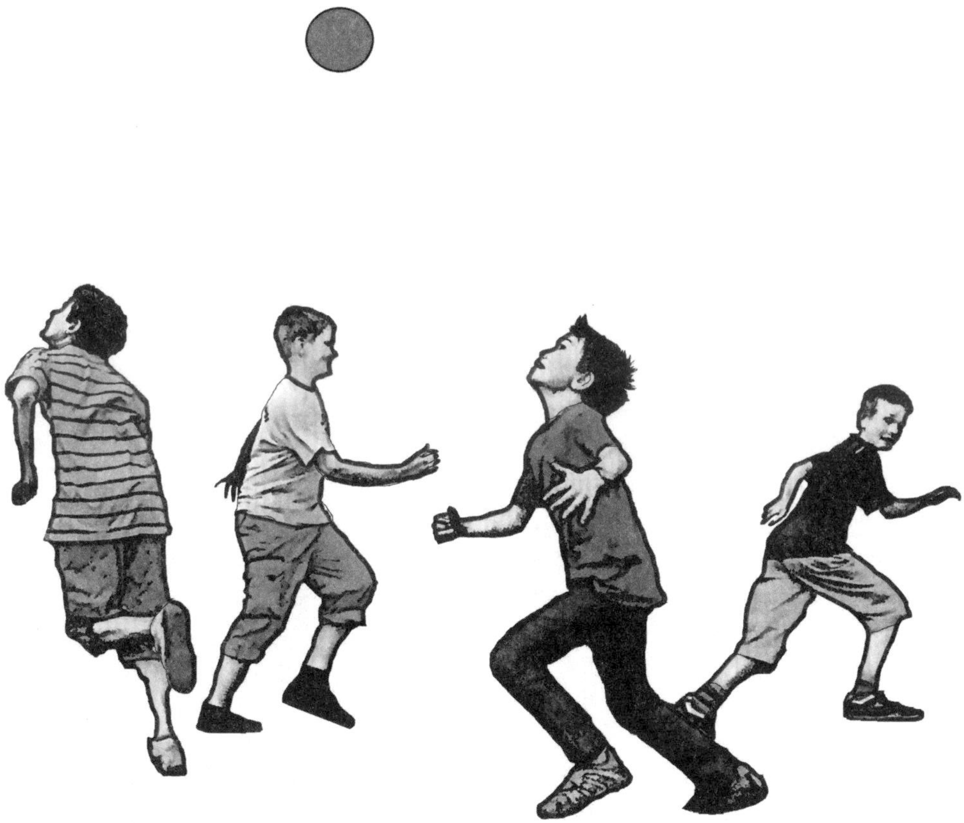

21. Schlamm- und Matschspiele

Bei diesen deftigen Wettspielen wird garantiert jeder nass oder dreckig. Die Jungen oder Mädchen stört das weniger als die Eltern. Deshalb die Eltern vorwarnen oder die Spiele auf einer Freizeit spielen, wenn Ersatzklamotten vorhanden sind, oder im Sommer, wenn nur in Badekleidung gespielt werden kann.

767. Wasserservice

Ein Tablett oder ein Brett mit fünf gefüllten Wasserbechern muss über dem Kopf gehalten und über einen Parcours transportiert werden. Die Becher werden im Ziel in einen Eimer entleert.

768. Achtung, Wasserbombe!

Einer Person werden die Füße zusammengebunden oder in einen Sack gesteckt, zwischen die Beine kommt eine Wasserbombe. Sie muss so einen Parcours durchhopsen.

769. Wasser-Dreck-Schlacht

Zwei Mannschaften versuchen, sich gegenseitig mit Wasserbechern, Eimern, Spritzen nass zu machen. Man kann natürlich auch gleich mit einer Schlacht im Schlamm loslegen. Fest steht: Badekleidung ist empfehlenswert, denn so dreckig kann keiner nach der Gruppenstunde nach Hause.

770. Abseifen

Zwei Gruppenmitglieder sitzen auf Stühlen einander gegenüber und versuchen, sich gegenseitig den Rasierschaum auf der Nase, im Haar oder am Oberkörper mit Wasserpistolen oder Wasserbechern abzuspritzen. Es ist verboten, aufzustehen oder sich auf dem Stuhl umzudrehen. Gewonnen hat, wer es als Erster schafft, dem anderen den Rasierschaum wegzuspritzen.

771. Schwammstaffel

Ein Schwamm wird in einen Bach getaucht und dann von einer Person zur nächsten geworfen. Der Letzte drückt den Schwamm in einen Eimer aus. Welche Mannschaft hat zuerst ihren Eimer voll? Der ausgewrungene Schwamm wird wieder nach vorne

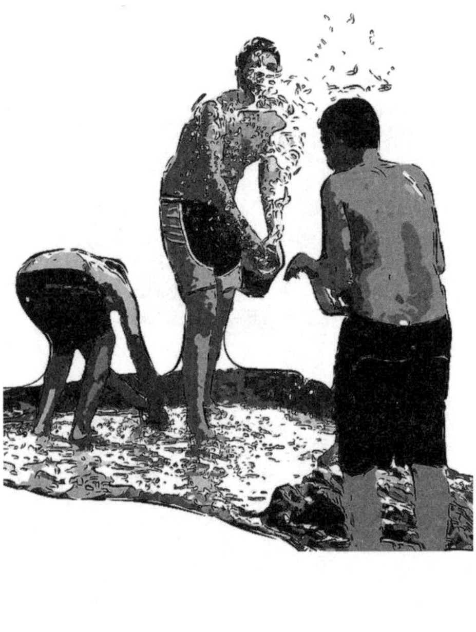

geworfen, oder der Letzte rennt damit nach vorn, und alle rücken um eine Position auf.

772. Wasserpapiertüten

Jede Mannschaft bastelt sich Papiertüten und muss mit diesen Papiertüten Wasser von A nach B befördern.

773. Wasserschlacht mit kurzen Schläuchen

Jedes Teammitglied von zwei Mannschaften bekommt einen Schlauch und füllt diesen durch Saugen mit Wasser aus einem Wassereimer. Damit versuchen die Mannschaften nun auf einem begrenzten Spielfeld, die Spieler der gegnerischen Mannschaft nass zu machen.

774. Fangen

Gefangen ist ein Teammitglied, wenn es von einer Wasserbombe getroffen wurde.

775. Die Bombe ist geplatzt

Jeder bekommt einen mit Wasser gefüllten Luftballon und muss nun so lange pusten, bis der Ballon platzt.

776. Die Gefahr im Rücken

Ein wassergefüllter Ballon wird jedem Teammitglied auf dem Rücken (Hosenbund) festgebunden. Nun versuchen entweder alle oder immer zwei Personen gegeneinander, den Ballon des anderen zu zerstören.

777. Zweikampf auf rutschigem Terrain

Eine stabile Plastikfolie wird mit Schmierseife oder Speiseöl eingerieben. Zwei Freiwillige kämpfen darauf gegeneinander.

Ein großer Spaß für das Publikum, eine glitschige Angelegenheit für die Freiwilligen. Die Spielregeln ggf. individuell vereinbaren.

778. Auf den Rücken legen

Zwei Personen bekommen einen mit Wasser gefüllten länglichen Luftballon auf den Rücken gebunden (oder unters T-Shirt geschoben) und setzen sich in der Hocke gegenüber. Nun geht es darum, das Gegenüber so auf den Rücken zu legen, dass der Ballon platzt.

779. Die Fütterung

Je zwei Freiwillige bilden ein Paar. Diese bekommen die Augen verbunden und müssen sich nun gegenseitig füttern (Apfelmus, Pudding, Sahne) und anschließend waschen.

780. Achtung, Misthaufen!

Auf einem Balken oder breiten Baum über einer Schlammgrube/Misthaufen sitzen sich zwei Personen gegenüber. Jeder hat einen Sack in der Hand und versucht damit, den anderen vom Balken zu schlagen.

22. Fahrrad-, Roller- oder Mofarallye

Eine Rallye mit Fahrrad, Roller oder sogar Mofa erfordert viel Geschicklichkeit. Die hier aufgeführten Spiele und Ideen können natürlich noch erweitert werden mit Ideen aus anderen Kapiteln (z. B. den Stationenspielen).

22.1 Einzeldisziplinen

781. Rad-Langsamfahren

Dazu sind nur Bahnen von je ca. 1 m Breite abzustecken. Die Fahrer und Fahrerinnen haben die Aufgabe, die Strecke zwischen Start und Ziel im »Schneckentempo« zurückzulegen, ohne unterwegs umzukippen. Für jede Bodenberührung werden der gefahrenen Zeit als Strafe zwei Sekunden abgezogen. Jedes Teammitglied wird unterwegs von einem Schiedsrichter begleitet, der die Fahrzeit stoppt und die Strafsekunden bestimmt. Wer am langsamsten fährt, hat gewonnen.

782. Kreis fahren

In einem sehr engen Kreis mit einem Durchmesser von ca. 3 m (ausprobieren) müssen so viele Runden wie möglich gefahren werden, ohne dass die Kreisbegrenzung mit einem Rad überfahren wird oder der Fahrer vom Rad absteigen muss. Für jede zweite Runde gibt es einen Punkt.

783. Stehen

Aufgabe ist es, mit dem Fahrrad auf eine Holzbohle (ca. 30 cm breit und knapp 2 m lang) zu fahren und dann dort so lange wie möglich still zu stehen, ohne abzusteigen. Für jede angefangenen fünf Sekunden gibt es einen Punkt. Wenn keine Bohle zur Verfügung steht, kann man auch mit dem Vorderrad in eine ca. 50 × 30 cm große Markierung einfahren und dann stehen bleiben.

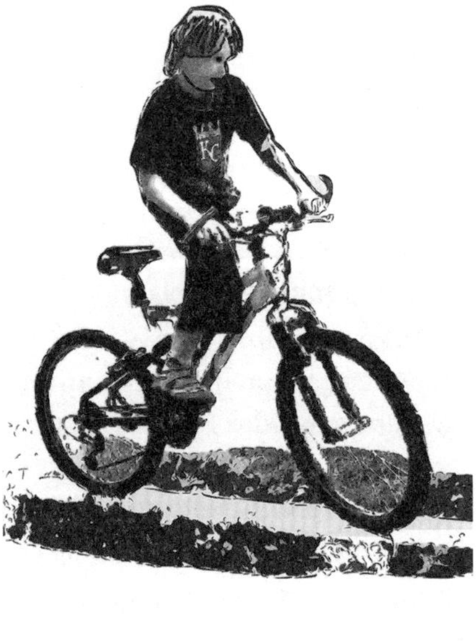

784. Rollertaxi

Mit einem Roller werden auf Schnelligkeit die einzelnen Gruppenmitglieder von A nach B befördert. Dabei wird ein Fahrer ausgewählt. Nacheinander wird ein Fahrgast befördert. Welcher Mannschaft ist hier am schnellsten unterwegs?

785. Abschleppwagen

Ein Rollerfahrer schleppt einen zweiten Roller ab. Das Seil wird um den Abschleppfahrer gebunden, der abgeschleppte Rollerfahrer hält das Seil in einer Hand.

786. Kopfbalance

Ein Gummiring muss nun dem Kopf balancierend mit dem Roller von A nach B zum nächsten Gruppenmitglied gefahren werden. Fällt der Ring während der Fahrt herunter muss der Rollerfahrer zum Ausgangspunkt zurück.

787. Geländerallye

Eine ca. 300 m lange gut markierte Geländerallye durch Wald oder Feld mit ein paar Steigungen, Kurven, einem Schlammloch oder einem Sprung über einen Bach sind eine Herausforderung für aller Fahrer und Fahrerinnen. Allerdings sollten keine gefährlichen Stellen vorhanden sein, z. B. Engstellen, wo sich zwei Personen gegenseitig gegen einen Baum manövrieren könnten usw.

22.2 Geschicklichkeitsparcours auf Zeit

Der Ausbau der Hindernisstrecke richtet sich nach der Größe des Platzes. Die Fahrer und Fahrerinnen starten im Abstand von zwei Minuten. Wenn es nicht genug Schiedsrichter gibt, ist immer nur eine Person auf der Strecke. Jeder Fehler an den einzelnen Stationen wird mit ein bis zwei Strafsekunden geahndet. Die folgenden Vorschläge für verschiedene Stationen können natürlich durch Ideen aus anderen Kapiteln dieses Buches erweitert werden.

788. Slalom

Nach dem Start zunächst eine Slalomstrecke von ca. 10 bis 15 m durchfahren. Als Slalommarken stellt man im Abstand von ca. 1 m Holzkeulen oder Flaschen auf.

789. Zielwerfen

Einen aufgehängten Kanister aus etwa 5 m Abstand im Fahren mit Tannenzapfen treffen.

790. Achterbahn fahren

Dann um zwei aufgestellte Fähnchen oder andere Markierungen eine Acht fahren.

791. Gepäcktransport

An der nächsten Station gilt es, ein – nicht allzu schweres – Gepäckstück oder einen randvoll gefüllten Wassereimer ohne Fahrtunterbrechung von einer Kiste aufzunehmen und ca. 5 m weiter auf einer anderen Kiste abzulegen.

VARIANTE: Zehn Gepäckstücke müssen von A nach B gefahren werden, d. h. es muss mehrmals gewendet werden. Der Boden darf nicht mit den Füßen berührt werden.

792. Wippe

Aus einer starken, nicht zu schmalen Holzbohle wird eine Wippe gebaut, die auf der Anfahrtseite auf dem Boden aufliegt. Diese Wippe muss überfahren werden. Nach jedem Durchgang muss sie für den nächsten wieder heruntergeklappt werden.

VARIANTE: Man kann auch eine Brücke bauen.

793. Lanzenstechen

Während der Fahrt eine Lanze (Besenstiel) in die Hand nehmen und dann mit der Spitze ca. 5 Ringe aufnehmen, die aufrecht auf Pfählen oder Tischen in einem Abstand von 1,5–2 m stehen.

794. Bücken

Auf dem Boden liegen zwei Tennisbälle. Diese müssen während der Fahrt aufgenommen und in einen Korb gelegt werden.

795. Radball

Ein Fußball muss in ein Tor geschossen werden. Der Ball darf nur mit dem Fuß oder mit dem Vorderrad getroffen werden.

796. Tunnel

Dies sollte die letzte Station sein. Zwischen zwei Pfosten oder Bäumen wird eine Latte so tief aufgelegt, dass sie nur mit gebeugtem Rücken, dicht auf der Lenkstange liegend, durchfahren werden kann.

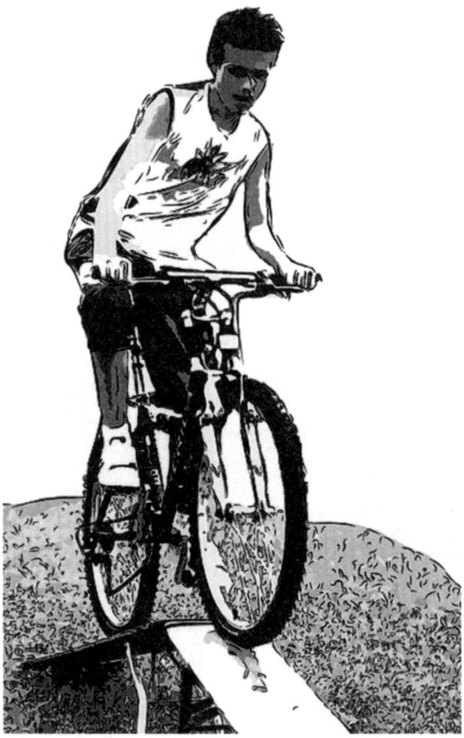

23. Seilspiele

797. Seilspinne

Mehrere Seile werden kreuzförmig übereinandergelegt und in der Mitte fest verknotet. Auf die Mitte legt sich ein Teammitglied, das nun durch Anheben der Seilenden vorsichtig hochgehoben wird.

798. Limbo

Ein Seil wird gespannt bzw. von zwei Personen in einer bestimmten Höhe gehalten. Ein Teammitglied muss nun versuchen, darunter durchzukriechen, ohne die Hände auf den Boden zu bringen. Das Seil wird bei jedem erfolgreichen Versuch tiefer gespannt.

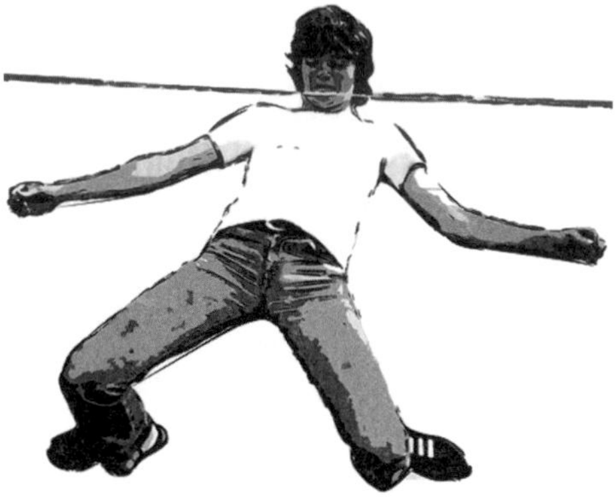

799. Seil-Rennen

Aus mehreren Seilen werden sich berührende Kreise auf dem Boden gelegt. Ein Mitglied der Gruppe wird als Fänger benannt und versucht, die anderen zu fangen. Alle dürfen jedoch nur auf den Seilen laufen. Überholen oder aneinander vorbeidrücken ist nicht erlaubt.

800. Seilhüpfen

Zwei Personen schwingen ein ca. 4–5 m langes Seil. Ein bis zwei weitere Personen laufen nun in das Seil und versuchen, so lange wie möglich darüberzuhüpfen.

801. Seil-Kreisel

Ein etwa 3 m langes Seil wird im Kreis ca. 30–50 cm über dem Boden geschwungen. Als Gewicht am Seilende empfiehlt sich ein kleines, mit Sand gefülltes Säckchen. Die anderen Mitspielenden versuchen, über das Seil zu hüpfen. Wer das Seil berührt, scheidet aus.

802. Auf dem Seil balancieren mit verbundenen Augen

Einer Person werden die Augen verbunden und muss versuchen, auf einem schlangenförmig ausgelegten Seil zu balancieren. Ggf. kann ein Teammitglied Anweisungen erteilen.

803. Figuren legen

Jedes Gruppenmitglied bekommt ein ca. 3 m langes Seil. Daraus legt nun jeder für sich oder die ganze Gruppe zusammen Figuren.

804. Seil treten

Die eine Hälfte der Gruppenmitglieder bekommt jeweils ein Seil, das sie am Boden schlängelnd entlangziehen. Die anderen Gruppenmitglieder versuchen, auf das Seil zu treten, um es zu bekommen. Anschließend werden die Rollen getauscht.

805. Seil aus dem Hosenbund ziehen

Jedes Gruppenmitglied steckt sich hinten in den Hosenbund ein zusammengelegtes Seil, so dass mindestens 30 cm herausschauen. Jeder versucht nun, den anderen das Seil aus dem Hosenbund zu ziehen. Wer keines mehr hat, scheidet aus. Gewonnen hat, wer am Schluss übrig ist.

806. Am Führungsseil entlang

Ein Seil wird durch verschiedene Räume oder um Bäume gespannt. Mit verbundenen Augen müssen sich die Mitglieder der Gruppe am Seil entlangtasten.

VARIANTE: Unterwegs können Stationen eingebaut werden, an denen es etwas zu fühlen, zu hören oder zu riechen gibt. Die Stationen sind jeweils durch ein in das Seil eingeknotetes zweites Seil markiert.

24. Frisbeespiele

Spiele mit dem Frisbee eignen sich für Mannschaften oder für Stationenspiele. Auf jeden Fall lassen sich damit tolle Sachen anstellen, und mit etwas Kreativität kann man noch ganz neue Spiele erfinden.

807. Zielwerfen

Zielwerfen mit dem Frisbee in ein mit Sägemehl gekennzeichnetes Feld oder auf einen ausgelegten Fallschirm. Je nachdem, ob ins Zentrum oder auf bestimmte Felder geworfen wurde, gibt es unterschiedliche Punkte.

808. Zielschießen

Auf einem Fahrrad fahrend (oder auch nur auf dem Gepäckträger sitzend) müssen mit drei Frisbeescheiben mehrere Plastikbecher mit Wasser von einer Bierbank abgeschossen werden.

809. Frisbee-Golf

Wie im echten Golf wird das Frisbee vom Start mit möglichst wenigen Würfen über ein Feld mit mehreren Löchern (Körbe) geworfen. Das Spiel lässt sich sehr gut in hügeligem, bewachsenem, teilweise unübersichtlichem Gelände spielen. Die Körbe können ca. 200 m voneinander entfernt liegen. Gewonnen hat die Mannschaft, die mit den wenigsten Würfen über die gesamte Strecke gekommen ist.

VARIANTE: Zusätzlich wird auf Zeit gespielt.

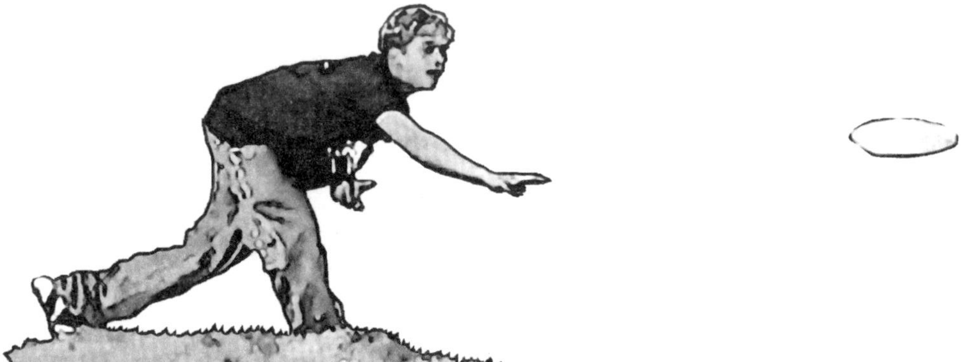

810. Frisbee-Brennball

Wie Brennball, nur mit dem Unterschied, dass diesmal ein Frisbee geworfen wird. Der Werfer flitzt los zur nächsten Base, in der Hoffnung, dass die Fängermannschaft das Frisbee nicht schnell genug fängt und in einem Korb versenkt. Gelingt dem Werfer ein Home-Run, kassiert die Mannschaft drei Zusatzpunkte. Verbrannt ist derjenige Läufer, dem es nicht gelingt, rechtzeitig eine Base zu erreichen.

811. Frisbee-Rugby

Wie Rugby, nur wird statt des Eis ein Frisbee verwendet. Eine Abgabe des Frisbees darf nur rückwärts erfolgen. Ein Punkt kann erzielt werden, wenn das Frisbee in einem Touch-Down ins Ziel gebracht wurde oder innerhalb einer Zielzone über eine Latte geworfen wurde (nur in diesem Fall ist ein Wurf vorwärts erlaubt).

VARIANTE: Die Mitglieder der Teams reiten Huckepack. Das Frisbee darf jetzt nach vorn geworfen werden. Die Reiterpaare dürfen nicht umgeworfen, aber das Frisbee darf ihnen abgejagt werden. Fällt das Frisbee auf den Boden, wird es vom Pferd aufgenommen und vom Reiter geworfen.

812. Wassertransport

Das Frisbee als Wassertransportmittel. Wer zu schnell läuft, verliert zu viel Wasser.

VARIANTE: Frisbee mit Wasser auf dem Kopf über eine bestimmte Strecke tragen.

25. Wahrnehmungs- und Waldspiele

Im Wald lassen sich sehr gut Wahrnehmungsspiele spielen, die z. B. mit einer Naturrallye verbunden werden können. Wahrnehmungsspiele schärfen auf spielerische Weise die Sinne und machen die Natur erlebbar. Darum geht es in den folgenden Spielen. Die Mitspielenden werden angeregt, über sich und über viele (bisher wenigstens) selbstverständliche Sachverhalte nachzudenken.

Bei Spielen im Wald sind allerdings verschiedene Vorsichtsmaßnahmen zu beachten: Zum einen sind manche Kinder gar nicht gewohnt, sich im Wald zu bewegen, zum anderen gibt es viel Unbekanntes und z. T. Gefährliches zu entdecken. Im Wald gibt es giftige Pflanzen (z. B. Pilze), vielleicht ein totes Tier, Zecken oder gefährlich herumliegendes Sturmholz, mit denen vorsichtig umgegangen werden muss.

Giftige Pilze und Pflanzen: Bei Spielen zum Thema »Schmecken, Riechen, Fühlen« ist Vorsicht geboten. Keine unbekannten Pilze oder Pflanzen sammeln. Bei Unsicherheit diese Spiele weglassen.

Fuchsbandwurm: Bei Spielen wie Riechen am Waldboden oder Probieren von Waldfrüchten ist Vorsicht geboten.

Zecken: Immer eine Zeckenzange mit dabei haben. Vorher auf die Möglichkeit einer Zeckenschutzimpfung hinweisen.

Tote Tiere nicht berühren.

Brandgefahr: Offenes Feuer und Zigaretten sind im Wald verboten.

Unfallgefahr: Bei unübersichtlichem Gelände mit Bruchholz, Felsen und Steinen ist Vorsicht geboten und eine erhöhte Aufsichtspflicht nötig. Die Spiele müssen so ausgewählt werden, dass sie dem Gelände angepasst sind. Ein Verbandskoffer sollte im Wald immer mit dabei sein.

Falls längere Aktionen geplant sind, z. B. über Nacht, müssen Förster und Jäger informiert werden.

25.1 Spiele im Wald

813. Bäume ertasten

Mit verbundenen Augen wird eine Person an einen oder mehrere Bäume geführt, um diese kurz zu betasten. Anschließend geht es wieder zurück. Gelingt es der Person anschließend, die Bäume wieder zu erkennen?

814. Orientierung mit verbundenen Augen

Der Gruppe werden in einem Gelände Start- und Zielpunkte mit ggf. ein bis zwei dazwischen liegenden Stationen gezeigt. Die Gruppenmitglieder haben nun 10–20 Minuten Zeit, sich die Punkte und den dazwischen liegenden Weg einzuprägen. Anschließend werden allen die Augen verbunden und die Gruppe in zwei Untergruppen geteilt. Von verschiedenen Startpunkten aus müssen die Gruppen zueinander finden. Anschließend werden die jeweiligen Stationen gemeinsam bis zum Zielpunkt angesteuert.

Eine Betreuungsperson überwacht die Aktion und achtet darauf, dass sich niemand durch ein Hindernis verletzt oder blindlings durch die Gegend rast. Es geht bei dieser Aktion nicht um Geschwindigkeit, sondern um die bewusste Wahrnehmung der Umgebung und der Mitspieler.

815. Räuberspiel

Im Wald gibt es viele Räubereien. Das Eichhörnchen versteckt Nüsse und andere Tiere räubern diese, oder aber das Eichhörnchen findet sein Versteck nicht mehr. Bei diesem Spiel wird die Gruppe in Eichhörnchen und in Räuber aufgeteilt. Die Eichhörnchen verstecken in einem Spielfeld (50 × 50 m, je nach Gelände) ihre Nüsse. Die Räuber dürfen die Eichhörnchen vom Spielfeldrand (oder Abstand von 5 m) beobachten. Nun müssen die Eichhörnchen und Räuber in jeder Spielrunde (jede Spielrunde dauert je nach Spielfeldgröße und Schwierigkeit zwischen ein paar Sekunden und zwei Minuten) ausschwärmen und eine bestimmte (in jeder Spielrunde unterschiedliche) Anzahl Nüsse holen. Wer es nicht schafft, scheidet aus.

816. Morsen

Jedes Gruppenmitglied bekommt einen Morsebuchstaben zugeordnet. Immer zwei oder drei Personen haben dabei denselben Morsebuchstaben, ohne das jedoch voneinander zu wissen. Die Mitglieder der Gruppe müssen sich nun in einem Spielgebiet verteilen und sich durch Morsen gegenseitig finden. Das Morsen kann mit Hilfe von Taschenlampen erfolgen oder auch durch Klopfen mit zwei Hölzern (nicht an die Bäume klopfen).

817. Baumstumpf ●●●

Wie viele Personen können auf einem Baumstumpf stehen? Das geht nur, wenn die ganze Gruppe sich gegenseitig hilft und hält.

818. Fuchs und Hase im Winter ●●●

Es werden ein paar Gruppenmitglieder bestimmt, die den Fuchs spielen. Die anderen sind die Hasen, welche ein paar Minuten Vorsprung bekommen, um sich zu verstecken. Anschließend folgen die Füchse den Fußspuren im Schnee, um die Hasen zu finden. Gelingt es den Hasen, falsche Fährten zu legen und die Füchse zu verwirren? Das Spiel macht im dichten Wald besonders Spaß, wenn der Fuchs wirklich den Spuren folgen muss und nicht die Hasen schon von Weitem sehen kann.

819. Waldbilder ●●●

Mit Blättern in verschiedenen Farben und Formen und verschiedenen anderen Naturmaterialien (Erde, Rinde, Gräser, Steine usw.) gestaltet die Gruppe ein ca. 1x1 m großes Bild auf dem Waldboden.

820. Spuren im Wald ●●●

Auf einem lehmigen Boden werden vier bis fünf Fußabdrücke hinterlassen. Gelingt es der Gruppe, die Fußabdrücke den richtigen Personen zuzuordnen?

821. Auf der Pirsch im Wald

Entlang eines Weges durch den Wald werden verschiedene Tiere aus Pappe aufgestellt (Fuchs, Hase, Reh, verschiedene Vogelarten usw.). Jedes Gruppenmitglied geht nun diesen Weg entlang (ggf. in einer bestimmten Zeit) und versucht, sich alle Tiere zu merken. Zusatzpunkte gibt es für die Nennung in der richtigen Reihenfolge.

822. Baummarkierung ●●●

Die Gruppe bekommt die Aufgabe, ohne Hilfsmittel eine Markierung so hoch wie möglich am Baum anzubringen. Äste dürfen nicht als Kletterhilfe benutzt werden.

823. Chaos-Spiel ●●●

Jedem Gruppenmitglied wird ein Tiername und eine passende Aufgabe zugewiesen, z. B. muss der Igel einen Wurm bringen, das Eichhörnchen eine Nuss finden usw.

VARIANTE: Die Aufgaben können auch in eine Waldgeschichte eingebettet werden. Weitererzählt wird, wenn das entsprechende Tier seine Aufgabe erfüllt hat.

824. Tarnung ist alles ●●●

Tiere können sich tarnen und ihre Tarnung ist häufig der Gegend angepasst. Können Menschen das genauso gut? Ein paar Freiwillige bekommen die Aufgabe, sich zu tarnen (Laub, Erde, Blätter, Zweige usw.). Die Gruppenleitung oder auch die Gruppe bewertet anschließend die beste Tarnung.

825. Das System der Vernetzung

Der ganze Wald, die ganze Natur ist ein Ökosystem. Wird dieses System irgendwo gestört, hat das unmittelbare Auswirkungen. Alle Gruppenmitglieder halten sich im Kreis an einem zusammengeknoteten Seil fest. Das Seil wird gespannt, indem sich alle zurücklehnen. Ein Gruppenteilnehmer lässt los, dann kurz danach ein anderer. Irgendwann wird das Ökosystem zusammenbrechen.

25.2 Kim-Spiele im Wald

826. Adlerauge

Die Gruppe hat eine Minute Zeit, sich ein 5 × 5 m großes Waldstück einzuprägen. Anschließend drehen sich alle um, und es werden ein paar Dinge verändert (Blatt dazulegen, Tannenzapfen umlegen usw.). Kann die Gruppe innerhalb von ein bis zwei Minuten erkennen, was verändert wurde?

827. Steine umlegen

16 Steine liegen im Quadrat vor einem Mitglied der Gruppe, das sich die Steine einprägt und sich anschließend umdreht. Dann werden zwei Steine vertauscht. Kann die Person herausfinden, welche Steine umgelegt wurden?

828. Walddetektiv

In einem Waldstück von ca. 50 × 50 m werden einige Dinge geändert, die in der Natur so nicht vorkommen, z. B. liegt ein Tannenzapfen unter einer Buche, eine Kartoffel auf dem Waldboden usw. Findet die Gruppe alle ausgelegten Spuren?

25.3 Waldolympiade

829. Baumstammwerfen

Ein ca. 1 m langes Stück Holz so weit wie möglich werfen. Die Dicke und Schwere des Holzstücks dem Alter der Gruppenmitglieder entsprechend auswählen.

830. Der kürzeste Weg

In einem quadratischen Spielfeld mit ca. 10–30 Bäumen muss jeder Baum mit so wenigen Schritten wie möglich angesteuert werden. Wer findet den besten, kürzesten Weg und kann am weitesten springen? An jedem Baum wird ein Zettel angeheftet, auf dem der Besuch mit einem Kreuzchen markiert wird, oder jeder holt sich an jedem Baum ein Bändchen ab. Ein Schiedsrichter konzentriert sich auf das Zählen der Schritte, ein zweiter Schiedsrichter prüft, ob alle Bäume angesteuert wurden.

831. Frisbee-Parcours

Mit dem Frisbee gilt es, nacheinander bestimmte Gegenstände (Baum, Bank usw.) mit möglichst wenigen Versuchen zu treffen. Mit wie vielen Würfen hat die Gruppe den Parcours absolviert?

832. Tannenzapfen-Zielwerfen

Jedes Mitglied der Gruppe sucht sich drei Tannenzapfen. Diese werden nun in einen einige Meter entfernten Eimer geworfen.

VARIANTE: Es werden Dosen von einem Baumstumpf abgeschossen.

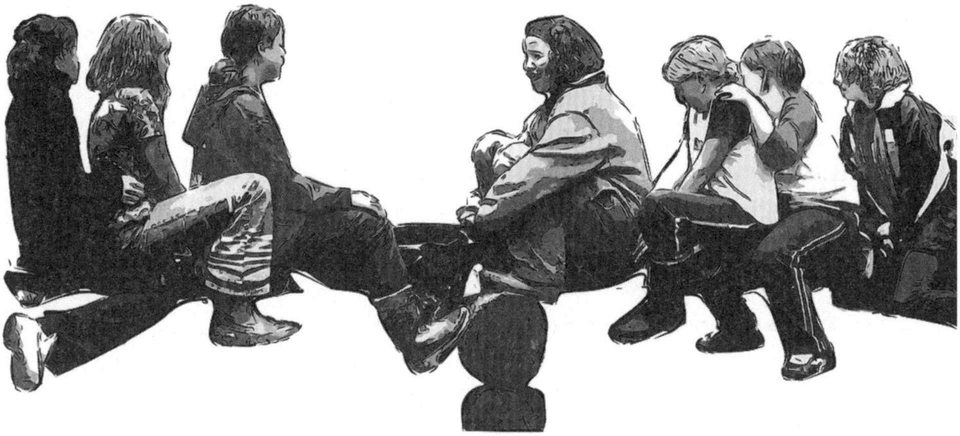

833. **Baumklettern**
Eine Person versucht, an einem glatten Baum hochzuklettern. Schafft er oder sie es, die (altersgerechte) Markierung zu erreichen?

834. **Balanceakt**
Über einen Baumstamm balancieren.

835. **Die Baumstammwippe**
Ein langer Baumstamm wird wie eine Wippe über einen zweiten Stamm gelegt. Anschließend muss die Gruppe darauf Platz nehmen. Dabei muss die Gruppe versuchen, sich so hinzusetzen, dass innerhalb einer Minute mindestens 5–10 Sekunden am Stück niemand mit den Füßen den Boden berührt.

25.4 Waldquiz

836. **Fang-Quiz**
Es werden zwei Gruppen gebildet, die sich in einer Linie in einem Abstand von 5 m gegenüberstehen. Hinter jeder Gruppe befindet sich in 30 m Entfernung die Auslinie. Es wird eine Aussage zum Wald vorgelesen. Ist diese Aussage wahr, dann fängt die eine Gruppe die andere, ist die Aussage falsch, geht es andersrum. Wer sich hinter die Auslinie retten konnte, bleibt im Spiel, wer nicht, scheidet aus (oder muss die Gruppe wechseln).

837. **Giftige Pflanzen**
Wer kann giftige Pflanzen (z. B. Aronstab, Eibe, Einbeere, Eisenhut, Fingerhut, Fliegenpilz, Liguster, Maiglöckchen, Seidelbast, Tollkirsche usw.)

nennen oder anhand von Abbildungen erkennen?

838. Erde ist nicht gleich Erde

In verschiedenen Eimern oder Kartons wird jeweils eine andere Art Erde (z. B. Waldbodenerde, Torf, lehmige Erde usw.) eingefüllt. Jedes Mitglied der Gruppe muss nun hineinfassen und fühlen, in welchem Eimer der »echte« Waldboden ist.

839. Tiere raten

Jeweils auf den Rücken aller Gruppenmitglieder wird eine Tierkarte befestigt. Jeder muss nun sein Tier erraten, indem er einem anderen Gruppenmitglied eine Frage stellt. Diese Frage darf nur mit Ja oder Nein beantwortet werden. Jedes Gruppenmitglied darf nur einmal gefragt werden.

840. Tierlaute und Vogelstimmen

Der Gruppe werden verschiedene Tierlaute und Vogelstimmen vorgespielt. Kann die Gruppe die Stimmen den richtigen Tieren zuordnen?

841. Baumquiz

Für dieses Quiz werden Abbildungen von fünf bis zehn verschiedenen Bäumen benötigt. Kennt die Gruppe die Namen der Bäume?

842. Blätterquiz

Wer erkennt die verschiedenen Blätter, die zuvor auf einen Karton geklebt wurden?

843. Rindenquiz

Anhand verschiedener Rindenstücke muss der Baum benannt werden.

844. Nadelquiz

Die verschiedenen Nadelsorten von Nadelbäumen müssen richtig benannt werden.

845. Knospenpuzzle

Zweige von verschiedenen Baumarten werden jeweils in drei bis vier Teile geschnitten und wie Puzzleteile auf einen Haufen gelegt. Wie lange braucht die Gruppe, um das Puzzle zusammenzusetzen?

846. Früchtepuzzle

Bei diesem Spiel müssen die Früchte des Baumes dem jeweiligen Ast zugeordnet werden, z. B. der Kiefernzapfen dem Kiefernzweig usw.

847. Rindenrubbelbild

Auf ein Blatt Papier wird mit Bleistift die Rindenstruktur durchgepaust. Anschließend werden die Bilder nummeriert und gemischt. Wer kann die Rubbelbilder den richtigen Rindenstücken und Bäumen zuordnen?

25.5 Sehen, Hören, Fühlen, Riechen und Schmecken im Wald

848. Waldgeräusche

Die Mitglieder der Gruppe verteilen sich jeweils mit ca. 50 m Abstand zu den anderen im Wald. Nun muss jeder alle Geräusche, die er wahrnimmt, aufschreiben. Anschließend wird ausgewertet, welche Geräusche gehört wurden.

849. Baumtelefon

Eine Person legt das Ohr an das Ende eines langen, am Boden liegenden Baumstammes. Am anderen Ende wird ein Geräusch (Klopfen, Kratzen, Morsezeichen usw.) gemacht. Kann dieses Geräusch erraten werden?

850. Waldmaterialien

In einen großen Karton werden verschiedene Materialien (z. B. Kastanienblatt, Kiefernzapfen, Tannenrinde, Flechten, Wurzel usw.) gelegt. Durch eine Tastöffnung darf jeder fühlen und raten, worum es sich handeln könnte.

851. Rinde und Felle

Für dieses Spiel werden zwei Exemplare von jeder Rinde und von jedem Fell benötigt. Mit verbundenen Augen versucht eine Person, die Fell- und Rindenstücke zusammenzustellen. Von welchem Baum oder Tier stammen sie?

852. Rinde erkennen

Verschiedene Rinden werden gezeigt und betastet. Anschließend müssen die Rindenstücke mit verbundenen Augen wieder bestimmt werden.

853. Tannenzapfen fühlen

Jeder sucht sich einen Tannenzapfen, betastet ihn ausgiebig und gibt ihn in einen Beutel. Wer kann anschließend durch Tasten in dem Beutel mit den Zapfen aller Teilnehmer seinen Zapfen wieder finden?

VARIANTE: Es können auch Steine oder Äste verwendet werden.

854. Spiegelgang

Jedes Gruppenmitglied (oder auch nur eine Person) bekommt einen Spiegel. Dieser Spiegel wird so unter die Nase gehalten, dass man nur nach oben sehen kann. Der Weg wird also nur über die Öffnungen zwischen den Baumkronen gefunden. ! Achtung: Auf dem Weg sollten keine Stolpersteine sein.

855. Geruchsmemory

In jeweils zwei Filmdöschen oder Joghurtbecher wird das gleiche Material gegeben. Anschließend werden die Dosen bzw. Becher verschlossen und durcheinander gestellt. Durch Riechen an Löchern im Deckel müssen nun die Dosen mit dem gleichen Inhalt gefunden werden. Als Material eignen sich

z. B. Erde, Torf, Rinde, Harz, Moos, Waldfrüchte usw. Vorher die Döschen durchnummerieren, damit die geratenen Nummernpaare aufgeschrieben werden können.

856. Erde riechen

In verschiedene Becher wird jeweils eine andere Erde (Waldbodenerde, Torf, lehmige Erde usw.) gefüllt. Durch Riechen muss herausgefunden werden, um welche Erde es sich handelt bzw. in welcher Dose sich die Walderde befindet.

857. Waldfrüchte

Es werden die verschiedenen Früchte des Waldes in eigene Becher gegeben. Mit verbundenen Augen darf nun jeder eine Geschmacksprobe nehmen und sagen, um welche Frucht es sich handelt (Walderdbeeren, Holunderbeeren, Blaubeeren, Brombeeren, Bucheckern usw.).

25.6 Basteln mit Naturmaterialien

858. Bilder hinter Glas

Gerade im Herbst lassen sich schöne, bunte Blättercollagen erstellen. Hinter Glas sieht das toll aus.

859. Spinnennetz

Ein Spinnennetz mit Klarlack besprühen und auf eine Glasscheibe mit entsprechend getöntem Papier legen. ! Vorsicht: Nicht die Spinne mit einsprühen!

860. Waldeulen

Aus kleinen bis mittelgroßen Kiefernzapfen kann man schöne Eulen basteln. Dazu werden zusätzlich noch Filz- oder Moosgummireste benötigt.

861. Waldweihnachtsmänner

Mit einer Astschere werden ca. 2–3 cm dicke, gerade Äste in Stücke geschnitten, so dass die obere Schnittfläche schräg, die untere gerade ist. Mit Watte und etwas roter Farbe lässt sich die schräge Fläche als Gesicht mit Zipfelmütze gestalten.

862. Streichholztiere

Mit Streichhölzern, Kastanien, Bucheckern und Nüssen lassen sich verschiedene Tierfiguren herstellen.

26. Geländespiele

Es gibt einige Grundmuster von Geländespielen, die miteinander kombiniert und in eine spannende Geschichte verpackt werden können. Diese Grundtypen sind: Schmuggelspiele, bei denen irgendetwas irgendwohin geschmuggelt werden muss, Kampf- und Taktikspiele, bei denen man sich mit List und Tücke verteidigen und angreifen muss, Schnitzeljagden, bei denen man einer Spur oder Hinweisen folgt und Aufgaben löst.

Diese Grundmuster werden nun in eine Story verpackt. Hier ist die Kreativität der Spielleitung gefragt, denn die Verpackung macht den halben Spaß aus. Zudem sind die Spiele von den örtlichen Gegebenheiten abhängig, vom Wetter und der zu Verfügung stehenden Zeit, nicht zuletzt spielt auch das Alter der Teilnehmenden eine Rolle. Eine einfache Schnitzeljagd ist bei jüngeren Teilnehmern vorzuziehen, ein etwas raues Kampfspiel ist eher etwas für Ältere.

863. Schnitzeljagd als Orientierungslauf

Gestartet wird von einem bestimmten Punkt aus. Mit Karte und Kompass wird der erste Anlaufpunkt bestimmt und hoffentlich auch gefunden. Verschiedene weitere Hilfen und Anweisungen werden gegeben. Das können Sägemehlspuren sein oder verbale Wegbeschreibungen mit der Angabe markanter Punkte im Gelände, die angesteuert werden müssen. An markanten Orten sind entweder weitere Nachrichten zu finden oder Aufgaben zu lösen (z. B. könnte ein Luftballon mit einer darin enthaltenen Nachricht hoch oben im Baum hängen. Um an die Nachricht zu kommen muss der Luftballon zerschossen werden). Sollte die Gruppe unterwegs den »Faden« verloren haben, dann hilft ggf. ein Anruf per Handy bei der Spielleitung weiter, bringt aber Punktabzug.

864. Findet das Lager

In einem Spielfeld (Waldabschnitt) wird ein geheimes Schmuggler-Lager bestimmt. Dort wird ein Wecker aufgestellt, welcher zu einer bestimmten Uhrzeit klingeln wird. Die Schmuggler besitzen alle Teile eines Lageplans zu ihrem Lager. Die Schmuggler verteilen sich im Waldabschnitt und müssen jede Minute einmal durch Blink- oder Klopfzeichen auf sich aufmerksam machen. Eine zweite Gruppe (Polizisten) versucht nun, die Schmuggler ausfindig zu machen und mit Hilfe des Lageplans dann das geheime Lager zu finden, bevor der Wecker dort klingeln wird.

Das Spiel wird nur funktionieren, wenn die Schmuggler sich auch tatsächlich an die Spielregeln halten und alle 60 Sekunden auf sich aufmerksam machen.

865. Klopfspiel

Ein Fünftel der Gruppe darf sich im Gelände verstecken bzw. umherstreifen und muss sich alle ein bis zwei Minuten durch Klopfzeichen bemerkbar machen. Die restlichen Gruppenmitglieder versuchen nun, die Klopfer zu finden und ihnen ein Kärtchen abzunehmen. Gewonnen hat derjenige bzw. diejenige Gruppe, die die meisten Kärtchen besitzt. Alternativ hat jeder Klopfer andersfarbige Kärtchen. Welche Gruppe am Schluss die meisten verschiedenfarbigen Karten hat, hat gewonnen.

866. Stratego

Jedes Mitglied der Gruppe bekommt eine Spielkarte. Danach fängt jeder jeden. Wenn jemand gefangen wurde, zeigen Fänger und Gefangener ihre Karten vor. Derjenige, der die niedrigere Karte hat, muss sie dem anderen geben und zum Depot zurückkehren und sich eine neue holen. Asse können durch Sechsen geschlagen werden.

867. Schmuggelspiel

Zwei Mannschaften besitzen jeweils eine Quelle und ein Depot. Jede Mannschaft versucht nun, Wasser von der Quelle in ihr Depot zu schmuggeln (in Wasserflaschen). Im Umkreis von 5–10 m um das Depot bzw. die Quelle herum darf nicht mehr angegriffen werden.

VARIANTE: Wenn kein Wasser vorhanden ist, kann Mehl, farbiger Sand oder Kalk in Filmdöschen von einem geheimen Depot zum Lager geschmuggelt werden.

868. Geheimtransport

Eine oder mehrere verschlossene Kisten mit Glocken müssen möglichst geräuschlos durch feindliches Gebiet befördert werden. Die gegnerische Gruppe versucht, den Transport zu finden und die Kisten an sich zu bringen.

869. Schatzkartenpuzzle

Eine Schatzkarte wird in fünf bis sechs Puzzleteile zerschnitten und im Gelände versteckt. Drei bis vier Mitgliedern der Gruppe wird gesagt, wo sich die jeweiligen Kartenstücke befinden. Die restlichen Gruppenmitglieder verteilen sich im Gelände und versuchen, die Schatzsucher mit den Kartenteilen zu finden. Nur die zusammengesetzte Schatzkarte führt zum Schatz. Welcher Gruppe gelingt es, den Schatz zu finden?

870. Räuber und Gendarm ●●●

Die Gruppe wird in Polizisten und Räuber aufgeteilt. Das Verhältnis zwischen den Gruppen hängt vom Schwierigkeitsgrad des Geländes ab.

Die Polizei richtet ein Hauptquartier mit einem Gefängnis ein. Die Polizisten müssen bis zum Spielende alle Räuber fassen. Die Räuber müssen versuchen, sich nicht schnappen zu lassen. Gefangengenommen ist man durch einfaches Berühren, durch Zerreißen eines Lebensfadens oder das Herausziehen eines Plastikstreifens aus der Hose. Der Räuber muss sich dann ohne Widerstand ins Gefängnis begeben. Gefangengenommene Räuber können durch Berührung eines noch freien Räubers freikommen. Damit das möglich ist, gibt es um das Gefängnis herum eine Bannzone, in der keine Räuber gefangengenommen werden dürfen. Für jeden gefassten Räuber gibt es einen Punkt, für jeden nicht gefassten zwei oder mehr Punkte Abzug.
VARIANTE: Zusätzlich können die Räuber Schmuggelware befördern. Für jede Ware, die von einem Punkt A nach Punkt B transportiert wurde, gibt es Zusatzpunkte, die in die Endabrechnung einfließen.

871. Verteidigungsspiel ●●●

Ein bestimmtes Gelände (Ruine) muss verteidigt und der Gegner daran gehindert werden, in das Gelände einzudringen. Es können Gefangene gemacht werden. Ziel ist es, einen Gefangenen oder einen Schatz zu finden und unbemerkt aus der Ruine zu schaffen.

872. Auf der Pirsch

In einem begrenzten Waldstück müssen sich ein paar Freiwillige (oder die Betreuer der Gruppe) als Jagdwild verstecken. Jeder der Teilnehmer muss nun versuchen, so viele Gejagte wie möglich abzuschlagen. Für jeden erfolgreich Abgeschlagenen gibt es ein Bonbon oder einen Punkt. Der Gejagte darf sich dann wieder entfernen, ohne gleich wieder verfolgt zu werden. Um das Ganze etwas zu entzerren, kann anstatt eines Bonbons auch eine Unterschrift gegeben werden. Diese Unterschrift muss in einer Basis vom Jäger mit einem Stempel bestätigt werden. So ist sichergestellt, dass die Gejagden eine Verschnaufpause haben und der Jäger nicht sofort wieder die Verfolgung aufnimmt. Gewonnen hat die Mannschaft oder der Fänger, der am Spielende die meisten abgestempelten Unterschriften hat.

873. Kampf um die Bahnlinie

In einem Spielfeld/Waldstück markiert die eine Gruppe mit Absperrband eine »Bahnlinie«. Die Markierungen werden an ca. zehn Bäumen in einer geraden Linie angebracht. Die andere Gruppe versucht, die Bahnlinie zu überfallen, indem die Markierungen abgerissen werden. Die Bahnlinienbewacher versuchen, ihre Bahnlinie zu verteidigen. Je nach Gruppengröße und Gelände kann ein unterschiedlich großes Spielfeld ausgewählt werden. Vorher muss vereinbart werden, ob Gefangene gemacht werden dürfen und wie eine Gefangennahme zustande kommt (Abschlagen, Schere-Stein-Papier, Abreißen des Lebensfadens usw.).

874. Capture the Flag

Es handelt sich um einen uralten Klassiker, der ursprünglich aus den USA stammt. Man braucht dafür als Materialien nur zwei Flaggen (ein stabiler Ast und ein Stück Stoff), als Trennlinie Seile oder Absperrband und für ein Gefängnis sowie Seile als Markierung. In diesem Spiel gibt es zwei Teams, die in zwei ungefähr gleich großen Gebieten die Flagge des anderen Teams suchen. Die Fahne jeder Gruppe muss gut sichtbar in den Boden gesteckt werden und darf nicht liegen. Ein Mitarbeiter kontrolliert dies. Wenn ein Angreifer des gegnerischen Teams in die Hälfte einer Mannschaft kommt, darf diese ihn zu fangen versuchen. Wenn es der Mannschaft gelingt, ihn zu berühren, muss dieser Spieler ins Gefängnis. Er muss mit mindestens einem Fuß im Gefängnis sein. Falls mehrere Gefangene dort sein sollten, können sie eine Kette bilden. Befreit werden sie durch Berührung eines freien Spielers. Der Gefängniswärter muss mindestens einen Abstand von 2,5 m um das Gefängnis herum einhalten.

Wenn jemand die Fahne geklaut hat, muss er sie über die Mittellinie bringen. Falls er dies nicht schaffen sollte, da ihn ein Verteidiger gefangen hat, kann er die Flagge kurz vorher einem Mitspieler übergeben (nicht zuwerfen!). Falls er das nicht tut oder nicht tun kann, muss er die Flagge abgeben und die Verteidiger haben 30 Sekunden Zeit, die Fahne erneut zu verstecken. Gewonnen hat das Team, das am häufigsten die Fahne der Gegner über die Linie gebracht hat oder bei Gleichstand weniger Leute im Gefängnis hat. Nach jeder Runde wird das Gelände/die Spielseite gewechselt.

27. Stadtspiele

Stadtspiele finden – wie der Name sagt – in der Stadt oder im Dorf statt. Vor dem Stadtspiel müssen die Teilnehmenden unbedingt auf den Straßenverkehr hingewiesen werden, so dass niemand ohne zu schauen über die Straße rennt usw. Bei jüngeren Kindern muss jede Gruppe von einer Betreuungsperson begleitet werden.

875. Stempelspiel

Jede Gruppe muss innerhalb einer festgesetzten Zeit so viele Stempel wie möglich von Geschäften, Cafés usw. besorgen. Benötigt werden für jede Gruppe nur einige Blätter weißes Papier.

876. Stadtquiz

Bestimmte Aufgaben müssen gelöst und Fragen zur Stadt, zur Geschichte, zu Persönlichkeiten usw. beantwortet werden. Dazu sollte man die Stadt gut kennen bzw. Leute, die die Fragen beantworten können, finden.

877. Scotland Yard

Ein unbekannter Mister X muss gefunden werden. Hin und wieder erhält die Gruppe Tipps per SMS, z. B. »Weitere Informationen bei …, Hinweise am Punkt A, Mister X wurde in der XY-Straße gesehen!« usw.

878. Alles Banane

Zu einem Bananentag mit Bananen-Milchshake, Bananenwettessen, Pistolenduellen usw. gehört unbedingt auch dieses Spiel: Jede Gruppe erhält eine gleich große Banane und eine Liste mit Aufträgen, was in Bananenlängen abzumessen ist (Länge der Kirche, Umfang eines VW-Golf usw.). Die erste Gruppe mit den richtigen Antworten gewinnt.

879. Größer oder besser

Die Gruppe wird in gleich große Teams eingeteilt. Jedes Team erhält den gleichen Gegenstand. Dieser Gegenstand ist nun in der Stadt gegen einen neuen Gegenstand einzutauschen, der größer oder besser ist. Der neue Gegenstand kann natürlich wieder eingetauscht werden gegen etwas anderes. Die Gruppe, die nach zwei Stunden mit dem größten oder tollsten Gegenstand zurückkehrt, hat gewonnen. Die Gegenstände sind dann natürlich Eigentum der Gruppe, man kann also keinen Deal aushandeln, dass man den Gegenstand danach wieder zurückbringt. Dann hätte diese Gruppe nicht gewonnen.

880. Kirchengeschichten

Die Gruppen müssen Fragen zur Kirche am Ort beantworten (Geschichte, Namen der Pfarrer, Anzahl der Bilder in der Kirche, Anzahl der Stufen zum

Glockenturm usw.). Mit in dieses Spiel einbezogen werden können auch Personen aus der Kirchengemeinde, die bei der Beantwortung der Fragen helfen.

881. Bilderquiz

Die Bilderjagd erfordert etwas Vorbereitung. Details der Stadt werden fotografiert, z. B. ein Hauseingang, eine Straßenecke, eine Verzierung an einem Haus usw. Nun werden Fragen zu jedem Bild gestellt, die nur beantwortet werden können, wenn man das Motiv in der Stadt findet, z. B. »Wer wohnt in dem Haus mit dieser Haustüre, wie viele Fenster hat das Gebäude mit dieser Verzierung?« usw. Welche Gruppe hat nach 90 Minuten die meisten richtigen Antworten?

882. Die Jagd nach X

In der Zentrale von Scotland Yard (Spielleitung) steht ein Fahndungsrechner. Sämtliche Personen (Agenten) verteilen sich im Stadtgebiet und jagen die unbekannte Person X. Die Rolle übernimmt ein unbekannter Mitspieler oder Mitarbeiter. X hinterlässt Spuren im Netz, das heißt, er oder sie muss sich in bestimmten Abständen (je nach Gegebenheiten) per E-Mail melden und den momentanen Aufenthaltsort durchgeben. Die Zentrale verständigt dann per Handy oder Internet die Agenten. Damit X leichter erkannt werden kann, könnte er oder sie beim ersten Gästebucheintrag ein Erkennungsmerkmal hinterlassen (Hut, gelber Schal). X muss sich zu Fuß fortbewegen oder gibt sein Fortbewegungsmittel bekannt (Fahrrad, Tretroller, Skateboard). X ist enttarnt, wenn sein/ihr Name per E-Mail an die Spielleitung geschickt wird.

Dieses Spiel braucht einige Vorbereitung: Die Spielleitung und die Person X vereinbaren, wo überall eine Spur hinterlassen werden soll. Außerdem braucht man genügend Computer mit Internetanschlüssen, die im Spielgebiet verteilt sind, oder Handys.

28. Mottospiele

Egal ob Steinzeitlager, Indianerlager, Ritterlager oder Piratenfest: Themenlager und Thementage bieten besondere Chancen, um Fantasie und Kreativität zu fördern und ermöglichen Gruppenerlebnisse oder das spielerische Erleben und Ausprobieren neuer Rollen. Die gemeinsame, kreative Lösung verschiedener Probleme, die Auseinandersetzung mit einem Thema, das Ausprobieren von einem Leben in der Natur als Indianer oder Steinzeitmensch können für die Teilnehmer zu wichtigen Erfahrungen werden.

Dabei muss die Authentizität dem Möglichen nachgeben – also lieber Streichhölzer mit zum Steinzeitlager nehmen als frieren, weil das Feuer nicht angehen will! Information und Unterstützung für eine originalgetreue Umsetzung können Fachleute oder Museen geben.

In ein Themenlager können viele verschiedene Aspekte eingebaut werden. Das erfordert etwas mehr Vorbereitung, lohnt sich aber auf jeden Fall. Auch wenn nicht alles auf Anhieb klappt, wird ein intensives Erlebnis möglich sein, das bei den Teilnehmenden lange in Erinnerung bleibt.

Die hier vorgeschlagenen Spiele können durch Ideen aus den anderen Kapiteln ergänzt werden, die durch eine passende Einleitung, Materialien oder Accessoires in das Thema integriert werden. Hier ist die Kreativität der Spielleitung gefordert!

28.1 Steinzeitspiele

28.1.1 Steinzeitliche Wettspiele

883. Steinspringen ●●●

Aufgabe ist es, von einem Stein zum nächsten zu springen, ohne den Boden zu berühren. ! Achtung: Verletzungsgefahr!

VARIANTE: Über die Steine springen.

VARIANTE: Von einem Steinring in den nächsten springen, ohne die Steine zu berühren.

884. Steinzeit-Boccia ●●●

Jede Gruppenmitglied sucht sich ein bis zwei runde Steine. Am besten eignen sich runde Kiesel aus dem Flussbett. Ein kleiner Stein wird geworfen. Nun versucht jeder, mit seinen Steinen möglichst nahe an diesen kleinen Stein zu werfen oder zu rollen.

885. Steinweitwurf ●●●

Wer wirft einen bestimmten Stein am weitesten? ! Vorsicht, dass niemand in der Wurfrichtung steht!

886. Dinosaurierrennen

Mit Schwimmflossen oder übergroßen Gummistiefeln an den Füßen und einem gefüllten Sack, der an der Hüfte festgebunden ist, muss der jeweilige Dino einen Hindernisparcours durchlaufen. Der Sack darf nicht mit den Händen gehalten werden.

887. Dinosaurier-Ei suchen

In einem Strohballen oder Strohhaufen werden fünf bis sechs Dinosaurier-Eier (Stopfeier, Tennisbälle) versteckt. Wie lange braucht die Gruppe, um alle Eier zu finden?

888. Keulenkampf

Zwei Personen treten mit jeweils einer mit dickem Schaumstoff gepolsterten Keule gegeneinander an. Jeder steht auf einer Getränkekiste oder einem Baumstumpf in einem Abstand von ca. 1,5 m. Wer kann den Gegner vom Sockel stoßen?

28.1.2 Steinzeitliches Stationenspiel

889. Villa Steinzeit

Die Gruppe baut sich eine Steinzeitbehausung. Bewertet werden Bauzeit, Aussehen, Funktionalität, Bauweise, Ausstattung.

890. Zentralheizung Marke »Feuerstein«

Die Gruppe muss nach einer der folgenden steinzeitlichen Methoden ein Feuer anzünden.

Reibholz: Zwei feste Hölzer werden aneinander gerieben. Durch die Reibungshitze und den Bohrstaub können leichtentzündliche Materialien wie Gräser, Fasern oder Zunderholz, die an die Hölzer gehalten werden, entzündet werden.

Feuerbogen: Die Sehne des Bogens wird um den Bohrstab (weiches Holz, ca. 2 cm dick) geschlungen. Der Stab steht auf einem anderen Holz und wird durch Bewegen des Bogens so gedreht, dass ein Loch in das darunter liegende Holz gebohrt wird. Der Bohrstab wird mit einem harten Stück Holz oder Stein nach unten gedrückt. Der heiße Bohrstaub fällt auf den darunter oder daneben liegenden Zunder und entzündet ihn. Als Zunder eignen sich zerfaserte Buchenrinde, Zunderpilz, Stroh oder trockenes Moos.

Feuer schlagen: Trockener Zunderschwamm wird in eine Steinschale/Vertiefung gegeben. Mit einem Feuerstein schlägt man auf Pyrit, so dass durch den Funkenflug der Zunderschwamm zu glimmen beginnt. An den glimmenden Zunder wird nun trockenes Gras gehalten.

▷ **HINWEIS:** Auch wenn es meistens nicht klappen wird, das Feuer tatsächlich mit diesen Methoden anzuzünden, ist es zumindest eindrucksvoll, wenn Rauch aufsteigt oder die Funken fliegen. So lernen die Teilnehmenden auch, warum damals das Feuer so gut bewacht wurde.

VARIANTE: Der Gruppe stehen nur zwei bis drei Streichhölzer zur Verfügung, um das Feuer zu entfachen.

891. Feuerstein Fast-Food AG

Die Gruppe muss aus Körnern, Obst, Beeren, Honig und Wasser ein Müsli herstellen und essen. Für jede Gruppe die gleichen Zutaten und Mengen bereitstellen.

892. Steinamulett

Mit Hilfe von Schnur muss sich jedes Gruppenmitglied ein Steinamulett anfertigen und um den Hals hängen. Das Steinamulett wird danach bewertet, wie gut es an der Schnur befestigt ist.

893. Jagdbemalung

Jedes Gruppenmitglied muss sich schminken. Dazu wird Wasser, Tonerde in verschiedenen Färbungen und Holzkohle bereitgestellt. Bewertet werden Originalität und Fläche der Bemalung an Kopf und/oder übrigem Körper.

894. Farben herstellen

Bei dieser Station werden Speiseöl, Blätter, Holzkohle und Tonerde bereitgestellt. Jede Gruppe muss nun mit Hilfe von zwei flachen Steinen durch Zerreiben und Mischen der Zutaten verschiedene Farbtöne herstellen. Wie viele unterschiedliche Farbtöne werden hergestellt?

895. Waffen machen

Die Gruppe stellt einen Speer oder ein Steinbeil her. Entweder werden die Materialien bereitgestellt oder müssen zuerst gesucht werden.

896. »Wer trampelt da durch Nacht und Wind? – Es ist das Mammut mit seinem Kind!«

Die Gruppe muss versuchen, zehn vorbereitete Spuren zu lesen und zu deuten.

VARIANTE: Zehn Tierspuren auf einer Abbildung müssen erraten werden.

897. Die große Jagd

Die Gruppe muss in einem abgegrenzten Spielfeld von ca. 50 × 50 m innerhalb einer bestimmten Zeit Felle und Mammuts (aus Pappe) suchen.

VARIANTE: Die Gegenstände müssen aus einer Entfernung von 10–15 m gezählt werden.

898. Jagd auf den Säbelzahntiger

Die Gruppe muss einen Tiger (aus Pappe) mit einem Stein oder Speer treffen. Jedes Gruppenmitglied hat einen Wurf.

899. Die Feuersbrunst

Die Gruppe muss Wasser aus dem nahe gelegen Fluss (Wasserwanne) herbeitransportieren, um ein Feuer zu löschen. Da es damals keine Transportbehälter gab, wird das Wasser entweder mit den Händen geschöpft oder in einem Lederstück transportiert. Wie viel Wasser kann die Gruppe in einer vorgegebenen Zeit herbeischaffen?

28.1.3 Steinzeitliches Geländespiel

Als Geländespiele sind alle gängigen Geländespielformen denkbar, die entsprechend variiert werden: Statt eines Schatzes werden Mammutknochen gesucht, statt Mitarbeitern werden Dinosaurier gejagt, bei einem Eroberungs- bzw. Verteidigungsspiel wird ein Feuer verteidigt usw.

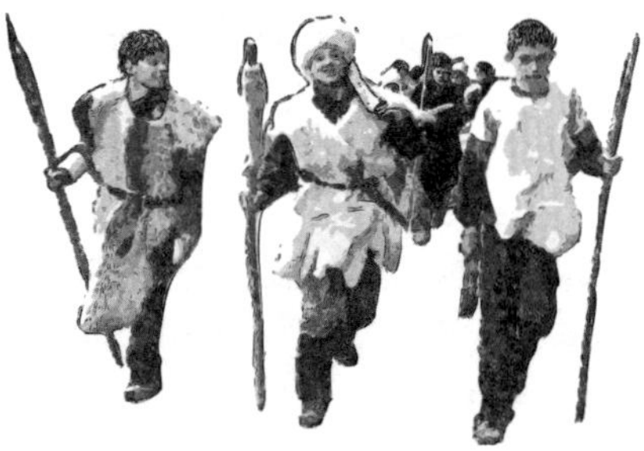

900. Tagesgeländespiel

Das Spiel kann als Tagesgeländespiel mit Übernachtung (je nach Wetter) konzipiert werden. Daraus ergeben sich verschiedene Abschnitte mit unterschiedlichen Spielelementen. Hierzu wird ein kleines Drehbuch geschrieben. Bei jeder Gruppe ist eine Betreuungsperson dabei, die die jeweiligen Abschnitte einleitet, steuert und bewertet. Die Aufgaben der einzelnen Abschnitte sind der Gruppe vorher nicht bekannt. Die Bewertung erfolgt nach jedem Abschnitt. Am Schluss gibt es eine Endauswertung.

Abschnitt 1: Die Gruppe sucht sich einen Lagerplatz oder bekommt einen zugewiesen. Dort muss die Gruppe sich zunächst eine Behausung für die Nacht bauen. Außerdem muss die Gruppe Feuer machen und Verpflegung zubereiten.

Bewertung: Zeitbedarf, Aussehen, Funktionalität, Bauweise, Ausstattung.

Abschnitt 2: Übernachtung und Nachtwache schieben, denn es könnte sein, dass wilde Tiere (Mitarbeiter) sich ans Lager anschleichen und fette Beute machen.

Bewertung: Wird die Betreuungsperson entdeckt? Wie weit kommt sie ans Lager heran?

Abschnitt 3: Am nächsten Morgen geht der Stamm auf die Jagd und hält nach anderen Stämmen Ausschau (ohne diese anzugreifen oder Kontakt aufzunehmen). Als Jagdziel dienen Bänder, die gefunden werden müssen, wobei jeder Stamm nur Bänder in seiner Farbe erjagen darf.

Bewertung: Wie viele Bänder wurden gefunden und ins Lager gebracht? Weiß die Gruppe, wo die Lager der anderen Stämme liegen?

Abschnitt 4: Die Jagdbeute (Bänder) muss mit den anderen Stämmen getauscht werden, so dass am Schluss von jeder Farbe etwa gleich viele Bänder vorhanden sind.

Bewertung: Wie viele verschieden farbige Bänder hat die Gruppe nach der Tauschaktion?

Abschnitt 5: Es ist beim Tauschen Streit ausgebrochen. Nun versucht jeder Stamm dem anderen Stamm seine Bänder abzujagen und sein Feuer auszumachen.

Bewertung: Welche Gruppe hat am Ende des Spiels die meisten Bänder? Wie lange konnte das Feuer verteidigt werden? Gelang es der Gruppe, das Feuer bis Spielende wieder in Gang zu bringen? Feuerzeuge oder Streichhölzer dürfen nicht verwendet werden. Aus Sicherheitsgründen ist es nicht erlaubt, brennende Äste oder dergleichen durch den Wald von einem Feuer zum anderen zu tragen.

28.2 Piratenspiele

Die vorgeschlagenen Spiele sind für verschiedene Altersgruppen geeignet. Bei der Auswahl ist darauf zu achten, dass ggf. die Spielregeln altersgemäß angepasst werden. Die Spiele beinhalten verschiedene Skills, Aufgaben und Prüfungen, um ein echter Pirat/Piratin zu werden.

28.2.1 Piratenprüfung

Ein echter Pirat oder eine echte Piratin muss so einiges können: Schwindelfrei sollte er oder sie sein, geschickt im Umgang mit Enterhaken sowie schnell und geschickt beim Klettern in die Wanten. So eine Piratenprüfung hat es in sich!

901. Über Planken laufen

Die zukünftigen Piraten müssen beweisen, dass sie schwindelfrei sind, indem sie über einen am Boden liegenden Baumstamm balancieren.

VARIANTE: Mit verbundenen Augen über ein am Boden liegendes Brett gehen.

902. In der Takelage

Piraten müssen sich auch hoch oben in der Takelage sicher bewegen können. Zwei Seile werden von Baum zu Baum in einer Höhe von 50–100 cm gespannt, gerade so hoch, dass sich niemand wehtun kann. Jedes Gruppenmitglied muss darüber balancieren.

903. Strickleiter

Piraten sollten an einer Strickleiter hochklettern können.

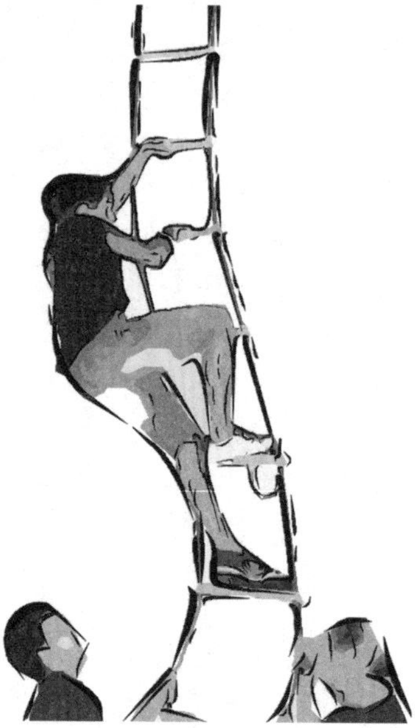

904. Enterhaken werfen

Mit Enterhaken wurden die Schiffe zueinander gezogen. Ein Enterhaken (oder Wurfsack) wird in ein Ziel geworfen. Jeder hat nur einen Wurf.

905. Entern

Das Entern eines Schiffes war auch aus der Takelage heraus möglich, indem sich die Piraten an Seilen auf das zu kapernde Schiff schwangen. An einem Baum wird ein Seil befestigt. Von einer Bank aus schwingt sich der Pirat auf sein Ziel (Ziellinie, zweite Bank o. Ä.).

906. Säbelkampf

In einem Kreis (oder auf einer Planke) stehen sich zwei Kontrahenten gegenüber. Jeder bekommt einen Säbel (Besenstiel mit Schaumstoffumhüllung), der an der Spitze mit Holzkohle oder Ruß eingefärbt wurde. Die Treffer sind dadurch sehr gut zu sehen. Verloren hat derjenige, der getroffen wurde oder aus dem Kreis tritt (bzw. von der Planke fällt).

907. Knoten

Wer zur See fährt, muss Knoten beherrschen. Für diese Aufgabe werden drei bis vier Knoten auf Abbildungen vorgegeben, die dann mit Hilfe eines Taus geknotet werden müssen.

908. Schatztauchen

Ein Schatz muss manchmal auch vom Meeresboden gehoben werden. In eine Wasserwanne wird eine Tüte Gummibärchen geleert. Wer in einem Tauchgang mit dem Mund die meisten Gummibärchen herausfischen? Oder wie lange braucht der Pirat/die Piratin, um alle (20) Gummibärchen vom Boden der Wanne zu holen? Die Hände dürfen dabei nicht zu Hilfe genommen werden.

28.2.2 Beförderung zum Kapitän, Navigator oder Kanonier

Wer ein Schiff führen oder steuern muss und es verteidigen will, musste sich in seinem jeweiligen Metier besonders gut auskennen. Diese Spiele werden zeigen, ob die jeweiligen Kriterien erfüllt werden und die Chance besteht, Kapitän/in, Steuerfrau/mann oder Kanonier/in zu werden.

909. Geheimschriften und Schatzkarten

Schatzkarten sind oft verschlüsselt, Botschaften mit Geheimtinte geschrieben. Für dieses Spiel werden entsprechende Schatzkarten und Botschaften erstellt. Verwendet werden können Bilderrätsel, Gitterrätsel, rückwärts geschriebene Wörter, ein um fünf Buchstaben versetztes Alphabet, Buchstaben-Zahlenkombination oder ein Blatt Papier, auf das mit einem harten Stift (Stricknadel) Wörter geschrieben werden. Unsichtbare Tinte kann aus Zitronensaft, Milch oder Zwiebelsaft hergestellt werden, die sichtbar wird, wenn das Blatt über einer Kerze erhitzt wird. Wer findet die Lösung heraus?

910. Logbuch-Eintrag

In das Logbuch wurden besondere Vorkommnisse, die Position und die Schiffsgeschwindigkeit eingetragen. Die Geschwindigkeit wurde berechnet, indem die Zeit gemessen wurde, die ein am Bug über Bord geworfenes Stück Holz brauchte, um am Heck (oder einem anderen Punkt) anzukommen. Übrigens: Eine nautische Meile sind 1852 m. Wenn ein Schiff für eine Meile eine Stunde braucht, fährt es mit einer Geschwindigkeit von einem Knoten. Ist das Schiff z. B. 51 m lang, und die Zeit, die das Stück Holz vom Bug zum Heck braucht, beträgt 20 Sekunden, dann fährt das Schiff mit einer Geschwindigkeit von 5 Knoten.

Mit diesen Angaben wird die Zeit gemessen, in der ein Schlauchboot, Fahrrad oder eine Kiste über eine Strecke von 50–100 m gezogen wird. Anhand der definierten Strecke und der gemessenen Geschwindigkeit kann nun der Eintrag ins Logbuch vorgenommen werden. Mathekenntnisse sind hier allerdings schon nötig!

911. Morsen

Um sich über große Distanzen zu verständigen, wurden Blinkzeichen oder Fahnen verwendet. Das Morsealphabet oder die Bedeutung von verschiedenen Fahnensignalen wird während der Freizeit geübt und am Schluss getestet, indem eine Person dem Rest der Gruppe eine Nachricht übermitteln muss.

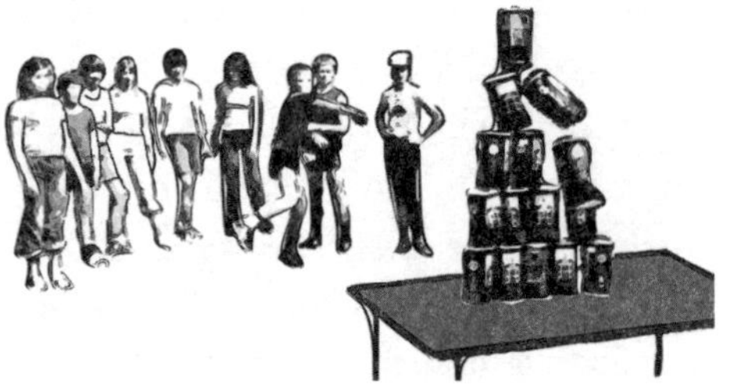

912. Mit Kanonen schießen

Bei der Verteidigung des Schiffs ist Treffsicherheit gefragt. Wir schießen mit Tennisbällen auf Dosen.

913. Kompass einstellen

Die korrekte Bestimmung der Position und der Fahrtrichtung war wichtig, um an ein Ziel zu gelangen. Die Gruppenmitglieder müssen mit einem Kompass feststellen, in welcher Richtung sich ein bestimmtes Gebäude oder ein Baum befindet. Mit Hilfe des Kompasses können auch Schrittfolgen in bestimmte Richtungen und anschließende Richtungswechsel vorgegeben werden. Wer es richtig macht, findet einen Schatz.

914. Fernrohr

Ein gutes Auge, ein gutes Fernrohr sind wichtig, um frühzeitig ein Schiff zum Kapern am Horizont zu entdecken. Bei diesem Spiel geht es darum, auf eine Entfernung von 30–50 m mit Hilfe eines Fernglases verschiedene Gegenstände, die sich auf einem Tisch befinden, zu erkennen. Eine Person hat 60 Sekunden Zeit sich alles anzusehen und einzuprägen. Anschließend wird gefragt, was jeweils gesehen und entdeckt wurde. Zum Beispiel könnte die Frage gestellt werden, welche Farbe die Kopfbedeckung des ganz rechts stehenden Playmobil-Piraten hatte.

28.2.3 Piratenalltag

Piraten und Piratinnen lebten wochenlang auf hoher See und hatten allerlei Arbeiten zu verrichten. Selbst an Land gab es viel zu tun. Musste doch das Schiff in Schuss gehalten und neue Vorräte beschafft werden.

915. Wasser schöpfen

Bei hohem Seegang oder einem undichten Schiff musste das Wasser herausgeschöpft werden. Wasser wird mit Hilfe eines Schwammes (Joghurtbecher, Schöpfkelle, Hände) aus einer Wanne in ein zweites Gefäß befördert.

916. Anker lichten

Ein Schiffsanker ist schwer, so dass alle beim Lichten des Ankers mithelfen mussten. Ein schwerer Baumstamm muss mit Hilfe eines Seils über eine Strecke von 20 m gezogen werden.

917. Schiff beladen

Im Hafen wurden Vorräte in Fässern, Kisten und Säcken tonnenweise geladen. Ein Gegenstand nach dem anderen wird von einer Person zur nächsten geworfen oder übergeben. Welche Mannschaft hat ihr Schiff zuerst beladen?

918. Schiffszwieback essen

Schiffszwieback ist haltbar und es besteht nicht die Gefahr, dass er verfault. Wer schafft es, fünf Zwiebacke in 30 Sekunden zu essen?

VARIANTE: Wer kann einen an einer Schnur hängenden Zwieback essen, ohne dass der zerbröselt?

919. Suppe löffeln

Auf einem schwankenden Schiff bei hohem Seegang seine Suppe auszulöffeln, war sicherlich nicht ganz so leicht. Wer kann in einer Hängematte liegend einen Teller Suppe (Wasser) auslöffeln? Die Hängematte wird von Betreuungspersonen in Schwung gehalten.

920. Zitronen essen

Wer lange als Pirat oder Piratin auf hoher See unterwegs war, musste regelmäßig Zitrusfrüchte essen, um keinen Skorbut zu bekommen. Die Mitglieder der Gruppe müssen eine Zitrone oder Pampelmuse essen (ohne das Gesicht zu verziehen).

921. Segel reparieren

Segel können hin und wieder kaputt gehen, besonders nach einem starken Sturm. Die Piratenprüflinge müssen zwei Stoffstücke zusammennähen, einen Riss flicken oder einen Flicken aufnähen. Wer kann es am schnellsten bzw. am schönsten?

922. Schiffsrumpf säubern

In regelmäßigen Abständen wurde das Schiff auf Land gesetzt und der Schiffsrumpf von Algen und Muscheln befreit und undichte Stellen abgedichtet. Die Mitglieder der Gruppe müssen einen ausgeleerten Eimer Dreck zusammenfegen.

VARIANTE: Ein mit Nägeln versehenes Holzstück (das sollen die Algen und Muscheln am Holz darstellen) muss von den Nägeln befreit werden, die Löcher müssen mit Lehm abgedichtet werden.

923. Proviant besorgen

Gingen die Wasservorräte und Lebensmittel unterwegs zu Ende, musste eine Insel angesteuert werden, um neue Vorräte zu besorgen. In einem bestimmten Gebiet werden Gegenstände (Wasserflasche, Zitrone, Mehl, T-Shirt usw.) verteilt. Welche Piratenmannschaft bringt als Erste den oder die gewünschten Gegenstände?

924. Planken austauschen

Bei der Generalüberholung muss auch die eine oder andere alte Schiffsplanke ausgewechselt werden. An einer Holzpalette müssen zwei Bretter gegen andere ausgetauscht werden. Für dieses Spiel sind eine Palette, zwei zusätzliche Bretter, Hammer, Nägel und Kneifzange nötig.

925. Reise zur Schatzinsel

Alle Piraten träumten davon, einmal einen richtig großen Schatz zu heben. Aber wo liegt diese Schatzinsel, und wer kann sie rechtzeitig und allein erreichen? Reise zur Schatzinsel wie Reise nach Jerusalem spielen. Statt Stühlen werden Teppichfliesen verwendet.

28.2.4 Zeitvertreib auf dem Piratenschiff

> An manchen Tagen war auf dem Piratenschiff einfach nichts los: kein Schiff in Sicht, Windstille und Langeweile. Um sich die Zeit zu vertreiben, gab es Spiele aller Art.

926. Würfelspiele

Für den Zeitvertreib auf See waren Würfelspiele beliebt. Eine Tafel Schokolade wird in mehrere Schichten Zeitungspapier verpackt. Wer eine Sechs würfelt, zieht sich Piratenhut, Piratenhandschuhe und die Bauchschärpe an und macht sich mit zwei Entermessern daran, die Schokolade auszupacken und aufzuessen. Sobald der nächste Pirat eine Sechs würfelt, müssen alle Utensilien an diesen übergeben werden.

927. Wetttrinken

Aus lauter Langeweile oder nach einer Kaperung wurden auf den Piratenschiffen wilde Sauforgien abgehalten. Wer schafft es als Erster, eine Sprudelflasche auszutrinken? Dann darf auch mal kräftig gerülpst werden.

928. Armdrücken ●●●

Wer ist am stärksten? Das lässt sich am besten durch einen Wettbewerb im Armdrücken herausfinden.

929. Vom Fass ziehen

Ein anderes Spiel zum Kräftemessen: Zwei Personen sind mit einer 3 m langen Schnur verbunden und versuchen, sich gegenseitig von einem Fass bzw. einer Planke zu ziehen.

930. Piraten-Pantomime ●●●

Ob die wilden Seeleute Grimassen schneiden können? Wahrscheinlich schon. Und wenn sie in fremden Gewässern unterwegs waren, mussten sie sich oft mit Händen und Füßen verständigen. Gelingt es der Gruppe herauszufinden, was ein Gruppenmitglied versucht, pantomimisch darzustellen?

Beispiele: Anker, Augenklappe, Ausguck, Backbord, Beute, Bootsmann, Entermesser, Fass, Fernrohr, Fischernetz, Flaschenpost, Floß, Galionsfigur, Goldstücke, Haifisch, Hängematte, Kanonier, Kapitän, Knoten, Kombüse, Lotse, Mast, Mastkorb, Matrose, Meuterei, Muskete, Perlen, Pirat, Piratenhut, Prise, Quartiermeister, Rum, Säbel, Schatz, Schiff, Seeigel, Seesack, Segel,

Steuerbord, Stockfisch, Totenkopf, Totenkopffahne, Wanten, Zwieback.
VARIANTE: Die Begriffe können natürlich auch wie bei den Montagsmalern gemalt und geraten werden.

28.2.5 Kaperung

Endlich ein Schiff in Sicht zum Kapern! Darauf freut sich die ganze Crew.

931. Kaperfahrt

Wurde ein Schiff zum Kapern entdeckt, begann eine Wettfahrt, bis die Piraten es stellen konnten. Jedes Mitglied der Gruppe setzt sich auf eine Fußmatte oder einen Teppichrest und muss darauf eine Strecke zurücklegen, wobei der Po immer auf der Teppichfliese bleibt und das Schiff nur mit den Füßen vorwärts bewegt werden darf.
VARIANTE: Als Fortbewegungsmittel kann im Freien auch ein Skateboard verwendet werden.
VARIANTE: Als Staffelspiel: Der Pirat bewegt sich mit Hilfe von zwei Matten oder Hölzern (= Schiffsplanken) vorwärts. Anschließend ist der Nächste der Mannschaft dran. Natürlich darf der Boden nicht berührt werden.
VARIANTE: Die ganze Mannschaft bewegt sich auf zwei Turnmatten durch geschicktes Umlegen der Matten vorwärts.

932. Einbein-Lauf

Das Piratenleben war gefährlich. Bei einer Kaperung konnte man schon mal ein Bein verlieren und muss dann mit einem Holzbein zurechtkommen. Wer kann auf Holzstelzen eine bestimmte Strecke am schnellsten zurücklegen?

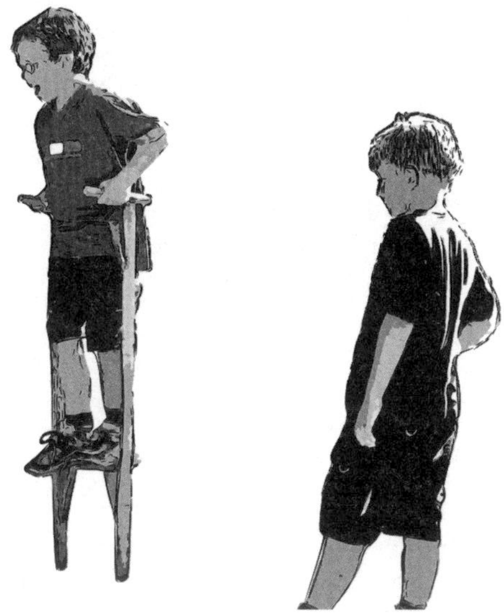

933. Ein Schiff wird erobert

Im Hallen- oder Freibad wird ein Schlauchboot erobert und die Besatzung über Bord geworfen.

934. Wettrennen

Es findet ein Luftmatratzenrennen statt. Welches Schiff ist schneller?

935. Flaute

Ein Schlauchboot mit drei Personen Besatzung wird von einer Person auf einer Luftmatratze an der Leine gezogen.

936. Wasserschlacht

Zwei Schiffe beschießen sich mit Wasserbomben.

937. Inseleroberung

Piraten erobern eine Insel. Die Insel ist eine große Decke oder ein markiertes Spielfeld. Die Inselbewohner verteidigen natürlich ihre Insel und versuchen, die Angreifer wieder von der Insel zu schmeißen. Welche Partei gewinnt?

938. Feuchtes Gefecht

Die Piraten beschießen eine Insel (Decke) aus allen Rohren. Dazu werden wassergefüllte Luftballons auf einer Decke, die von vier Piraten gehalten wird, in Richtung Insel katapultiert. Die Insulaner versuchen ebenfalls mit einer Decke, die anfliegenden Bomben zu fangen. Als Treffer wird gezählt, wenn ein Ballon auf der Insel landet. Wie viele Schüsse gehen daneben, wie viele treffen ins Ziel, und wie viele Bomben können abgefangen werden?

939. Musketen-Gefecht

Eine zünftige Schlacht mit Wasserpistolen.

940. Wettschießen

Welche Mannschaft hat die treffsichersten Musketenschützen? Ein Trichter, der auf einer Flasche steckt, wird mit einer Wasserpistole beschossen. Wie viel Wasser kann anschließend mit einem Messbecher gemessen werden?

941. Schiffe versenken

In eine Wasserwanne werden kleine Papierschiffchen eingesetzt. Aus 3 m Entfernung werden die Schiffchen versenkt. Wie lange dauert das?

942. Piratentänze ●●●

Piraten und Piratinnen feierten nach einer erfolgreichen Kaperung erst mal ausgiebig. Wer kann den schönsten Piratentanz auf einem Tisch tanzen?

943. Die Schatzsuche

Erfolgreiche Piraten sammelten viele Schätze, die sie auf einer Schatzinsel vergruben. Um später den Schatz wiederzufinden, wurden Schatzkarten angefertigt. Das Spiel erfolgt in verschiedenen Sequenzen, die jeweils passend eingeleitet werden müssen. Für die einzelnen Spielsequenzen können neben den unten genannten Anregungen Spiele aus den verschiedenen Kapiteln dieses Buchs ausgewählt werden. Welche Mannschaft findet zuerst den Schatz?

- Die Piratenmannschaft steuert mit Hilfe von Kompass und weiteren Angaben mit ihrem Boot auf ein Ziel zu.
- Die Piratenmannschaft wird auf einer Insel ausgesetzt. Es beginnt

ein Überlebenskampf: Hüttenbau, Wasser holen, kochen, jagen usw.

- Eine Schatzkarte wird gefunden. Darauf sind verschiedene Hinweise eingetragen (Geheimschrift entziffern, Teile der Schatzkarte suchen).
- Eine Schatzkarte steckt in einer Flaschenpost, die mitten auf dem See/Pool treibt.
- Die Mannschaft macht sich auf den Weg und trifft unterwegs auf verschiedene Stationen, die nach Lösung der Aufgabe zur nächsten Station führen.
- Die Schatzkiste muss ausgegraben werden.
- Fremde Piraten tauchen auf und wollen das Boot kapern und den Schatz rauben. Es werden ggf. Bündnisse mit anderen Piratengruppen geschlossen.

Am Schluss wird ein großes Piratenfest mit einem Festessen, Tänzen usw. gefeiert.

28.3 Indianerspiele

Bei den Indianerspielen kommen möglichst alle Fähigkeiten im sportlichen Bereich (Schnelligkeit, Geschicklichkeit beim Laufen, Anschleichen, Werfen usw.), im kreativen Umfeld (Indianertanz und Indianerlieder) und im intellektuellen Bereich (Rauchzeichen entziffern, Rätsel lösen) zum Tragen.

28.3.1 Indianer-Stationenspiele

944. Bisonjagd

Ein Gruppenmitglied sitzt in einer Schubkarre und wird von einem anderen geschoben, oder er sitzt auf dem Rücken eines Mitspielers. In der Hand hält er eine Lanze (Besenstiel). Mit dieser Lanze müssen nun im Vorbeirennen mehrere Bisons aus Pappe getroffen/umgestoßen werden.

945. Kriegspfad ●●●

Die Gruppe erfindet einen Indianerkriegstanz mit Indianergeheul. Bewertet werden Einfallsreichtum, aufeinander abgestimmte Bewegungsabläufe und Rhythmik, passender Gesang.

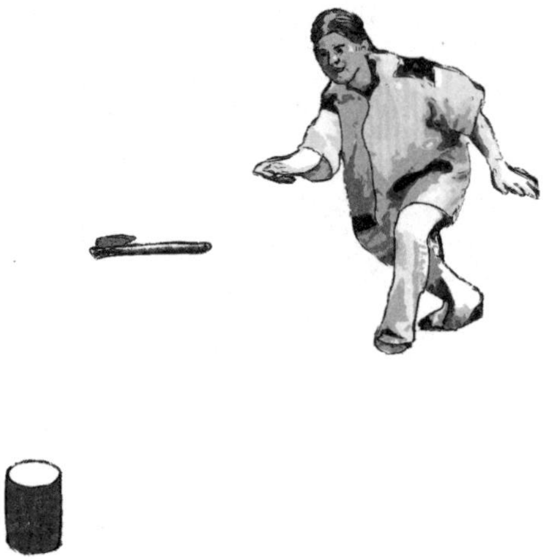

946. Tomahawk werfen

Mit einem Holz- oder Plastik-Tomahawk werden Dosen abgeschossen. Gezählt wird die Anzahl der getroffenen Dosen.

VARIANTE: Die Dosen stehen in einem Abstand von 50 cm nebeneinander. Jeder hat einen Wurf auf eine bestimmte Dose.

947. Speerwurf

Ein Speer (Besenstiel) wird auf einen auf Gras gemalten Bison (oder aus Pappe) geworfen. Je nachdem, wo der Speer landet, gibt es unterschiedliche Punktzahlen.

948. Büffeljagd

Ein Speer (Besenstiel) wird aus ca. 5–8 m Entfernung durch einen am Baum hängenden Autoreifen geworfen.

VARIANTE: Der Reifen wird in leichte Schwingungen versetzt.

949. Wanderschaft

Wie beim Umzug eines Indianerstammes wird auf einer Rutsche ein Gruppenmitglied von zwei weiteren Personen ca. 50 m geschleppt (zwei Baumstämme mit Querträgern und einer Decke als Liegefläche).

950. Indianersprache ●●●

Fremde Indianerstämme unterhielten sich durch Zeichensprache. Einem Gruppenmitglied wird eine Botschaft mitgeteilt, die es den anderen durch Zeichensprache mitteilen soll.

VARIANTE: Es werden ca. zehn Zeichen eingeübt, von denen drei zu erkennen sind.

951. Späher

An einem Baum werden verschiedene Gegenstände versteckt bzw. aufgehängt. Die Aufgabe besteht nun darin, innerhalb von 2 Minuten möglichst viele der Utensilien aus einer Entfernung von 20–30 m zu erkennen.

952. Sinne

Insgesamt werden 16 unterschiedliche Steine aus der Natur in 4er-Reihen im Quadrat ausgelegt. Nach einer Betrachtungszeit werden 2 Steine vertauscht. Werden die vertauschten Steine herausgefunden?

953. Fährten- und Spurenleser

In einem Waldstück von ca. 100×100 m werden verschiedene Spu-

ren, Fährten und Zeichen (umgeknickter Zweig usw.) ausgelegt. Findet die Gruppe alle Spuren und Hinweise?
VARIANTE: Kann die Gruppe mit Hilfe solcher Spuren einen Schatz finden?

954. Lautloses Anschleichen

Die Spielleitung verbindet sich die Augen, die Teilnehmenden müssen daraufhin innerhalb von zwei Minuten in einem Areal von 5 × 5 m oder in einem Raum bestimmte Gegenstände suchen und mitnehmen, ohne gefasst zu werden. Eine zweite Betreuungsperson überwacht die Aktion.
VARIANTE: Die Betreuungsperson sitzt mit gespreizten Beinen auf dem Boden. Zwischen den Beinen liegen ein Stein, eine Dose, in der ein Stein ist, und eine Dose mit einem Stein obenauf. Ein Gruppenmitglied versucht, alle drei Gegenstände unbemerkt zu nehmen. Die Betreuungsperson darf nur fünfmal zupacken, der Mitspieler hat zwei Minuten Zeit.

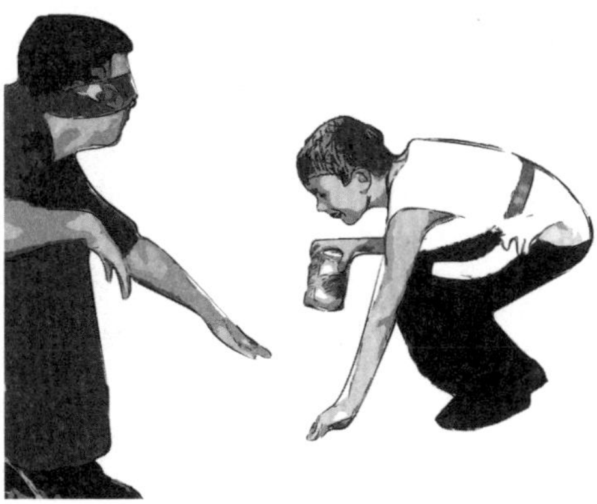

VARIANTE: Die Betreuungsperson sitzt auf einem erhöhten Punkt (Felsen, Hochsitz, Baum). Die Gruppe hat nun die Aufgabe, ca. zehn Nummern oder Buchstaben in unmittelbarer Nähe zu diesem Punkt herauszufinden, ohne entdeckt zu werden. eine zweite Betreuungsperson überwacht die Aktion bzw. nimmt die herausgefundenen Zahlen entgegen. Ausgeschieden ist, wer entdeckt wurde. Diese Person muss unter dem Baum oder Felsen warten, bis das Spiel aus ist. Als Spielfeld eignet sich ein sehr dichter Wald oder unübersichtliches Gelände.
VARIANTE: Jeder Anschleicher bekommt einen Papierhut mit Nummer aufgesetzt. Erkennt und nennt die Betreuungsperson diese Nummer, ist derjenige ausgeschieden.

955. Bola werfen

Eine Bola (zwei ca. faustgroße, mit Sand gefüllte und mit einer ca. 50 cm langen Schnur verbundene Ledersäckchen) wird in ein Ziel (Kreis oder Pfosten) geworfen. Je nach Zielgenauigkeit gibt es unterschiedliche Punkte.

956. Indianerkunstwerke

Wie viele Perlen können innerhalb von zwei Minuten aufgefädelt werden? Pro zehn (oder 15) Perlen gibt es einen Punkt, maximal sind zehn Punkte möglich.

957. Ponyreiten

Zwei etwa gleich große Gruppenmitglieder knien nebeneinander auf dem Boden. Eine dritte Person kniet auf ihren Rücken und darf sich nicht mit den Händen festhalten. Wie viele Meter kann dieses Gespann auf den Knien zurücklegen, ohne dass der Reiter runterfällt?

958. Flink wie ein Wiesel, wendig wie eine Schlange

Die Indianer schleichen sich an ein feindliches Lager an. Der Weg geht unter einer Schnur durch, im Zick-Zack durch ein Schnurlabyrinth, über einen Baumstamm, über eine Bank, die über den Bach gelegt wurde usw.

959. Blasrohrschießen

Ein ca. 30–50 cm langes Plastikrohr dient als Blasrohr. Kleine Kügelchen aus Papier dienen als Munition. Als Ziel werden Filmdöschen oder Spielkarten, die zu einer Pyramide aufgestellt wurden, verwendet.

28.3.2 Indianerkämpfe

Diese Spiele sind eher kämpferischer Natur und daher nicht für jede Gruppe geeignet.

960. Zweikampf

In einer dreckigen Pfütze oder einem sumpfigen Wiesenabschnitt wird ein Zweikampf ausgetragen (in Badebekleidung). Keiner darf die Spielfeldabgrenzung verlassen. Ziel ist es, den anderen auf den Rücken zu legen, ihn zu fesseln (ca. 3 m lange Schnur), ihm eine Feder aus dem Stirnband zu reißen oder ein Tuch aus dem Hosenbund zu ziehen.

961. Büffelkämpfe ●●●

Rücken an Rücken sitzen zwei Personen in einem Kreis. Jeder versucht, den anderen aus dem Kreis zu drücken. Verloren hat, wer mit beiden Füßen oder mit dem Po außerhalb des Kreises ist.

962. Bisonjagd

In einem abgegrenzten Spielfeld von ca. 20 × 30 m, welches an einer Seite an einen Bach grenzt, jagen Indianer Bisons und werfen sie in den Bach. Wer nass geworden ist, scheidet aus. Wie lange benötigen die Indianer für die Jagd? Im Anschluss werden die Rollen getauscht.

963. Schlangenkampf

Zwei Personen werden jeweils an einem Fuß mit einem ca. 2–3 m langen Seil zusammengebunden. Ziel ist es, den Gegner aus dem Gleichgewicht zu bringen. Mit den Händen darf nicht am Seil gezogen werden. Das Spiel kann in einem großen Kreis von ca. 6 m Durchmesser gespielt werden.

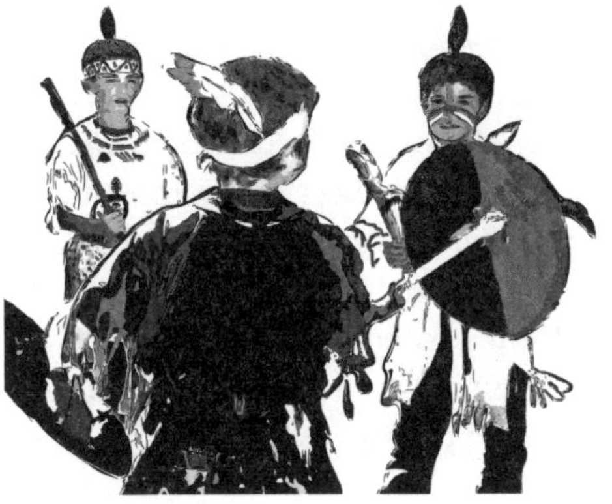

964. Klapperschlangen fangen

Zwei Personen werden die Augen verbunden. Ein paar Dosen, die bei Bewegung anfangen zu klappern, werden jeweils am Fuß festgebunden. Beide müssen sich in einem Areal von 5 × 5 m bewegen und dabei versuchen, sich gegenseitig zu fangen. Gewonnen hat, wem es als Erstem gelingt, dem Gegner eine Feder aus dem Kopfschmuck zu reißen.

28.3.3 Indianer-Geländespiele

Für das Indianer-Geländespiel erscheinen alle Gruppenmitglieder in ihrer zuvor gebastelten Indianerkleidung und in Kriegsbemalung. Jeder Stamm bringt sein Totem mit und einen Wigwam (drei Stangen und ein weißes Tuch).

965. Totem stehlen

Zunächst schlägt jeder Indianerstamm sein Lager im Gelände auf. Das Spielfeld sollte ca. 300 × 300 m groß sein (maximal 1000 × 1000 m, je nach Teilnehmerzahl und Gelände). Das Lager wird durch drei pyramidenförmig aufgestellte Stäbe gekennzeichnet. Darüber wird ein weißes Tuch gespannt. In dieses »Wigwam« wird das Totem gelegt. Aufgabe eines jeden Stammes ist es nun, das Totem der anderen Stämme zu finden und gleichzeitig das eigene Totem zu verteidigen. In jedem Lager befindet sich ein Mitarbeiter als Schiedsrichter, weitere Mitarbeiter sind als Schiedsrichter im Spielgebiet verteilt. Jeder Indianer bekommt einen Skalp (Wollfaden) um den linken Arm gebunden. Zweites Ziel des Spiels ist es, so viele fremde Skalps wie möglich zu erbeuten. Wer keinen Skalp mehr hat, der darf nicht weiterkämpfen, sondern muss sich einen neuen Skalp bei einer der Betreuungspersonen holen. Die eroberten Skalps können irgendwo im Spielgebiet versteckt werden und werden am Spielende zur Zählung abgegeben. Das Spiel kann unentschieden enden, wenn zwar das Totem weg ist, aber dafür viele fremde Skalps erobert wurden.

966. Bisonjagd

Die Betreuungspersonen (Bisons) bekommen jeweils zehn Fell- oder Lederstücke (wenn nicht vorhanden, können Bierdeckel verwendet werden) mit auf den Weg und streifen umher bzw. verstecken sich in einem nahe gelegenen Wald (Spielfeldgröße ca. 300 × 300 m je nach Teilnehmerzahl). Die Gruppenmitglieder bekommen jeweils einen Speer (Bierdeckel). Mit diesem Speer werden nun die Bisons gejagt. Derjenige, dessen Speer einen Bison trifft, bekommt ein Fellstück ausgehändigt, den Speer behält der Bison. Der erfolgreiche Jäger tauscht sein Fellstück im nahe gelegenen Store (beim Zeltplatz) gegen einen neuen Speer ein. Sieger sind diejenigen Krieger, die die meisten Bisons getroffen haben.

28.4 Ritterspiele

Mit ein bisschen Fantasie lassen sich aus den folgenden Spielen Ritterprüfungen, Turnierkämpfe und Zweikämpfe machen, die in eine Geschichte verpackt oder für ein Abenteuerspiel verwendet werden können.

28.4.1 Kämpfe zwischen zwei Rittern

967. Helm ab

Jeder der Wettkämpfer bekommt einen Helm (Papierhut) aufgesetzt. Beide sind mit einer ca. 2 m langen Schnur am jeweils linken Arm miteinander verbunden. Wer kann dem Gegner zuerst den Helm vom Kopf schlagen?

968. Stockkampf

Beide Kämpfer halten einen Stock jeweils mit einer Hand fest. Wem gelingt es zuerst, dem anderen den Stock zu entreißen?

VARIANTE: Die Gegner stehen je auf einem Baumstamm oder einer Sprudelkiste.

969. Schwertkampf

Die Schwerter (Besenstiel) müssen mit einer dicken Polsterung aus Schaumstoffmaterial (Heizungsrohrisolierungen) versehen werden. Handschuhe oder ein Brett mit Loch in der Mitte, das über dem Griff am Besenstiel festgemacht wird, wären von Vorteil. Für den Kampf müssen klare Spielregeln vereinbart werden. Treffer über Schulterhöhe sind nicht erlaubt, ebenso das »Ausholen, Durchziehen und Schlagen« des Stockes. Treffer sollten eher durch leichte Berührungen angedeutet werden. Ein Schiedsrichter entscheidet jeweils und gebietet Einhalt, falls sich ein Kämpfer nicht beherrschen kann. Wenn das Schwert mit Ruß oder Holzkohle geschwärzt wird, sind die Treffer gut sichtbar.

970. Luftballon-Schwert

Als Schwert wird ein länglicher, aufgeblasener Luftballon verwendet. Vorne wird der Luftballon mit Ruß oder Rasierschaum eingeschmiert.

971. Luftballonduell

Jeder der zwei gegeneinander kämpfenden Ritter bekommt mehrere aufgeblasene Luftballons um die Brust und Rücken gehängt. Mit einem Plastikschwert versuchen nun beide, die Luftballons zu zerstören. Gewonnen hat, wer als Erster alle Luftballons des Gegners zerstechen konnte.

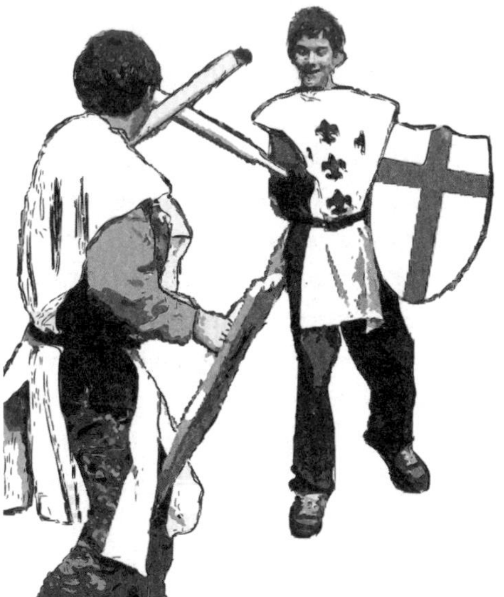

972. Runterdrücken

Zwei Personen stehen je auf einem Baumstamm (Sprudelkiste). Es muss versucht werden, nur durch Hand- oder Armdrücken den Gegner vom Sockel zu werfen.

973. Tuch erobern

Zwei Gruppenmitglieder haben jeweils ein Tuch in der Hose stecken. Beide sind mit einer ca. 2 m langen Schnur am linken Arm miteinander verbunden. Wer kann dem Gegner zuerst das Tuch aus dem Hosenbund ziehen?

28.4.2 Turnier- oder Mannschaftskämpfe

974. Bogentelegraphie

Wer die Filme von Robin Hood kennt, der weiß, dass Nachrichten durch Bogenschützen übermittelt wurden. Aufgabe ist es, einen Pfeil von Punkt A nach B und von dort nach C zu schießen. Wie viele Schüsse werden benötigt? Weitergeschossen wird immer von dem Punkt aus, wo der Pfeil landete. ⚠ Vorsicht: Niemand darf im Schussfeld stehen.

975. Lanzenwettkämpfe

Hierzu werden zwei lange Lanzen (Besenstiele) benötigt, die vorne mit Schaumstoff oder Tüchern dick gepolstert sind. Im Huckepack oder in einer Schubkarre, im Leiterwagen oder auf

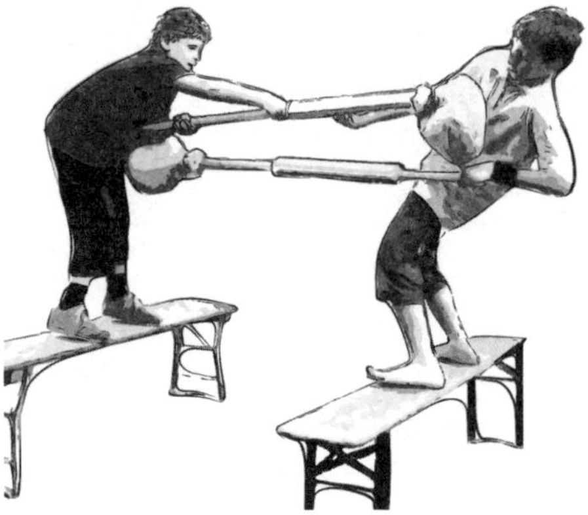

einem Fahrrad sitzend geht es auf den Gegner zu.

VARIANTE: Jeder Kämpfer steht auf einer Bank und versucht, sein Gegenüber von der Bank zu stoßen.

976. Schildtechnik

In einem Feld befindet sich ein Ritter mit seinem Schild. Die Angreifer befinden sich außerhalb des Feldes und versuchen, mit einem Ball den Ritter zu treffen. Dieser muss den Ball mit dem Schild abwehren. Wer trifft, darf selber Ritter werden.

VARIANTE: Wie Völkerball, aber der Ball darf mit dem Schild abgewehrt werden. Allerdings muss das Spielfeld je nach Anzahl der Spieler vergrößert werden, damit die Spieler sich nicht gegenseitig mit den Schildern behindern.

977. Hilfe, die Burg brennt!

Alle Ritter müssen sich in die Wasserkette einreihen und bei der Beförderung der Wassereimer mithelfen. Das Wasser muss aus einem Brunnen oder Fluss geholt werden. Der Eimer hängt an einem Seil und darf nicht mit der Hand zum Wasserschöpfen untergetaucht werden. Geeignet sind dabei schwere Eimer aus Metall. Welche Mannschaft füllt ihre Wasserwanne am schnellsten?

978. Die schwarze Hand hat zugeschlagen

Jeder Wettkämpfer schwärzt seine Finger mit Ruß und versucht nun, den Gegner anzuschwärzen, ohne selbst schwarz zu werden. Verloren hat derjenige Kämpfer, der am schwärzesten geworden ist.

28.4.3 Ritterprüfungen zum Ritterschlag (Stationenspiele)

979. Strickleiter

Mit Hilfe einer Strickleiter muss ein Hindernis überwunden werden. Die Strickleiter kann entweder bereitgestellt werden, oder sie wird mit Hilfe von Seilen, Schnüren und kurzen Hölzern von der Gruppe angefertigt. Das Hindernis sollte dann allerdings nicht zu hoch sein, für den Fall, dass die Strickleiter nicht hält.

980. Burgmauer erklimmen

Die Ritter überklettern eine Mauer. Je nachdem wie hoch das Objekt ist, geht das mit der berühmten Räuberleiter oder aber auch mit einer angestellten Hilfsleiter bzw. Baumstamm.

981. Am Seil hoch hangeln

Wer kann an einem Seil an der Burgmauer ganz nach oben klettern?

982. Katapultieren

Eine Person springt auf ein Ende einer Wippe und katapultiert einen Gegenstand, der auf ihrem anderen Ende liegt, in ein Ziel.

983. Sprung-Fuchsen

Hier geht es darum, den Stein so weit zu werfen, wie man mein, aus dem Stand springen zu können. Wird das Ziel erreicht, darf das nächste Gruppenmitglied von diesem erreichten Punkt aus mit seinem Wurf und Versuch weitermachen. Wird das Ziel nicht erreicht, muss das nächste Gruppenmitglied von dem Punkt aus weitermachen, der bisher erreicht wurde. Wie weit kommt die Mannschaft?

984. Reiterrennen

Ein Reiterpaar (Huckepack) muss durch einen Parcours rennen und versuchen, sämtliche aufgestellten Gegenstände (Kegel, Luftballons) mit einer Lanze zu treffen und am Schluss noch ein Band zu erwischen und zum Ausgangspunkt zurückzubringen. Dann ist das nächste Team an der Reihe. Wie schnell ist die Mannschaft und wie viele Fehlerpunkte macht sie dabei?

985. Lanzen werfen

Wer kann die Lanze am weitesten werfen?

VARIANTE: Die Lanze muss in ein markiertes Feld geworfen werden.

VARIANTE: Sie muss durch einen Ring geworfen werden.

VARIANTE: Ein Luftballon muss damit zum Platzen gebracht werden.

986. Ringwerfen

Ein Gruppenmitglied wirft seinem Gegenüber einen Gummiring zu. Dieser fängt den Gummiring mit Hilfe seiner Lanze oder seines Schwerts. Wie oft wird der Ring bei zehn Würfen aufgefangen?

987. Das Ringlein

Eine Person sitzt Huckepack auf den Schultern ihres Partners. Mit einer Lanze in der Hand muss ein kleiner Ring getroffen werden, der an einem Baum hängt. Das Reiterpaar darf nicht anhalten.

988. Der Katapult

Die Gruppe baut mit Hilfe von Schnüren, einem Tuch und mehreren bereitgelegten (Rund-)Hölzern ein Katapult. Anschließend geht es beim Ziel- bzw. Weitschießen darum, mit dem Katapult möglichst geschickt umgehen zu können.

28.4.4 Mittelalterliches Leben

989. Begriffsammlung für ritterliche Pantomimen oder Montagsmaler

Alchemist, Artus, Avalon, Burgfräulein, Burggraben, Burgturm, Drache, Druide, Excalibur, Fanfarenbläser, Folterkammer, Herold, Hexenverbrennung, Knappe, König, Königin, Kreuzzug, Lanze, Page, Pranger, Ritterburg, Ritterfest, Ritterkampf, Rittermahl, Ritterschlag, Rüstung, Rüstung anlegen, Schild, Schwert, Trompeter, Tunika, Turnier, Verlies, Wahrsager, Wappen, Wildschwein, Zinnen, Zugbrücke

990. Bibelübersetzung

Mönche übersetzten die Bibel. Ein Bibelvers, der in Puzzleteile zerlegt wurde (Einzelwörter, Satzphrasen), muss zusammengesetzt werden.

991. Sticken

Sticken gehörte im Mittelalter zu den Fertigkeiten adliger Frauen. Wer kann ein bestimmtes Muster nach Vorlage sticken?

992. Kochen

Die Gruppe muss einen Eintopf im Hordenkessel zubereiten. Zutaten: Gemüse, Wasser, Gewürze, Salz usw.

993. Waschen

Waschmaschinen gab es im Mittelalter natürlich nicht, stattdessen wurde einmal in der Woche am Waschtag am Fluss oder See von Hand gewaschen. Jede Gruppe muss zehn Hemden und Hosen waschen und auf eine Leine hängen. Gewertet werden kann, wie sauber die Wäsche im Vergleich zu vorher ist, wie lange der Waschvorgang gedauert hat usw.

994. Weben

Auch das Weben gehörte zu den Berufen des Mittelalters. Für diese Station werden viel Wolle und ein kleiner Webstuhl benötigt. Wie viele Reihen kann die Gruppe in einer bestimmten Zeit weben? Wie viele Webfehler werden gemacht? Sind alle Gruppen durch, ist ein kleiner Webteppich entstanden.

995. Druiden

Druiden waren nicht nur Hexenmeister, sondern wurden auch bei Krankheiten aufgesucht. Die Aufgabe der Gruppe besteht darin, einen Zaubertrank zu mixen und zu trinken (Zutaten: Tomatensaft, Gurkensaft, Ketchup, Senf, Wasser, Tee usw.) ! Vorsicht: Es sollten auf jeden Fall nur genießbare Zutaten verwendet werden!

996. Hofnarr ●●●

Ein Hofnarr hat schlau-dumme Sprüche auf Lager, kann das eine oder andere Kunststückchen und bringt die Leute zum Lachen. Wer ist der beste Hofnarr?

997. Minnegesang ●●●

In Liedern wurden Heldentaten berichtet oder von einer unsterblichen Liebe erzählt. Wie wäre es, das Lagergeschehen in einem Minnegesang zu besingen? Mit Schellen, Rasseln und einem Zupfinstrument kann das Lied untermalt werden.

28.4.6 Ritter-Geländespiele

Die einzelnen Geländespiele können auch kombiniert oder durch Ideen aus den anderen Kapiteln erweitert werden.

998. Suchen und finden

Ein Goldschatz, kaiserliches Siegel o. Ä. muss gefunden werden.

999. Das magische Schwert Excalibur

Der Druide Merlin berichtete vom magischen Schwert Excalibur. Wer kann das Schwert finden und wird zum König? Dieses Spiel wird in ein Suchspiel eingebettet, in dem verschiedene Stationen und Personen gefunden werden müssen. Sind alle Aufgaben erfüllt, Hinweise und Pläne gefunden, dann kann auch das sagenhafte Schwert gefunden werden.

1000. Die Suche nach dem heiligen Gral

Wer findet den heiligen Gral? Das Spiel wird in ein Stationenspiel eingebettet, bei dem verschiedene Aufgaben erfüllt und Lösungsbuchstaben gefunden werden müssen.

29. Bastelideen zu Themenspielen und Mottofesten

29.1 Einfache Bastelideen zum Thema Piraten

Jeder echte Pirat, jede echte Piratin besitzt ein Entermesser, einen Piratenhut oder Kopftuch und ein Piratenhemd. Manche Piraten, die im Kampf verletzt wurden, tragen eine Augenklappe oder ein Holzbein. Zu einer Piratencrew gehören auch eine Piratenflagge, ein Fernrohr, eine Schatzkiste für die eroberten Schätze usw. Auch wenn die einzelnen Ideen schnell verwirklicht sind, ist es wohl nicht möglich, alles zu basteln, also vorher überlegen, was für die geplanten Spiele gebraucht wird.

1001. Piratenhemd

Benötigt wird ein altes T-Shirt (einfarbig oder mit zweifarbigem Ringelmuster) oder ein altes weißes Hemd zum Zerschneiden. Das Hemd (ggf. auch das T- Shirt) wird entsprechend gekürzt. Ein paar eingeschnittene Löcher geben dem Piratenhemd das entsprechende kampferprobte Aussehen.

1002. Bauchschärpe

Über das Piratenhemd wird um den Bauch eine bunte Schärpe aus einem alten Stoffrest gebunden. Dies kann durchaus ein sehr farbenfroher und seidig glänzender Stoff sein. In die Bauchschärpe steckt der Pirat dann sein Entermesser oder seinen Säbel.

1003. Piratenhut

Ein Piratenhut kann aus starkem schwarzem Karton gebastelt werden. Zusammengeklebt oder getackert und mit einem Gummiband versehen ist der Hut schnell fertig. Oder der Piratenhut wird aus Zeitungspapier gefaltet. Zuletzt malt jeder mit weißer Farbe einen Totenkopf und zwei gekreuzte Knochen auf den Hut. Etwas nobler wird der Hut, wenn auf den schwarzen Karton ein Filzstoff geklebt wird. Aus weißem Filz wird dann der Totenkopf zugeschnitten und auf den Hut geklebt.

1004. Piratenkopftuch

Ein einfaches Kopftuch wird um den Kopf gebunden.

1005. Entermesser, Dolch, Degen oder Säbel

Ein Entermesser, Dolch oder Säbel ist aus einem ca. 10–15 mm starkem Sperrholz oder Nut- und Federbrett schnell hergestellt. Mit Hilfe einer Schablone werden die Umrisse aufgezeichnet und mit einer Laubsäge, Stichsäge oder einer Dekupiersäge herausgesägt. Mit Schleifpapier und Holzfeile werden die Kanten abgerundet und die endgültige Form bearbeitet.

Ein Degen lässt sich auch aus einem ca. 2 cm starken Weidenstock herstellen. Als Handschutz wird eine starke Pappe mit Loch über den Stock geschoben. Einfacher (für Jüngere) ist die Herstellung der Waffen aus einem starken Karton.

1006. Augenklappe

Aus Moosgummi oder schwarzer Pappe wird eine leicht ovale Augenklappe zugeschnitten. Ein Gummiband wird an der Augenklappe befestigt und über den Kopf gezogen.

1007. Piratenflagge

Aus einem alten schwarzen Leintuch wird eine Fahne herausgeschnitten. Mit weißer, gut deckender Stofffarbe werden ein Totenkopf und zwei Knochen aufgemalt oder zuvor entsprechend zugeschnittener, weißer Filz aufgeklebt oder aufgenäht. Bei einem weißen Leintuch wird mit schwarzer Farbe das Äußere bemalt, so dass nur noch die Knochen und der Totenkopf in Weiß übrig bleiben.

1008. Fernrohr

Ein Fernrohr lässt sich aus alten Küchenrollen oder Plakatversandrollen herstellen, die mit schwarzem Tonpapier beklebt oder bemalt werden.

1009. Holzbein

Ein Holzbein kann aus Pappe hergestellt werden, die um das Bein

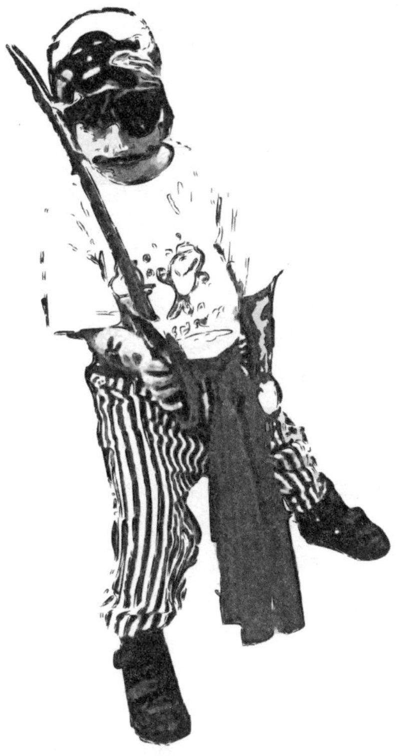

gebunden und mit braunem Klebeband fixiert und angemalt wird. Das Bein sollte allerdings leicht zu entfernen sein, damit alle Spiele mitgespielt werden können.

1010. Gesichtsbemalung

Mit Schminkfarben kann jeder Pirat Bart, Narben oder Blut aufmalen.

1011. Schatzkarte

Für eine Schatzkarte kann Pergamentpapier, ein Stück Stoff oder ein Lederrest verwendet werden. Damit die Karte alt und vergilbt aussieht, färbt man sie am besten mit Schwarztee oder Kaffee und kokelt das Papier an den Rändern etwas an.

Dann können geheimnisvolle Zeichen, Einträge, Ziffern, markante Punkte im Gelände usw. mit Tusche oder in Geheimschrift auf der Karte eingetragen werden. Je nach Spiel wird die Karte dann in verschiedene Teile zerschnitten.

1012. Schatzkiste

Ein Schuhkarton oder eine kleine Holzkiste wird beklebt oder angemalt und innen mit Goldfolie ausgelegt.

1013. Geldbeutel

Ein Beutel für die persönlichen Schätze und Beutestücke wird aus Leder hergestellt. Ein ca. 25 cm großer Lederkreis wird ausgeschnitten. Mit einem Locher/Lederlochzange werden reihum mit einem Abstand von etwa 0,5–1 cm zum Rand Löcher eingestanzt. Die Löcher haben zueinander einen Abstand von ca. 3 cm. Durch die Löcher wird eine Schnur oder ein dünner Lederriemen gezogen.

▷ **HINWEIS:** Dieser Beutel kann auch als Medizinbeutel für Indianerspiele verwendet werden.

1014. Goldnuggets

Dazu werden kleine, runde (Kiesel-) Steine mit Goldfarbe angemalt oder besprüht. Im Laden gibt es aber auch Schokoladen-Goldtaler.

29.2 Einfache Bastelideen zum Thema Indianer

Die hier vorgestellten Basteleien sind natürlich nicht einmal annähernd originalgetreu. Aber dafür sind sie einfach und schnell in der Realisierung, so dass sich schnell ein »Erfolgserlebnis« bei den Gruppenmitgliedern einstellt. Mit etwas mehr Zeit und Geschick lassen sich diese Ideen noch verfeinern und verschönern. Empfehlenswert ist es, Musterexemplare der jeweiligen Bastelideen vor der Freizeit anzufertigen. Diese dienen den Teilnehmenden dann als Anregungen und Ansporn.

1015. Indianerrock oder Skalp-Hemd mit Skalps

Aus einem alten Kartoffelsack oder einem überlangen T-Shirt kann ein Skalp- Hemd bzw. ein Indianerrock zugeschnitten werden. Beim T-Shirt werden etwa 10 cm lange Fransen am unteren Rand und an den Ärmeln bis zum Schulterbereich eingeschnitten. Aus einigen entzwirbelten Wollfäden entsteht ein Skalp, der mit einer Perle am Hemd angenäht wird. Auf das Hemd werden mit Stofffarben indianische Muster aufgemalt oder Muster aufgenäht.

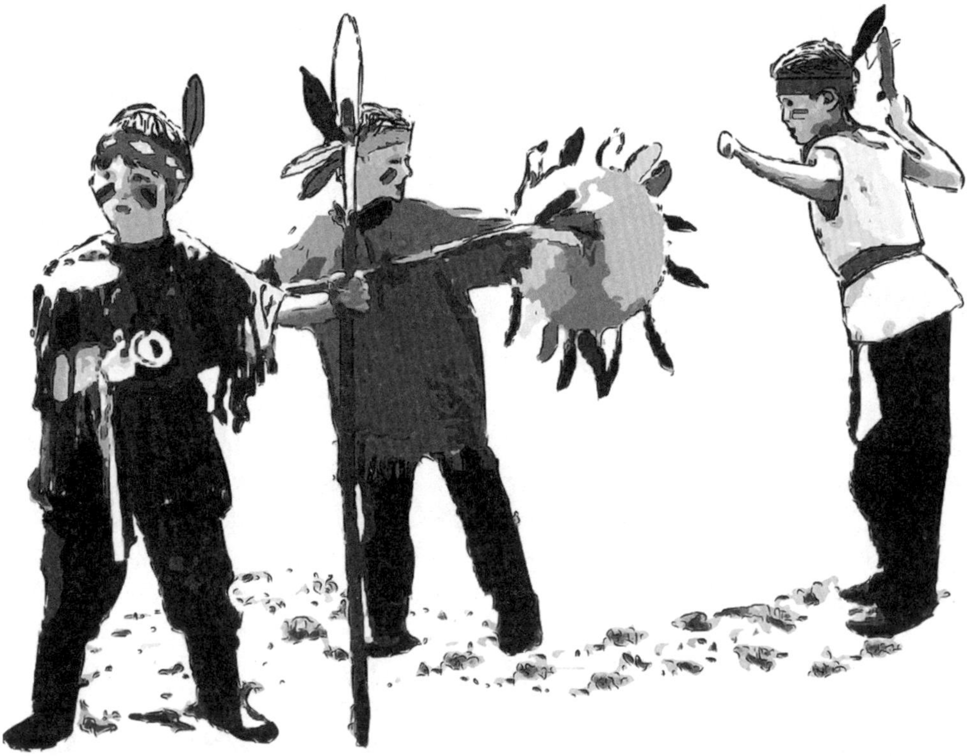

VARIANTE: Noch einfacher ist es, ein Stück Stoff zu nehmen, das so breit wie der Rücken und zweimal so lang wie von der Schulter zu den Knien ist. In die Mitte wird ein Schlitz für den Kopf geschnitten. Unten können Fransen eingeschnitten werden. Das Hemd wird mit einer Schnur oder einem Gürtel um die Hüfte zusammengebunden. Es kann mit Mustern und Stammessymbolen oder mit Skalps dekoriert werden.

1016. Lendenschurz

Ein Lendenschurz besteht aus einem Vorder- und einem Hinterteil. Als Material eignen sich einfarbige Stoffreste, Jutetaschen usw. Beide Hälften sind jeweils ca. 20–30 cm breit (je nach Hüftumfang) und ca. 40 cm lang. Oben wird der Stoff umgeschlagen und festgenäht, so dass später eine Kordel oder ein Gürtel durchgezogen werden kann, unten werden Fransen eingeschnitten. Anschließend können noch ein paar Indianermotive aufgemalt oder mit Kartoffeldruck aufgestempelt werden.

1017. Stirnband

Ein Stirnband kann aus einem ca. 3–4 cm breiten Leder-, Stoff- oder Pappstreifen geschnitten werden. Mit Kartoffelstempeln, aufgeklebten Ledermustern oder aufgemalten Mustern wird das Stirnband verziert. Ein Gummiband dient als elastische Verbindung der Enden.

1018. Wampun

Wampuns sind etwas Besonderes und dienten oft als Zahlungsmittel oder als besonderes Geschenk. Aus breiteren Stoffstreifen (altes Leintuch, einfarbiger Vorhangstoff) wird ein um den Bauch geknoteter Gürtel gebastelt. Dies ist die einfachste Lösung. Aus Wollfäden können aber auch schöne Kordeln geflochten werden. Wer viel Zeit mitbringt, der kann sich ein schönes Wampun mit Hilfe eines Webrahmens weben und es mit Perlen o. Ä. verzieren.

1019. Speer, Tomahawk

Aus Sperrholz wird das Beil bzw. die Speerspitze gesägt und auf einen Besenstiel oder Weidenstecken mit eingesägtem Schlitz gesteckt und mit Schnur oder Bast festgebunden. Mit einigen Federn, Schnitzereien oder aufgemalten Mustern wird die Streitaxt oder der Speer noch schön verziert.

1020. Schild

Aus Sperrholz wird ein ca. 40 cm großer Kreis gesägt, mit Stoff oder Leder bespannt oder einfach mit Mustern bemalt und mit Federn und Skalps verziert. Zwei Lederbänder, die durch zwei Löcher geführt werden, dienen als Griff. Wer kein Sperrholz hat, nimmt starke Pappkartons (schneller und für jüngere Kinder einfacher).

▷ **HINWEIS:** Das Schild kann natürlich auch für Ritterspiele verwendet werden.

1021. Amulette und Halsketten

Runde Sperrholzscheiben, bemalt und lackiert, runde Steine mit Loch, mit Goldfarbe besprühte und anschließend lackierte runde Unterlegscheiben, Perlen, Naturmaterialien (Scheiben von Flaschenkorken, Kastanien, Eicheln, Bucheckern), aus Holz geschnitzte Bärenkrallen usw. können auf ein Lederband aufgefädelt werden. Auch Trinkhalme (in 2–5 cm lange Stücke zerschnitten) können verwendet werden.

1022. Totem

Aus Gips kann ein Totem geschnitzt werden. Der Gips wird in eine leere Schuhschachtel, einen Tetrapack oder zur Not auch eine Plastiktüte gegossen. Im halbtrockenen Zustand wird daraus eine Figur geschnitzt. Anschließend wird das Totem bemalt.

1023. Friedenspfeife

Auf einen langen Stab (Rundholz oder geschnitzter Weidenstab) wird ein weiteres Rundholz, ein Korken oder ein kleines Pappröllchen geklebt. Die Friedenspfeife wird entsprechend bemalt und kann mit kleinen Federn verziert werden. Mit einer Schnur lässt sich die Pfeife um den Hals hängen.

1024. Ledertasche

Hierzu wird ein Stoff- oder Fellrest von ca. 75 × 20 cm benötigt. Jeweils 2/5 des Stoffes werden übereinander gelegt und an den Seiten zusammengenäht. Das verbleibende Fünftel des Stoffes dient als Verschluss (ähnlich einem Schulranzen) und wird mit einer Lederkordel befestigt. Zum Tragen der Tasche kann ein Lederband befestigt werden, oder man schneidet an der Rückseite zwei Schlitze ein, um die Tasche am Gürtel zu befestigen. Zum Schluss wird die Tasche noch mit Mustern, Perlenfäden, Skalps oder Federn verziert.

1025. Medizinmann-Maske

Aus Pappmachee und Kleister wird eine schöne Maske geformt. Sehschlitze und zwei Löcher für die Befestigungsbänder nicht vergessen. Nach dem Trocknen kann die Maske dann bemalt werden. Als Haar kann ein alter Mob oder weiße und schwarze Wollfäden angeklebt werden.

1026. Indianer-Rassel

Eine Glühbirne wird mit mehreren Schichten Transparentpapier beklebt. Nach dem Trocknen der dicken Papierschicht wird vorsichtig der Glaskörper der Glühbirne zerstört. Die Glasscherben bilden die Rassel.

1027. Pfeil und Bogen

Geeignet sind Weidenstecken mit einer Stärke von ca. 15 mm, je nach Länge des Bogens. Oben und unten werden kleine Einkerbungen eingeschnitzt. Eine ca. 2 mm starke Kunststoffschnur (Nylonpaketschnur) wird eingespannt. Der Bogen und die Pfeile können anschließend noch mit kleinen Federn verziert werden. Als Pfeilspitzen eignen sich Korken, die mit Klebeband am Pfeil befestigt werden. ! Vorsicht: Auf andere Teilnehmer oder die Zelte darf nicht geschossen werden. Erhöhte Wachsamkeit und die Überprüfung der Regeln durch die Mitarbeiter sind notwendig. Wer sich nicht daran hält, muss seine Waffen abgeben. Bei Lagern mit sehr vielen oder jüngeren Teilnehmern sollte auf Pfeil und Bogen verzichtet werden.

1028. Köcher

Ein Köcher kann aus Papprollen, Stoff oder Leder gebastelt werden. Als Trageband kann eine Schnur oder ein Lederband verwendet werden. Der Köcher wird bemalt und mit Fransen aus Leder oder Stoff verziert.

29.3 Einfache Bastelideen zum Thema Ritter

1029. Helm

Für einen Helm wird ein alter Plastikball halbiert (jede Hälfte ergibt einen Helm) und mit Silberfolie beklebt oder Silberfarbe besprüht. Als Nackenschutz wird Sackleinenstoff angetackert oder mit Nieten befestigt. Ggf. kann der Stoff ebenfalls mit Silberfarbe angemalt werden. Ein Gummiband hält den Helm fest.

VARIANTE: In eine (runde) Waschmittelpackung werden im Schulterbereich zwei Halbrundungen eingeschnitten. Die Visierklappe wird als Viereck oder Fünfeck eingeschnitten (oben nicht einschneiden, sonst kann man es nicht hochklappen). In das Visier werden Sehschlitze geschnitten. Auf den Helm werden einige Federn geklebt und der Helm mit buntem Karton beklebt.

1030. Ritterrüstung

Eine Ritterrüstung zu basteln, muss gar nicht so schwer sein. Man kann aus einem stabilen Karton oder steifem Leder ein Vorder- und ein Rückenteil ausschneiden. Die beiden Teile werden an den Seiten und an der Schulter mit Schnüren zusammengehalten. Auf das Vorderteil kann man ein Wappen aufmalen.

VARIANTE: Beide Teile bestehen aus Leder. Darauf werden viele Metallblättchen (in der Größe einer Telefonkarte) aufgenietet. Die Metallblättchen müssen jedoch an den Rändern entgratet werden.

1031. Rittergewand

In ein altes Laken oder weißes Tischtuch wird in der Mitte ein Loch für den Kopf geschnitten. Ein Gürtel um den Bauch hält den Umhang zusammen. Ein Wappen oder Kreuz wird mit Stofffarbe aufgemalt.

1032. Ritterumhang

Für einen einfachen Umhang legt man einen bunten Stoff über die Schultern und bindet ihn oben mit einer Schnur zusammen. Der Stoff kann hinten bis an die Hüfte reichen, damit kann man das Fehlen des Rückenteils einer Rüstung überdecken. Auf den Umhang wird noch ein Wappen oder ein Kreuz aufgenäht oder aufgemalt.

1033. Kleidung für das gemeine Volk

Kittel aus Kartoffelsäcken, alte, längere Ledermäntel (vielleicht billig auf dem Flohmarkt erhältlich) oder Fellumhänge, die um den Bauch mit einem Gürtel mit einem langen Dolch zusammengehalten werden. Darunter trägt man eng anliegende Hosen (z. B. einfarbige Jogginghose oder blickdichte Strumpfhosen).

VARIANTE: Aus einem alten, etwa knielangen T-Shirt oder Sweat-Shirt kann ein Knappenhemd erstellt werden. Um den Hals bekommt das Hemd einen andersfarbigen Besatz aufgenäht, unten kann eventuell ebenfalls ein Besatzmuster angenäht werden.

1034. Armschutz

Dickeres Leder wird zu einem ca. 5–15 cm breiten Armband zurechtgeschnitten. Mit einem Lederband, das durch Nieten oder Löcher gezogen wird, wird das Armband zusammengehalten. Das schützt auch vor Verletzungen beim Schwert- oder Stockkampf.

1035. Morgenstern

An einem ca. 4 cm starken und 40 cm langen Holzstab wird eine Schnur mit einer Schaumstoffkugel befestigt.

1036. Kurzes Schwert

Aus einer ca. 2 cm starken, ca. 10 cm breiten Dachlatte, Holzdiele oder ähnlichem Holz wird ein ca. 50 cm langes Schwert (von einem Erwachsenen) ausgesägt. Anschließend werden die Kanten mit einer Schleifmaschine bearbeitet. Das Anmalen oder Anbringen von Verzierungen (z. B. Aufkleben von Edelsteinen, Umwickeln des Griffs mit Lederband) kann jeder selbst vornehmen.

VARIANTE: Einfach einen Haselnussstecken mit einem eingeschobenen Papppring (als Handschutz) oder einer kurzen, festgebundenen Querstrebe nehmen.

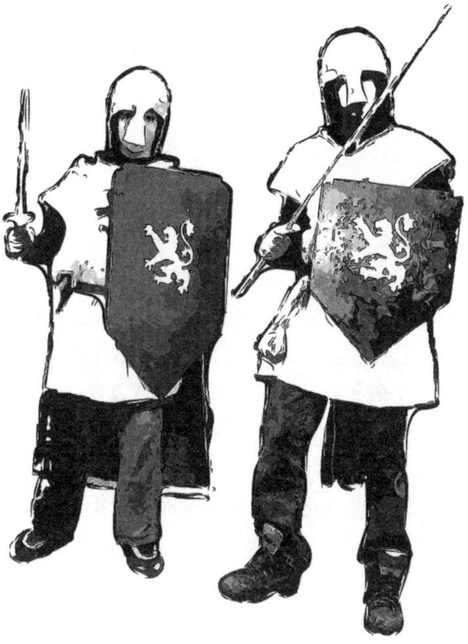

1037. Ritterschild

Ein Ritterschild kann aus einem starken Sperrholz oder auch aus einer ca. 18 mm starken Holzplatte mit einer Dekupiersäge oder Stichsäge ausgesägt werden. Die Maße des Schildes betragen ca. 40 × 60 cm, für kleinere Kinder auch 30 × 50 cm. Richtige Kampfschilde können auch mal größer angefertigt werden.

Wem es an Strom oder teurem Sperrholz fehlt, der kann sich auch mit sehr stabilem und festem Karton behelfen. Gerade für kleinere Kinder tut es das durchaus.

Zum Halten des Schildes werden durch 2 Löcher einfach eine Schnur oder ein Lederband gezogen und miteinander verknüpft. Das fertige Kampfschild trägt natürlich das Wappen des entsprechenden Ritters.

1038. Scheide

Ein schmales Brett, das so lang und etwas breiter als die Schwertklinge ist (von der Spitze bis zum Anfang des Griffs gemessen) wird zurechtgeschnitten. Am Brett wird ein passendes Stück Stoff oder Leder so befestigt, dass sich das Schwert leicht einschieben lässt (nicht zu eng, aber auch nicht zu weit). Wichtig ist eine gute, haltbare Befestigung des Leders (Stoffes) an der Öffnung, sonst löst es sich bei häufigem Herausnehmen des Schwertes. Eine Schlaufe (Lederband, Gürtelrest, Rollladengurt oder Strick) wird an der Rückseite befestigt, um damit die Scheide an den Gürtel zu hängen.

1039. Wappen

Klassische Motive sind zweifarbige Schilde mit aufgesetzter Lilie, Pferdekopf, Adler oder ähnlichen Motiven. Der Fantasie sind hier keine Grenzen gesetzt. Hilfreich wäre es trotzdem, vor dem Lager schon mehrere Schablonen anzufertigen.

29.4 Einfache Bastelideen zum Thema Steinzeit

1040. Kleidung aus Fellen, Leder oder Jutesäcken

Wenn nicht komplette Fellstücke zur Verfügung stehen, können verschiedene Fellreste miteinander vernäht werden. Lendenschurze, lange oder kurze Felljacken oder Fellschuhe können so gebastelt werden. Wer ein Paar alte Gummistiefel mit Fellen beklebt, hat im Nu ein paar ansehnliche Fellschuhe. Man kann auch auf eine alte (Jeans-) Jacke oder einen Pullover Felle nähen. Wer geschickt mit Nadel und Faden umgehen kann, näht seinen eigenen Umhang.

▷ **HINWEIS:** Da Felle- und Lederreste nicht ganz billig sind, muss auf eine sparsame und sinnvolle Verwendung geachtet werden.

VARIANTE: Weil Steinzeitmenschen das Weben gelernt hatten, können auch aus alten Kartoffelsäcken einfache Lendenschurze, Umhänge und Jacken hergestellt werden.

1041. Steinzeitwaffen

Für eine Steinaxt, Steinbeil, einen Speer bzw. eine Pfeilspitze werden entsprechend geformte Steine benötigt, die in Länge und Dicke für die Befestigung an entsprechenden Holzstielen (Weiden- oder Haselnussstecken) geeignet sind. Zur Herstellung der richtigen Form müssen ggf. die Steine mit Hammer und Meißel beschlagen werden. ⚠ Aus

Sicherheitsgründen eine Schutzbrille tragen! Die Holzstiele werden oben gespalten und die Steine darin eingeklemmt und festgebunden. Zusätzliche Einkerbungen sorgen für einen guten Sitz. Ebenso sorgte Birkenpech – der Steinzeitkleber – für einen zusätzlichen Halt. Für eine Steinzeitkeule sucht sich jeder ein entsprechend langes Holz (ca. 50–70 cm lang, ca. 8–10 cm dick) und schnitzt daraus eine Keule, die ungefähr das Aussehen eines Baseballschlägers bekommt.

▷ **HINWEIS:** Aus Sicherheitsgründen unbedingt darauf achten, dass die Steine fest sitzen. Es sollte auch verboten werden, mit den Steinbeilen (Schau-)Kämpfe auszutragen.

VARIANTE: Ungefährlicher wäre es, die Äxte aus Holz herzustellen und mit einer steingrauen Farbe anzumalen.

1042. Schmuck

Muscheln oder leere Schneckenhäuschen in kleine Stückchen brechen, auf Sandstein rund schleifen und ein Loch hinein bohren. Kleine Holzstücke werden geschliffen und poliert und mit einem Loch versehen. Ebenso eignen sich Fellstücke, Kastanien, Bucheckern, Nüsse, Knochen und schön geformte Steine für das Anfertigen von Ketten. Aus Ton können runde Tonkugeln geformt werden, in die mit dem Zahnstocher ein Loch gebohrt wird. Die Tonkugeln werden dann im Feuer gebrannt. Aus Speckstein lässt sich mit Hilfe von Feile und Bohrer ebenfalls schöner Schmuck herstellen. Als Schnur wird ein dünner Lederriemen oder eine dünne (Sisal-)Schnur verwendet.

1043. Gegenstände aus Ton

Aus Ton können einfache Schalen, Kügelchen oder Amulette geformt werden. In den noch feuchten Ton können Verzierungen geritzt werden. In einem selbstgebauten Ofen werden diese Tonarbeiten anschließend gebrannt oder vorsichtig in der heißen Glut getrocknet.

▷ **HINWEIS:** Es ist leicht möglich, dass die Gefäße dabei kaputt gehen. Das sollte jedoch niemanden davon abhalten, es zu probieren. Schließlich mussten auch die Steinzeitmenschen vieles erst lernen.

1044. Steinzeitgemälde auf Stein

Auf flache Steine werden mit Holzkohle oder roter Tonerde steinzeitliche Ornamente gemalt. Ein Fixiermittel (Haarspray, Sprühlack) fixiert das Kunstwerk. Ggf. kann der Stein zum Schluss mit einem transparenten Lack überzogen werden. Wer sich daraus einen Briefbeschwerer machen möchte, der klebt unter den Stein noch einen Filz.

1045. Steinzeithütte

Je nach Lagerplatz und den dort vorhandenen Möglichkeiten können einfache Behausungen oder aufwendigere Hütten gebaut werden. Die Dächer werden mit Stroh, Schilf und Ästen gedeckt, nasse Erde oder Lehm wird zum Abdichten der aus Ruten geflochtenen Wände verwendet. Auf ausgelegten Fellen lässt es sich dann einigermaßen gut schlafen.

VARIANTE: Mehrere Stöcke werden zu einer Pyramide zusammengestellt oder lehnen schräg an einer Felswand. Die Stecken bilden das Dach und werden mit Folie gegen Regen geschützt. Als Boden dienen alte Decken, die auf Stroh ausgelegt werden.

30. Hinweise für die Planung von Spielen

30.1 Die Bedeutung der Spielpädagogik

Im Spielen spiegelt sich vieles. Und darin liegt die Bedeutung des Spielens. Es fördert das soziale Verhalten und die Auseinandersetzung mit sich selbst. Oft sagt man so daher: »Das Leben ist ein Spiel«. Umgekehrt zeigen sich aber im Spiel wichtige Aspekte des menschlichen Zusammenlebens:

- Konkurrenz
- Macht
- Sexualität
- Anerkennung und Selbstbestätigung
- Spaß
- Leistungsdenken
- Solidarität
- Demütigung
- Niederlagen
- Destruktives Verhalten
- Fähigkeiten entdecken und fördern
- Unsicherheit erleben und abbauen
- Mit Ängsten fertig werden
- Hemmungen überwinden
- Neue Erlebnisse schaffen
- Sich messen
- (Grenz-)Erfahrungen machen
- Auseinandersetzung mit sich selbst und den anderen

Das Spielen ist deshalb für die Entwicklung von Kindern wichtig. Darum sollte man auch nicht unüberlegt irgendwelche Spiele auswählen, sondern die Spiele so aussuchen, dass sie für die Gruppe und die Kinder in ihrer jeweiligen Situation und Entwicklungsstufe passen, damit ihre vielfältigen Funktionen auch genutzt werden können.

Man merkt schnell, dass manche Spiele in bestimmten Gruppen nicht ankommen, in anderen dagegen begeistert gespielt werden. Oder manche Kinder sind es einfach nicht gewohnt, in einer größeren Gruppe zu spielen. Die folgenden spielpädagogischen Hinweise zu Vorbereitung und Planung von Spielen können helfen, für die jeweilige Gruppe die richtigen Spiele zu finden.

30.2 Vorüberlegungen

Bei der Planung für Gruppenspiele, ein Stationenspiel oder einen Spielabend sind folgende Überlegungen wichtig, um die passenden Spiele auszuwählen:

Welche Interessen/Wünsche sind in der Gruppe vorhanden?

Es ist sinnlos, einen anspruchsvollen Quizabend vorzubereiten, wenn die Gruppe Bewegungsspiele viel lieber hat.

Wie sind die Stärken und Schwächen innerhalb der Gruppe gestreut?

Um beim Beispiel des Quizabends zu bleiben: Wenn sich die Gruppe z. B. aus Gymnasiasten und Hauptschülern zusammensetzt und die falschen Fragen ausgewählt werden, könnte der eine oder andere Teil der Gruppe von vornherein unterlegen sein.

Wie ist die Alterszusammensetzung der Gruppe?

Wenn 10-jährige Kinder und 15-jährige Jugendliche in einer Gruppe sind, dann sind sicherlich unterschiedliche Spielinteressen vorhanden und auch die körperlichen Stärken und Schwächen sind vermutlich stark abweichend. Fraglich ist auch, ob die älteren Jugendlichen die Jüngeren als gleichberechtigte Spielpartner akzeptieren. Es wird wahrscheinlich so sein, dass die Älteren bestimmen und die Jüngeren sich unterzuordnen haben. Auch das ist zwar eine Spielerfahrung, aber damit sollte man bei der Vorbereitung rechnen und dies ggf. im Regelwerk berücksichtigen.

Wie groß ist die Gruppe?

Die Spielauswahl und Vorbereitung ist auch von der Größe einer Gruppe abhängig. Vielleicht muss bei einer kleinen Gruppe auch nur das Spielfeld kleiner gestaltet werden.

Welche Erfahrungen hat die Gruppe mit Spielen?

Für eine neu entstandene Gruppe, die sich noch nicht so gut kennt, sind wilde Kampfspiele wohl weniger geeignet. Es ist wichtig, die Erfahrung der Gruppe mit Spielen zu berücksichtigen, sonst ist die Gruppe überfordert. Also: Die Erfahrungen mit verschiedenen Spielarten langsam steigern und aufbauen.

Wie ist die Stimmung in der Gruppe?

Bestehen innerhalb der Gruppe Unstimmigkeiten oder Aggressionen, können manche Spiele ausarten. Aus dem Spiel wird Ernst. Vielleicht wäre ein ruhigeres Spiel dann angebrachter. Rollenspiele können bestimmte Stimmungen innerhalb der Gruppe transparent und zum Gegenstand eines Gesprächs werden lassen. Auch leicht dahingesagte Äußerungen wie »schon wieder dieses Spiel«, »schon wieder Fußball«, »schon wieder Quiz« geben Aufschluss über die Stimmung in der Gruppe und bieten Anhaltspunkte, welche Spiele vielleicht in Zukunft (nicht) ausgewählt werden sollten.

Wie beeinflussen Spiele die Gruppendynamik?

Positive wie auch negative Stimmungen können von ein paar wenigen Mitspielenden erzeugt und auf die anderen übertragen werden. Daher muss man sich vorher mögliche Auswirkungen eines Spiels überlegen und darüber nachdenken, wie man damit umgehen kann. Mit Spielen kann umgekehrt die Gruppendynamik auch gesteuert werden. Die Spielauswahl sollte sich am geplanten Programm orientieren.

Welche Ziele verfolgt die Gruppenleitung?

Was sollen die Spiele bewirken?

- Spaß, Action und Fun?
- Austoben?
- Ein Thema behandeln und vertiefen?
- Die Gruppe beruhigen?
- Das Kennenlernen fördern?
- Den Zusammenhalt stärken?

Nicht jedes Spiel unterstützt jedes Ziel. Eine Gruppe, die sich noch nicht so gut kennt, sollte lieber ein paar einfache Kennenlernspiele spielen als ein Wettkampfspiel, wo es nur Sieger und Verlierer gibt.

30.3 Planung der Gruppenspiele

Was für Material wird für die Spiele benötigt?

Die beste Idee nützt nichts, wenn das Material fehlt. Wenn man fünf Minuten vor Beginn des Spielabends feststellt, dass wegen Materialmangels das eine oder andere Spiel nicht gespielt werden kann, ist es zu spät für Ersatzspiele. Dann kann man nur noch einen alten, einfachen Dauerbrenner wiederholen (der bald langweilig wird). Also: Frühzeitig das nötige Material zusammenstellen.

Sind die Örtlichkeiten dafür geeignet?

Wasserspiele lassen sich nun einmal nur am Wasser spielen, wilde Geländespiele mit heißen Verfolgungsjagden sind im felsigen, unübersichtlichen Gebiet mit mehr Gefahren verbunden als im flachen Gelände. Es lohnt sich unbedingt, rechtzeitig die Örtlichkeiten zu besichtigen und die Spiele danach auszuwählen.

Wie lange dauert ein Spiel?

Für die Planung eines Spielabends muss man sich überlegen, wie lange das jeweilige Spiel in etwa dauern wird, damit man mit der Zeit zurechtkommt.

Zeitüberschreitung?

Wenn man absehen kann, dass der Spielabend etwas länger dauern wird, sollten die Eltern rechtzeitig informiert werden.

Wie ist die Abfolge der Spiele?

Mit welchem Spiel wird angefangen? Was kommt dann? Mit welchem Spiel soll der Abend beendet werden? Das spielt eine große Rolle, denn mit ein paar guten Anfangsspielen kann die ganze Gruppe begeistert werden und der Abend wird zum vollen Erfolg. Auch das Ende sollte so gewählt sein, dass die Gruppe etwas zur Ruhe kommen kann und sich schon auf den nächsten Spielabend freut.

Was folgt nach dem Spielen?

Wenn im Anschluss an die Spiele noch Programm geplant ist, muss das eingeplant werden: Nach lebhaften Spielen wird eine besinnliche Andacht wenig erfolgreich sein. Dagegen können die Kinder mit ruhigen Entspannungsspielen gut darauf eingestimmt werden.

Wer präsentiert das jeweilige Spiel?

Eine klare Aufgabenteilung, wenn mehrere Gruppenleiter da sind, ist notwendig, damit keine Verwirrung aufkommt.

30.4 Spielregeln

Auch die Planung und Erstellung der Spielregeln ist wichtig. Damit kann vieles gesteuert oder an die Gruppe angepasst werden. Andererseits können die Regeln auch so kompliziert sein, dass niemand mehr durchblickt. Wichtig ist, dass allen vor Spielbeginn die Regeln wirklich klar sind. Deshalb gelten folgende Hinweise:

- Spiel im Vorfeld gut durchdenken und Eventualitäten berücksichtigen – daraus Regeln ableiten
- Durch möglichst wenige Regeln größtmögliche Freiräume entstehen lassen
- Klare, einfache Regeln aufstellen
- Nachfragen, ob auch alle die Regeln verstanden haben
- Regeln ggf. abändern, wenn das Spiel sonst nicht funktioniert
- Sich nicht einfach über Regeln hinwegsetzen, denn Kinder haben einen starken Gerechtigkeitssinn

30.5 Gruppeneinteilung

Wenn es sich nicht gerade um Kennenlernspiele oder Kreisspiele handelt, sondern um Spiele, wo verschiedene Gruppen oder Personen miteinander bzw. gegeneinander spielen, ist eine faire Gruppeneinteilung wichtig. Zu schnell bilden sich immer dieselben Cliquen, tun sich die Starken gegen die Schwachen zusammen, die Großen gegen die Kleinen, die alten Hasen gegen die »Frischlinge«. Dadurch geht viel verloren an Spielfreude, an Fairness, an Gruppengefühl. Sicherlich wird nicht jeder mit seiner Gruppe einverstanden sein, aber in einem Gespräch kann vermittelt werden, dass das Miteinander-Spielen und der Spaß wichtiger sind, als nur immer siegen zu wollen. Und gerade für die Älteren dürfte es eine Herausforderung sein, auch einmal in einer vermeintlich schwächeren und unerfahrenen Mannschaft mitzuspielen.

Für die Gruppeneinteilung gibt es je nach Gruppensituation verschiedene Möglichkeiten:

- Einfaches Durchzählen
- Losentscheid
- Ältere gegen Jüngere, wobei die Jüngeren ggf. durch das Regelwerk eine Chance bekommen
- Den Gruppen bleibt es selbst überlassen, faire Mannschaften zu bilden
- Der Gruppenleiter bildet die Mannschaften
- Durch Gruppeneinteilungsspiele

30.6 Die Spielleitung und die Präsentation der Spiele

Von der Spielleitung hängt Erfolg oder Misserfolg eines Spieles ab. Dieselben Spiele von unterschiedlichen Leuten präsentiert und durchgeführt, können unter Umständen ganz unterschiedlich ankommen. Die Erfahrung der Spielleitung, das Geschick im Umgang mit der Gruppe, die Präsentation des Spieles und des Spielgedankens und die Motivierung der Gruppe beeinflussen Erfolg oder Misserfolg. Folgende Überlegungen können zum Gelingen beitragen:

Je größer und aktueller die Erfahrung, desto besser können Spielsituationen erkannt und eingeschätzt werden.

Wenn mehrere Spielleiter da sind, müssen die Aufgaben vorher verteilt und abgestimmt werden.

Wie wird das Spiel verpackt, angekündigt, geleitet?

Wie witzig, pfiffig und mit Elan kann der Spielleiter die Spiele moderieren und erklären?

Wie souverän werden die Regeln erklärt?

Wie können alle Spiele in einen Rahmen (Thema o. Ä.) verpackt werden?

Wie kann der Spieleiter motivierend eingreifen?

Wie kann die Spielleitung den Überblick behalten und feststellen, wer gewonnen oder gemogelt hat?

30.7 Spielarten

Es gibt verschiedene Spielarten bzw. Kategorien, ohne dass nun ein Spiel tatsächlich nur in diese eine Kategorie passen muss. Durch Variation des Spielgedankens oder durch Anpassen der Spielregeln kann das eine oder andere Kreisspiel auch zu einem Wettspiel werden. Hier kurz die wesentlichen Merkmale einiger bekannter Spielkategorien:

Kreisspiele

- Kreis: Zeichen und Gefühl von Gemeinschaft
- Keiner kann sich verstecken
- Alle sind einbezogen
- Keiner kann sich entziehen

Kennenlernspiele

- Neue Gruppensituationen kennenlernen
- Beziehungen kennenlernen
- Reaktionen/Stärken/Schwächen abtasten
- Miteinander vertraut werden (Teilnehmer untereinander, aber auch Teilnehmer mit Leitern)
- Sich öffnen und aufeinander zugehen können, Vertrauen gewinnen
- Wissen, was einen erwartet

Rollenspiele

- Soziales Verhalten spielerisch durch Übernahme verschiedener Rollen ausprobieren
- Im Spiel lernen, was im späteren Leben Ernst werden kann
- Sich mit Rollen und bestimmten Verhaltensformen auseinandersetzen

30.8 Abschließende Hinweise

Spielen muss Spaß machen – niemand darf zum Spielen gezwungen werden.

Flexibilität und Spontaneität beim Spielen sind wichtig, aber genauso wichtig ist eine gute Vorbereitung, denn ein Spiel kann bei schlechter Vorbereitung kippen. Eine gute Vorbereitung gibt dem Spielleiter Sicherheit, die sich auch auf die Gruppe überträgt.

Spiele sollten fließend ineinander laufen. Längere Unterbrechungen und Vorbereitungen für das nächste Spiel wirken störend und können dazu führen, dass die Gruppe die Lust am Spielen verliert und auseinanderläuft.

Abwechslung schaffen, d. h. nicht immer dieselben Spiele auswählen, sondern auch neue Spiele ausprobieren.

Spiele nicht zu oft und zu lang spielen, d. h. lieber zum nächsten Spiel überwechseln, wenn alle sagen, dass es gerade am schönsten ist. Dann kann man das Spiel auch beim nächsten Spielabend noch einmal mit Erfolg spielen. Außerdem bleibt das Spiel so in besserer Erinnerung.

Ausführliches Inhaltsverzeichnis

Einleitung 5

1. Kennenlernspiele 8

2. Icebreaker-Spiele 11
- 2.1 Ohne Körperkontakt 11
- 2.2 Mit Körperkontakt 12

3. Kreisspiele 14
- 3.1 Ohne Körperkontakt 14
- 3.1 Mit Körperkontakt 19

4. Vertrauensspiele 22

5. Kommunikations-, Koordinations-, Kooperationsspiele 24

6. Entspannungsspiele 28

7. Spiele zur Gruppeneinteilung 31

8. Spiele und Wettspiele zum bunten Abend 33
- 8.1 Gruppenwettkämpfe 33
- 8.2 Freiwilligenspiele 37
- 8.3 Spaß- oder Juxspiele 45
- 8.4 Zweikampfspiele 48
- 8.5 Höher – Weiter – Schneller – Besser 50
- 8.6 Wer ist der Beste? 51
- 8.7 Schätzen – Riechen – Fühlen 52

9. Kim-Spiele: Spiele für Gedächtnis und Merkfähigkeit 53

10. Spiele für unterwegs 55

11. Spiele mit unterschiedlichem Material 56
- 11.1 Luftballonspiele 56
- 11.2 Wattespiele 60
- 11.3 Spiele mit Tischtennisbällen 62
- 11.4 (Erd-)Äpfel-Spiele 64

11.5 Bierdeckelspiele 66
11.6 Flaschenspiele 69
11.7 Spiele mit Papier 71
11.8 Spiele mit Kerzen 76
11.9 Spiele mit Streichhölzern und Streichholzschachteln 77
11.10 Spiele mit Wäscheklammern 79
11.11 Klamottenspiele 80
11.12 Spiele mit Decken und Tüchern 81
11.13 Spielideen mit Spielsteinen 83
11.14 Spiele mit Dominosteinen 85
11.15 Korkenspiele 87
11.16 Spiele mit Kisten, Eimern oder Dosen 88
11.17 Spiele mit Schrauben & Muttern 90
11.18 Spiele mit Radschläuchen und Autoreifen 93

12. Spiele für Partys, Feste und Feiern 94
12.1 Spiele zum Kindergeburtstag 94
12.2 Spiele für Partys 95

13. Darstellende Spiele 98
13.1 Stegreiftheater 98
13.2 Sketche 100
13.3 Pantomimen 102
13.4 Schattenspiele 104

14. Schreib- und Zeichenspiele 105
14.1 Schreibspiele 105
14.2 Zeichenspiele 108

15. Wettkampfspiele (für draußen) 110
15.1 Stationenspiele 110
15.2 Staffelspiele und Staffelläufe 120

16. Fallschirmspiele 123

17. Schneespiele 125

18. Spiele im Wasser 127

19. Spiele am Strand 130
19.1 Mannschaftsspiele für größere Gruppen 130
19.2 Spiele zum Zeitvertreib für kleinere Gruppen 130
19.3 Kampf- und Raufspiele 131

19.4 Kreative Spiele mit Sand 132
19.5 Strandolympiade 133
19.6 Staffelspiele am Strand 133

20. Rasenspiele 134

21. Schlamm- und Matschspiele 140

22. Fahrrad-, Roller- oder Mofarallye 142
22.1 Einzeldisziplinen 142
22.2 Geschicklichkeitsparcours auf Zeit 143

23. Seilspiele 145

24. Frisbeespiele 147

25. Wahrnehmungs- und Waldspiele 149
25.1 Spiele im Wald 149
25.2 Kim-Spiele im Wald 152
25.3 Waldolympiade 152
25.4 Waldquiz 153
25.5 Sehen, Hören, Fühlen, Riechen und Schmecken im Wald 155
25.6 Basteln mit Naturmaterialien 156

26. Geländespiele 157

27. Stadtspiele 161

28. Mottospiele 163
28.1 Steinzeitspiele 163
28.1.1 Steinzeitliche Wettspiele 163
28.1.2 Steinzeitliches Stationenspiel 164
28.1.3 Steinzeitliches Geländespiel 166
28.2 Piratenspiele 167
28.2.1 Piratenprüfung 167
28.2.2 Beförderung zum Kapitän, Navigator oder Kanonier 169
28.2.3 Piratenalltag 170
28.2.4 Zeitvertreib auf dem PIratenschiff 172
28.2.5 Kaperung 173
28.3 Indianerspiele 175
28.3.1 Indianer-Stationenspiele 175
28.3.2 Indianerkämpfe 178
28.3.3 Indianer-Geländespiele 179

28.4 Ritterspiele 180
28.4.1 Kämpfe zwischen zwei Rittern 180
28.4.2 Turnier- oder Mannschaftskämpfe 181
28.4.3 Ritterprüfungen zum Ritterschlag (Stationenspiele) 182
28.4.4 Mittelalterliches Leben 184
28.4.6 Ritter-Geländespiele 185

29. Bastelideen zu Themenspielen und Mottofesten 186
29.1 Einfache Bastelideen zum Thema Piraten 186
29.2 Einfache Bastelideen zum Thema Indianer 188
29.3 Einfache Bastelideen zum Thema Ritter 192
29.4 Einfache Bastelideen zum Thema Steinzeit 194

30. Hinweise für die Planung von Spielen 197
30.1 Die Bedeutung der Spielpädagogik 197
30.2 Vorüberlegungen 197
30.3 Planung der Gruppenspiele 199
30.4 Spielregeln 200
30.5 Gruppeneinteilung 201
30.6 Der Spielleitung und die Präsentation der Spiele 201
30.7 Spielarten 202
30.8 Abschließende Hinweise 203

